本书获得河南省科技攻关项目"后疫情时代基于'区块链'的生鲜农产品供应链溯源定价与协同机制研究"（项目编号222102110292）、"基于区块链技术的河南省多式联运协调发展研究"（项目编号222102210228）和河南省特色骨干学科"现代服务业学科群"项目支持

基于多属性的
供应链定价决策
与供应商选择研究

吴　胜◎著

中国财经出版传媒集团

经济科学出版社

Economic Science Press

图书在版编目（CIP）数据

基于多属性的供应链定价决策与供应商选择研究/
吴胜著 . -- 北京：经济科学出版社，2022.4
ISBN 978 - 7 - 5218 - 3622 - 6

Ⅰ. ①基…　Ⅱ. ①吴…　Ⅲ. ①供应链管理 - 研究
Ⅳ. ①F252.1

中国版本图书馆 CIP 数据核字（2022）第 063128 号

责任编辑：高　波
责任校对：靳玉环
责任印制：王世伟

基于多属性的供应链定价决策与供应商选择研究
吴　胜　著
经济科学出版社出版、发行　新华书店经销
社址：北京市海淀区阜成路甲 28 号　邮编：100142
总编部电话：010 - 88191217　发行部电话：010 - 88191522
网址：www. esp. com. cn
电子邮箱：esp@ esp. com. cn
天猫网店：经济科学出版社旗舰店
网址：http：//jjkxcbs. tmall. com
北京季蜂印刷有限公司印装
710 × 1000　16 开　19 印张　221000 字
2022 年 4 月第 1 版　2022 年 4 月第 1 次印刷
ISBN 978 - 7 - 5218 - 3622 - 6　定价：96.00 元
（图书出现印装问题，本社负责调换。电话：010 - 88191510）
（版权所有　侵权必究　打击盗版　举报热线：010 - 88191661
QQ：2242791300　营销中心电话：010 - 88191537
电子邮箱：dbts@ esp. com. cn）

前　　言

随着信息技术和电子商务的飞速发展，供需环境越来越复杂，影响供应链定价决策的因素则具有多属性特点，供应商选择问题亦成为供应链管理者关注的焦点问题。而传统形式下的供应链定价决策模型和供应商选择方法已不能满足复杂环境下供应链管理者的需求。因此，本书考虑供应链定价决策、多决策理论（期望效用理论、后悔理论、前景理论）、多方法（HF - MULTIMOORA 群决策方法、关联模糊随机 MAGDM 方法等），研究基于多属性（不同决策理论、销售契约、销售渠道、高铁快运、复杂需求环境等）的供应链定价决策与供应商选择问题。

本书的主要研究工作，包括以下六个方面：

（1）首先对本书所涉及的供应链定价决策、多决策理论（期望效用理论、后悔理论、前景理论）、多方法（HF - MULTIMOORA 群决策方法、关联模糊随机 MAGDM 方法等），以及供应链协调和供应商选择等方面的研究进行文献综述。

（2）考虑供应链定价决策时零售商的有限理性和后悔规避的行为特征，建立基于期望效用理论（Expect Utility Theory，EUT）和后悔理论（Regret Theory，RT）的多目标最优定价模型。根据已有的后悔理论框架，结合零售商悲观和乐观态度的不同，定义新的后悔情绪参考点，提出基于零售商后悔情绪参考点的新后悔理论。使用价格依赖的乘积型函数表示产品市场需求的价格依赖，运用绝对悲观和绝对乐观的线性组合刻画零售商的悲观程度，利用期望效用和后悔效用的线性组合反映后悔情绪对零售商决策行为的影响。灵敏度分析显示最优的零售价格随消费者价格敏感系数的增大而减小；最优零售价格不随消费者悲观程度的变化而变化；期望效用理论、后悔理论和期望效用理论与后悔理论组合三种理论框架下的供应链最优零售价格相等。

（3）针对电子商务和新冠肺炎疫情对传统零售模式双重打击的现状，提出两部协调定价机制下基于销售努力和电商平台扣点费率的双渠道供应链定价决策模型。对比分析分散决策和集中决策下的最优定价策略和供应链整体利润随销售努力水平和电商平台扣点费率的变化关系，通过两部协调定价机制在满足供应链成员利润最大化的同时实现供应链的协调。研究表明，传统零售商的最优销售努力水平，在分散决策下降低了供应链整体的利润，但在两部协调定价机制下能够提高供应链的整体利润。电商平台扣点费率的增加，降低了供应链的整体利润，可以通过两部协调定价机制减弱扣点费率对供应链整体利润的负面影响。

（4）针对高铁快运运输速度快和生鲜农产品在运输过程中易发生质量损耗的特性，建立高铁快运背景下生鲜农产品供应链的最优定价决策模型。运用指数衰减函数模型刻画生鲜农产品的新鲜度随运输时间的变化关系。根据高铁快运和普通运输在单位运输费用和运输时间上的差异，建立供应商主导和零售商主导下生鲜农产品供应链的最优定价决策模型。理论和数值分析表明，基于高铁快运的生鲜农产品供应链系统存在最优的定价策略；供应商比零售商受高铁快运的单位运输费用影响更大；供应链最大化期望利润是关于生鲜农产品新鲜度参数和价格弹性指数的单调减函数。

（5）考虑供应链环境下供应商选择时用户需求的复杂决策问题，提出犹豫模糊全乘比例分析多目标优化（hesitant fuzzy multi - objective optimization by radio analysis，HF - MULTIMOORA）群决策方法。首先，针对目前常用的犹豫模糊元记分函数的不合理现象，定义新的犹豫模糊元记分函数并给出计算公式；其次，考虑现有添加补齐犹豫模糊元长度的方法不够合理，提出基于记分函数不变原则的新方法；最后，在以犹豫模糊元为信息输入的复杂系统框架内，本书提出考虑用户需求的 HF - MULTIMOORA 群决策方法，并将其应用于供应商选择中。案例分析表明，本书提出的方法能够有效地解决供应商选择过程中带有用户需求的复杂决策问题。

（6）针对供应链管理中供应商选择时专家群决策的不确定性和主观性问题，提出混合概率分布下基于前景理论的关联模糊随机的群体多属性决策（fuzzy random multi - attribute group decision making，FRMAGDM）方法。该方法通过构建基于灰关联深度系数的客观属性权重极大熵模型和基于决策群组意见一致度的专家权重确定模型，获取供应商选择中比较客观的风险因子的权重及专家权重。考虑专家对于设备供应商选择过程中产品发生故障的可能性、发生故障的严重程度以及检出与否的难易程度均存在经验型预期，定义 TFRV 相应于收益及损失不同情形的前景效应及价值函数。最后，结合边际前景期望与边际方差信息构建综合的前景期望—方差决策矩阵，定义序关系判别准则，即可获得不同设备供应商产品发生故障的风险优先次序。通过对设备供应商选择方案的实例应用、方法对比以及灵敏度分析，验证所提模型的有效性。

由于作者水平有限，再加上供应链管理与技术发展的速度较快，人们对供应链定价决策与供应商选择问题的认识也在不断深入，因此本书难免存在一些疏漏，真心希望各位专家、学者和读者提出批评意见，以便在今后的研究中不断改进和完善。

吴　胜

2022 年 3 月 20 日

目　　录

第一章

导　　论

一、研究背景与研究意义

（一）研究背景

在新经济时代，技术的快速变迁和巨额的开发成本，使任何一家企业都无法独自解决自身面临的所有问题。有效的供应链管理，已经逐渐成为现代企业核心竞争力的有力支撑。随着我国经济的飞速发展，企业间的竞争也日趋激烈。然而，对于大多数正规企业来说，在企业内部再一次大幅度降低成本已基本不可能实现。为了提高利润，增强市场竞争力，企业的注意力势必从单体的企业内部生产过程向生产系统中的整个供应链系统转移。供应链成员怎样制定最优的定价策略、在复杂多变的供应环境下选择合适的供应商一直都是供应链管理者及供应链研究者重点关注的问题。影响供应链定价决策与供应商选择的因素具有多属性特点，在多属性的复杂供应链系统中，定价决策与供应商选择等问题已成为实现供应链利润最大化、推动社会经济发展的重要研究课题。

自20世纪90年代以来，我国供求市场开始发生深刻的变革。进入21世纪，我国企业不得不直面国际化竞争，越来越多的企业认识到供应链管理在降低成本、提高竞争水平过程中所起的重要作用意义。供应链管理正在成为国际企业界盛行的一种先进的管理模式。越来越多的事实证明，高效的供应链管理是企业具备核心竞争力的有力保证。互联网、移动终端及其电子商务的飞速发展，引起零售商产品销售方式发生巨大的变化，线上和线下混合销售成为产品销售的主要方式。在传统供应链管理研究中，学者们往往只考虑零售商和生产商的决策因素，对消费者时间偏好和决策者风险偏好的关注则相对较少，同时也较少涉及销售契约、决策者的效用理论、零售商的信用、销售渠道的多样化等属性对供应链决策的影响，更多的是电子商务和竞争环境下的供应链定价决策的研究。然而，这些方面的因素在如今的供应链管理中，特别是在国家"十三五"规划关于"优化现代产业体系"和"拓展网络经济空间"指导思想的推动下发挥着至关重要的作用。

21世纪的竞争不再是企业和企业之间的竞争，而是供应链与供应链之间的竞争。为了使整条供应链达到最优以获得更大的利益，必须保证供应链的效率和稳定性，而如何对供应商进行选择和业绩评估，将影响到整条供应链的综合能力。因此，供应商的选择是供应链构建过程中一个十分重要的环节。

（二） 供应链管理的研究意义

随着电子商务和信息技术的飞速发展，企业在获得发展机遇的同时，还会面临更激烈的竞争环境、更分散的市场，以及更具多样性的消费者偏好，企业通过采取多种定价策略应对这些问题以期达到更好的发展。由于采用多决策理论导致供应链定价复杂的问题，学术界虽然也进行了大量研究，但大都假定供应链成员和所处环境复杂性低，缺乏一定的实际应用性。鉴于此，本书通过梳理多属性情形下供应链定价决策和供应商选择的相关文献，首先，总结了多属性供应链定价策略的基本特征、研究方法，以及影响因素；其次，提出供应商选择方法并应用；最后，针对当前研究中的不足，对未来研究方向进行展望。

1. 供应链管理的定义

广义定义：供应链管理主要集中在如何使企业利用供应商的工艺流程、技术和能力来提高他们的竞争力，在组织内实现产品设计、生产制造、物流和采购管理功能的协作。当价值链中的所有战略组织成为一个统一的知识实体，并贯穿于整个供应链网络时，企业运作的效率将会进一步提高。供应链管理的定义，描述了贯穿整个价值链的信息流、物流和资金流的过程。但是，由于该广义供应链管理描述的价值链非常复杂，企业无法获得供应链管理提供的全部利益。

狭义定义：在一个组织内集成不同功能领域的物流，以加强从直接战略供应商通过生产制造商与分销商到最终消费者的联系。通过利用直接战略供应商的能力与技术，尤其是供应商在产品设计阶段的早期参与，已经成为提高生产制造效率和竞争力的有效手段。

2. 供应链管理的意义

供应链包括产品到达消费者手中之前所有供应、生产、分配和销售的公司和企业。因此，供应链管理就是指对整个供应链系统进行计划、协调、控制及优化的各种活动和过程。那么供应链管理的目标可能是：将消费者所需的产品，能够在正确的时间，按照正确的数量，正确的质量，正确的状态，送到正确的地点；或者是以更完整的产品组合，满足不断增长的市场需求，面对市场多样化的趋势，不断缩短供应链的周期，对于市场需求的不确定性，缩短供给消费市场的距离，实现快速、有效的市场反应，不断降低整个供应链的运营成本和总费用。

从上述简单的供应链描述中也可以看出，供应链是一个极其复杂的概念，设计的环节很多，所以供应链管理的目标也很多。本书将从与供应链中与采购环节相关的部分来阐述供应链管理的目标，即降低成本、降低风险、改进质量、改善供应、缩短前置期。供应链管理的最终目的是满足客户需求、降低成本、实现利润，具体如表1–1所示。

表1–1　　　　　　　　供应链管理的研究目标

提高客户满意度	这是供应链的最终目标，这个目标同时也是企业赖以生存的根本——提高企业管理水平。供应链的重要内容就是流程上的再造与设计，这对提高企业管理水平和管理流程，具有不可或缺的作用，同时，随着企业供应链流程的推进、实施和应用，企业管理的系统化和标准化将会有极大的改进，这些都有助于企业管理水平的提高

节约交易成本	结合电子商务整合供应链，将大大降低供应链内各环节的交易成本，缩短交易时间。降低存货水平：通过扩展组织的边界，供应商能够随时掌握存货信息，组织生产，及时补充，因此企业已无必要维持较高的存货水平
降低采购成本，促进供应商管理	由于供应商能够方便地取得存货和采购信息，应用于采购管理的人员等都可以从这种低价值的劳动中解脱出来，从事具有更高价值的工作
减少循环周期	通过供应链的自动化，预测的精确度将大幅度地提高，这将导致企业不仅能生产出需要的产品，而且能减少生产的时间，提高顾客满意度
收入和利润增加	通过组织边界的延伸，企业能履行其合同，增加收入并维持和增加市场份额
网络的扩张	供应链本身就代表着网络，一个企业建立了自己的供应链系统，本身就已经建立起了业务网络

资料来源：笔者根据资料整理。

（三）供应商选择的研究意义

供应商选择是采购工作当中一项非常重要的工作：供应商供应物料的顺畅，使生产不会因为待料而停工；进料品质的稳定，保障生产成品品质的稳定；交货数量的符合，使公司生产数量准确；空期的准确，保障公司出货期的准确；各项工作的协调，良好的配合可以使双方的工作进展顺利。所以供应商的选择直接影响企业的生产与销售，对企业影响非常大，因此，选择优秀的供应商是非常重要的。

1. 供应商的评价选择是供应链合作关系运行的基础

供应商的业绩对制造企业的影响越来越大，在交货、产品质量、提前期、库存水平、产品设计等方面都影响着制造商的效益。传统的供应关系已经不再适应全球竞争的加剧及产品需求日新月异的环境，企业为了实现低成本、高质量、柔性生产、快速反应，就必须重视供应商的评价选择。

2. 选择好的供应商是供应链管理的关键环节

对于生产企业而言，供应商的数量较多，层次参差不齐，如果供应商选择失误，会给企业带来不利影响，如造成中断生产计划、增加库存成本、延迟运送零件或原料、出现缺货残次、引发成品运送延迟等不良后果。如果企业建立完整的供应商管理体系，就可以掌握供应商的生产情况和产品价格信息；获取合理的采购价格，最优的服务；确保采购物资的质量和按时交货，并可以对该供应商进行综合的评估，甚至把供应商结合到生产流中，与供应商建立长期的合作伙伴关系，以达到效益最优化。

3. 优质的供应商将成为企业的战略合作伙伴

选择优质的供应商不仅是为了保障日常物资供需，更多的是从战略角度考虑企业和供应商的关系。供应链管理思想的发展和越来越多的业务外包，使采购地位日益突出，促使企业将供应商管理水平作为企业的竞争优势。

（四）本书的研究意义

基于多属性的供应链定价决策与供应商选择问题研究，无疑具有非常重要的理论和现实意义。本书拟在考虑将多属性（不同决策理论、销售契约、销售渠道、高铁快运、复杂需求环境等）纳入供应链最优定价决策和供应商选择的模型考量范围。本书的研究涉及了供应链管理、决策科学、消费者行为科学、运筹学、市场营销学，以及统计学等相关领域，具有多学科、多领域交叉的特点。

二、研究的理论和应用价值

（一）研究的理论价值

（1）根据已有的后悔理论框架，结合零售商悲观和乐观态度的不同，定义新的后悔情绪参考点，提出基于零售商后悔情绪参考点的新后悔理论。

（2）鉴于电子商务和新冠肺炎疫情对传统零售模式双重打击的现状，提出两部协调定价机制下基于销售努力与电商平台扣点费率的双渠道供应链定价决策模型。

（3）运用指数衰减函数模型刻画生鲜农产品的新鲜度随运输时间的变化关系。根据高铁快运和普通运输在单位运输费用和运输时间上的差异，建立供应商主导和零售商主导下生鲜农产品供应链的最优定价与订货决策模型。

（4）鉴于供应商选择时用户需求的复杂决策问题，提出犹豫模糊（MULTIMOORA）群决策方法。

（5）鉴于供应链管理中供应商选择时，专家群决策的不确定性和主观性问题，提出混合概率分布下，基于前景理论的关联模糊随机（MAGDM）方法。

（二）研究的应用价值

（1）在供应链管理过程中，为决策者基于多属性的定价决策提供可靠的模型、方法和实证依据。

（2）有助于生鲜农产品供应链系统的运行效率。基于高铁快运的生鲜农产品供应链定价与订货问题研究，根据生鲜农产品新鲜度随时间衰减的规律，提出刻画生鲜农产品新鲜度随时间衰减规律的新鲜度衰减函数模型；建立高铁快运背景下，供应商主导的生鲜农产品定价与订货模型，比较分析普通运输和高铁快运两种不同运输方式下最优定价与订货决策，从而获得两种运输方式下供应链主导者利润最大化的决策因素。将高铁企业作为供应链参与方纳入供应链决策模型考量范围，建立多种销售方式下生鲜农产品供应链的定价与订货决策模型；建立高铁快运背景下供应商、零售商和高铁企业基于不同契约的生鲜农产品定价与订货决策问题，并比较分析了不同运输方式下生鲜农产品最优定价与订货决策问题；根据国家高铁发展的特点及在高铁快运方面的政策支持，比较分析不同政策支持下，基于高铁快运的生鲜农产品供应链定价与订货决策策略。

（3）犹豫模糊全乘比例分析多目标优化（HF－MULTIMOO-RA）群决策方法和犹豫模糊（MULTIMOORA）群决策方法和基于前景理论的关联模糊随机（MAGDM）方法的提出，以及应用到供应商选择研究中，为供应商选择问题的解决提供更加可靠的方法论依据。

三、本书主要研究内容

本书在国内外相关研究成果的基础上，结合当前供应链的新特征，借助供应链管理、决策科学、消费者行为科学、运筹学、市场营销学、统计学，应用期望效用理论、后悔理论、前景理论和博弈论，以及 HF‒MULTIMOORA 群决策方法、关联模糊随机 MAGDM 方法等多学科、理论和方法，从理论研究、方法应用、模型建立和数值仿真四个方面分析、探讨基于多属性（决策理论、销售契约、销售渠道、高铁快运、复杂需求环境等多属性）的供应链定价决策与供应商选择问题。在此基础上，分析决策理论、销售契约、销售渠道、高铁快运、复杂需求环境等多属性对供应链定价决策与供应商选择的影响，以期为供应链管理者提供可靠和有效的模型和理论依据。具体研究内容主要可以分为如下九个部分：

1. 导论

阐述本书的研究背景和研究意义，并对本书的主要研究内容、研究目标、研究方法、技术路线、创新点等内容进行简要介绍。

2. 供应链决策理论和方法研究

对供应链管理过程中采用的后悔理论、期望效用理论、前景理论、累积前景理论、HF‒MULTIMOORA 群决策方法、关联模糊随机 MAGDM 方法进行介绍。

3. 供应链定价问题与供应商选择研究

供应链管理中的定价与订货决策、销售渠道选择、销售契约，以及消费者时间偏好、决策者风险偏好等多方面，零售商信用、零售商之间的竞争、产品市场需求的价格依赖、决策者的参考依赖等多属性进行文献综述。

4. 基于期望效用理论与后悔理论的供应链定价决策

考虑供应链定价决策时，零售商的有限理性和后悔规避的行为特征，建立基于期望效用理论（expect utility theory，EUT）和后悔理论（regret theory，RT）的多目标最优定价模型。根据已有的后悔理论框架，结合零售商悲观和乐观态度的不同，定义新的后悔情绪参考点，提出基于零售商后悔情绪参考点的新后悔理论。使用价格依赖的乘积型函数表示产品市场需求的价格依赖；运用绝对悲观和绝对乐观的线性组合，刻画零售商的悲观程度；利用期望效用和后悔效用的线性组合，反映后悔情绪对零售商决策行为的影响。灵敏度分析显示最优的零售价格随消费者价格敏感系数的增大而减小；最优零售价格不随消费者悲观程度的变化而变化；期望效用理论、后悔理论和期望效用理论与后悔理论组合成三种理论框架下的供应链最优零售价格相等。

5. 基于两部协调定价机制的双渠道供应链定价决策

针对电子商务和新冠肺炎疫情对传统零售模式双重打击的现状，本书提出两部协调定价机制下基于销售努力和电商平台扣点费率的双渠道供应链定价决策模型。对比分析分散决策和集中决策下的最优定价策略和供应链整体利润随销售努力水平与电商平台扣点费率的变化关系，通过两部协调定价机制在满足供应链成员利润最大化的同时，实现供应链的协调发展。研究表明，传统零售商的最优销售努力水平在分散决策下，降低了供应链整体的利润，但在两部协调定价机制下能够提高供应链的整体利润。电商平台扣点费率的增加，降低了供应链的整体利润，可以通过两部协调定价机制减弱扣点费率对供应链整体利润的负面影响。

6. 基于高铁快运的生鲜农产品供应链的定价决策

针对高铁快运的运输速度快和生鲜农产品在运输过程中易发生质量损耗的特性，建立高铁快运背景下生鲜农产品供应链的最优定价决策模型。运用指数衰减函数模型刻画生鲜农产品的新鲜度随运输时间的变化关系。根据高铁快运和普通运输在单位运输费用和运输时间上的差异，建立供应商主导和零售商主导下生鲜农产品供应链的最优定价决策模型。理论和数值分析表明：基于高铁快运的生鲜农产品供应链系统存在最优的定价策略；供应商比零售商受高铁快运的单位运费用影响更大；供应链最大化期望利润是关于生鲜农产品新鲜度参数和价格弹性指数的单调减函数。

7. 基于 HF – MULTIMOORA 群决策方法的供应商选择研究

考虑供应链环境下，供应商选择时用户需求的复杂决策问题，本书提出犹豫模糊（MULTIMOORA）群决策方法。首先，针对目前常用的犹豫模糊元记分函数的不合理现象，定义新的犹豫模糊元记分函数，并给出计算公式；其次，考虑到现有添加补齐犹豫模糊元长度的方法不够合理，本书提出了基于记分函数不变原则的新方法；最后，在以犹豫模糊元为信息输入的复杂系统框架内，本书提出考虑用户需求的 HF – MULTIMOORA 群决策方法，并将其应用于供应商选择中。案例分析表明，本书提出的方法能够有效地解决供应商选择过程中带有用户需求的复杂决策问题。

8. 基于关联模糊随机 MAGDM 方法的供应商选择研究

针对供应链管理中，供应商选择时专家群决策的不确定性问题和主观性问题，本书提出混合概率分布下基于前景理论的关联模糊随机（MAGDM）方法。该方法通过构建基于灰关联深度系数的客观属性权重极大熵模型和基于决策群组意见一致度的专家权重确定模型，获取供应商选择中比较客观的风险因子的权重及专家权重。考虑专家对于设备供应商选择过程中产品发生故障的可能性、发生故障的严重程度，以及能否检出的难易程度，均存在经验型预期，定义三角模糊随机变量（triangular fuzzy random variable，TFRV）相应于收益及损失不同情形的前景效应和价值函数。最后，结合边际前景期望与边际方差信息构建综合的前景期望—方差决策矩阵，定义序关系判别准则，即可获得不同设备供应商产品发生故障的风险优先次序。通过对航空设备供应商选择方案的实例应用、方法对比，以及灵敏度分析，验证所提模型的有效性。

9. 本书的总结和展望

对本书的主要研究工作和研究成果进行总结，并提出本书研究的不足之处，介绍后续的研究展望。

四、研究目标、方法和技术路线

（一）研究目标

本书的主要研究目标是探讨多属性下供应链最优定价决策与供应商选择问题。基于多属性（多决策理论期，即期望效用理论、后悔理论、前景理论；多方法，即 HF – MULTIMOORA 群决策方法、关联模糊随机方法等）的供应链定价决策与供应商选择问题。以期能通过本书的理论研究、模型建立和数值仿真，获得复杂需求环境下基于多属性的供应链最优定价策略和供应商选择问题的深入研究，挖掘出不同属性对供应链系统运营的影响和原因，从而为提高供应链的运营效率、增加供应链及其成员的利润提供有效的、可靠的理论依据和思想方法。

（1）根据已有的后悔理论，使用最优、最劣方案的线性组合表示后悔效用参考点，基于后悔效用参考点，运用幂函数量化欣喜和后悔对决策者的影响，本书提出了新的后悔效用函数。结合期望效用理论和本书提出的后悔效用理论，进一步提出了基于期望效用理论和后悔理论的双目标最优定价模型。

（2）以双渠道供应链为背景，构建了基于传统零售商销售努力和电商平台扣点费率的双渠道供应链定价决策模型，分析比较了分散决策和集中决策下供应链成员的最优价格策略，并利用两部协调定价策略解决分散决策时产生的供应链双重边际效应。

（3）针对生鲜农产品供应链定价问题所需探讨或研究的问题，确定本书的研究总体目标为：在总结与分析国内外关于生鲜农产品供应链定价与订货问题研究现状及其发展的基础上，根据生鲜农产品的特性、高铁快运的特点，以及相应的国家政策导向，探讨不同运输方式、不同供应链参与者、不同的销售契约，以及不同的政策支持下生鲜农产品供应链的定价与订货决策问题；探讨动态定价、多阶段定价，以及分时点定价等多种定价方式下，供应链管理者的最优决策问题，以及相应的决策因素对最优定价与订货决策的影响。以期能够通过本书的研究，获得需求不确定性情况下，基于高铁快运的生鲜农产品供应链定价与订货策略的一个系统、全面的研究，从而丰富生鲜农产品供应链管理的理论和模型研究。同时，通过对高铁快运新型企业的特点进行深入研究，定性和定量地讨论影响生鲜农产品供应链及其成员利润最大化的因素和因素的重要程度，从而为提高生鲜农产品供应链的运作效率及实现其利润最大化提供有效的、可行的和可靠的理论基础。

（4）提出一种由用户、决策者和方案提供者三部分群体组成的考虑用户需求的 HF – MULTIMOORA 群决策方法；利用具有高鲁棒性的 HF – MULTIMOORA 决策方法选出最能满足用户需求的供应商的方案。

（5）考虑了专家行为的有限理性行为特征、专家评估信息的多重混合型表示、不同供应商风险因子间的关联性作用及群体决策鲁棒性提升等关键因素，增强模糊随机环境下，供应商故障模式的风险优先次序获取的可靠性，提出混合概率分布下基于前景理论的关联（FRMAGDM）方法，并将其应用于供应商设备的失效模式与影响分析（FMEA）过程中。

（二）研究方法

本书的研究主要涉及供应链管理、决策科学、消费者行为科学、运筹学、市场营销学及统计学的相关领域，拟采取理论研究、模型建立和数值仿真分析相结合的研究思路，本书使用的主要理论依据和研究方法如下：

1. 理论依据

（1）期望效用理论。期望效用理论被广泛应用于描述"理性人"在风险和不确定性条件下的决策行为。该理论由冯·诺依曼和摩根斯坦（Von Neumann & Morgenstern，1994）于 1944 年提出，其基本内涵是：决策者的效用值等于决策主体对各种可能结果的加权和，以期获得最大化的期望效用值。本书第四章、第五章和第六章都是基于决策者的期望利润最大化，建立供应链的最优定价决策模型。

（2）后悔理论，也称遗憾理论。1982 年，由贝尔（Bell，1982）、卢姆斯和萨格登（Loomes & Sugden，1982）分别提出的一种行为决策理论。该理论认为，人们往往不仅关心自己可以得到的，而且会将要选择方案的结果与其他备选方案可获得的结果相比较。后悔理论的核心思想是：决策者会对自己所处的现实状况与本可能处于的状况（决策者在过去选择其他方案）进行比较，如果决策者发现自己选择其他方案能够得到更好的结果，那么内心可能会感到后悔；反之，就会感到欣喜。因此，当面临新的选择时，决策者会回忆自己之前的经历，并且形成可能面临的后悔或欣喜的预期。本书在第四章中使用期望效用理论和后悔理论刻画供应链定价决策中零售商的风险偏好。

（3）前景理论（prospect theory，PT）。前景理论由卡尼曼和特沃斯基（Kahneman & Tversky，1979）于 1979 年提出，他们认为供应链决策者在进行定价与订货决策过程中将受个人风险偏好的影响。因其能够很好地刻画决策的风险偏好和参考依赖，而被广泛应用于描述"不完全理性人"的决策行为。本书在第七章中使用前景理论刻画决策者的风险偏好和参考依赖，建立基于前景理论的供应商选择研究方法。

2. 研究方法

（1）文献综述方法。本书对供应链定价决策、供应商选择，以及期望效用理论、后悔理论、前景理论等的相关研究进行了大量的文献阅读，整理和分析研究，根据最新的研究成果，进而确定了本书的研究问题，即基于多属性的供应链定价决策与供应商选择的相关研究。

（2）定性分析与定量分析相结合的方法。本书先从理论上对所要研究的多属性进行定性分析，然后通过建立数学模型定量分析不同属性对供应链定价决策与供应商选择的影响，以通过定性分析和定量分析相结合的方法实现本书的相关研究。例如，第五章中，首先，对双渠道供应链定价决策进行定性分析；其次，再对其进行定量分析；最后，提出基于两部协调定价机制的双渠道供应链定价决策模型。

（3）数学建模方法。本书通过提出基于期望效用理论和后悔理论的多目标最优定价模型（第四章）；两部协调定价机制下基于销售努力和电商平台扣点费率的双渠道供应链定价决策模型（第五章）；供应商主导和零售商主导下生鲜农产品供应链的最优定价决策模型（第六章）等模型定量化，分析不同属性对供应链定价决策与供应商选择的影响。

（4）数值仿真方法。在建立模型分析一些因素对供应链定价决策与供应商选择的影响时，得出的解析解不能直观地反映不同参数对最优决策的影响及影响程度；更多的是，一些模型的计算结果较为复杂，无法求解其解析解。因此，通过数值仿真能够解决上述问题，本书的第四章、第五章、第六章、第七章和第八章都对建立的模型和所得到的结果进行数值仿真，以此来验证理论模型和结果的正确性及相应算法的有效性，从而实现本书研究问题的理论和应用价值。

（5）HF－MULTIMOORA 群决策方法。首先，用户根据需求确定决策属性，并以犹豫模糊元给出对各个决策属性的期望值及对各决策者的权重限制，方案提供者根据需求提供方案，决策者根据经验将方案提供者所提供的方案在各决策属性下进行评价、打分，并得到相应的评价矩阵。其次，结合用户对各决策者的权重限制，并基于用户对各决策属性的期望值与决策者对各决策属性评价值的相关系数最大化原则，求得客观决策者权重。最后，利用犹豫模糊加权集结算子对决策者相对应的评价矩阵进行集结，并得到综合决策矩阵。

（6）关联 FRMAGDM 方法。提取混合概率分布下不同三角模糊随机评估信息的期望、方差等统计特征，构建期望—方差二元决策矩阵；进而将专家针对各方案不同属性的期望作为参照点，定义 TFRV 相应于收益及损失不同情形的前景期望效应（prospect expectation effect，PEE）、前景期望价值函数（prospect expectation value function，PEVF）及前景期望价值（prospect expectation value，PEV），以获得基于前景期望收益（损失）价值的前景价值决策矩阵；集结相应于各备选方案不同属性的边际前景期望信息；针对联合方差的非可加性，定义 TFRVWAA 算子集结离散边际方差信息，进而获取相应于各方案的综合前景价值决策矩阵。

（三）技术路线

本书的具体技术路线如图 1－1 所示。

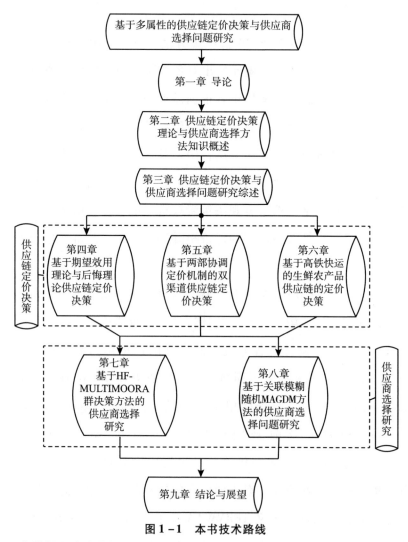

图 1－1　本书技术路线

资料来源：笔者绘制。

五、本书创新点

本书对相关学科领域的现有成果进行收集、归纳和整理，通过研究多属性（决策理论、销售契约、销售渠道、高铁快运、复杂需求环境等）下供应链定价决策与供应商选择问题，获得了一些重要的结论和具有现实意义的成果。本书创新点主要体现在如下六个方面：

（1）本书对所涉及的供应链定价决策、多决策理论（期望效用理论、后悔理论、前景理论）、多方法（HF – MULTIMOORA 群决策方法、关联模糊随机方法等），以及供应链协调和供应商选择等方面的研究进行文献综述。

（2）考虑供应链定价决策时零售商的有限理性和后悔规避的行为特征，建立了基于期望效用理论和后悔理论的多目标最优定价模型，提出基于零售商后悔情绪参考点的新后悔理论。

（3）针对电子商务和新冠肺炎疫情对传统零售模式双重打击的现状，本书提出两部协调定价机制下基于销售努力和电商平台扣点费率的双渠道供应链定价决策模型。

（4）针对高铁快运运输速度快和生鲜农产品在运输过程中易发生质量损耗的特性，建立高铁快运背景下，生鲜农产品供应链的最优定价决策模型，提出随运输时间变化的生鲜农产品新鲜度函数。

（5）考虑供应链环境下供应商选择时用户需求的复杂决策问题，提出犹豫模糊群决策方法。定义新犹豫模糊元记分函数：提出基于记分函数不变原则的新方法，提出考虑用户需求的 HF – MUL-TIMOORA 群决策方法。

（6）针对供应链管理中供应商选择时专家群决策的不确定性和主观性问题，本书提出混合概率分布下，基于前景理论的关联模糊随机方法。

第二章

供应链定价决策理论与供应商选择方法知识概述

本书研究的主要问题是基于多属性的供应链定价决策与供应商选择。互联网、移动终端及其电子商务的飞速发展，引起了供应链定价决策与产品销售的方式发生了巨大的变化，线上和线下混合销售成为产品销售的主要方式。产品的定价决策受到多种属性（决策理论、销售契约、销售渠道、高铁快运、复杂需求环境等）的影响，供应选择问题亦呈现出多偏好的特点，加之销售渠道的多样化，对基于多属性的供应链定价决策与供应商选择的研究成为供应链管理与供应商选择理论及应用发展的必然方向。然而，供应链成员怎样制定最优的定价策略一直是供应链管理者及供应链研究者重点关注的问题。

在现实的供应链管理中，大量的决策理论为供应链决策提供了理论支撑。关于期望效用，最早由瑞士数学家伯努利（Bernoulli，1738）所提出，并由冯·诺依曼和摩根斯坦（1944）在继承伯努利（1738）对"圣彼得堡悖论"（St. Petersburg Paradox）解答的基础上，经过严格的公理化假设，形成了较为完整的体系，并于1944年提出期望效用理论。在供应链管理过程中，期望效用理论被广泛应用于供应链定价决策模型中。

自冯·诺依曼和摩根斯坦（1944）的经典巨著《博弈论和经济行为》问世以来，期望效用理论就成为不确定条件下的标准理性决策理论，在风险决策领域一直处于主导地位。自 20 世纪 70 年代末以来，不确定条件下，个人决策理论的研究有了重大的突破和进展。为解释违背期望效用理论的现象，融合经济学和心理学的新决策理论悄然兴起。由于期望效用理论的独立性公理（替代性公理）广受质疑，许多学者要么弱化独立性公理，要么放弃独立性公理，各自提出新的风险决策理论，例如，卢默斯和萨格登（1982）、贝尔（1982）放弃独立性公理，并且指出单因素效用函数不能很好地解释人们的非理性决策行为，进而将后悔和欣喜因素纳入效用函数，分别独立提出"后悔理论"。

在西蒙"有限理性"理论（Von – Neumann & Morgenstern，1944）研究基础上，卡尼曼和特沃斯基（1979）将心理学成果引入经济学分析，对期望效用理论提出修正，并提出前景理论，用次确定性合理地解释了"阿莱悖论"。前景理论提供了新的风险条件下的行为决策模型，不仅对心理学多个领域产生影响，而且使心理学与经济学、哲学和风险管理等许多学科联系更加紧密。1979 年，卡尼曼和特沃斯基将心理学的研究成果融入经济学中，提出了前景理论，并于 1992 年提出了累积前景理论（cumulative prospect theory，CPT），对西蒙研究成果进一步深化。前景理论实现了心理学与经济学的融合，创立了行为经济学，是经济学的新纪元。由于前景理论考虑到了 EU 理论没有注意到的决策者心理行为因素，因此能够对于不确定性情况下决策者的判断和选择行为进行了更准确的描述和解释，因而前景理论的提出受到了学术界的广泛关注，学者们把前景理论看作 EU 理论的可能替代理论。累积前景理论是在前景理论基础上发展起来的，放宽了 EU 理论描述性方面的一些不合理的假设，引入了两段累积泛函，对于不确定性情况下的决策过程的描述更为真实，从而使决策过程与决策者有限理性特点相符合。前景理论将来自心理学研究领域的综合洞察力融合到了经济学，不但推动了经济学的发展，对于投资、外交等领域也产生了深远影响。然而，前景理论目前主要应用于金融领域，在其他领域的应用还不多。

一、期望效用理论

（一）产生背景

期望效用函数理论是 20 世纪 50 年代，冯·诺依曼和摩根斯坦（Von Neumann & Morgenstern，1944）在公理化假设的基础上，运用逻辑和数学工具，建立了不确定条件下对理性人（rational actor）选择进行分析的框架。严格意义上，期望效用理论探讨的是决策者在风险环境下的选择行为。期望效用理论是一个体系，而不是专指某个理论，是二战以来研究决策的主要模式。它和前景理论占据了决策和判断的主导地位。这个理论通常是把决策者当作是完全理性的人来看待，这种理性的人通常追求效用最大化和自我利益，且遵循理性行为的原则。期望效用理论不是描述人们的实际行为，而是告诉我们该如何做出理性决策。作为一个决策者，应该尽可能地理性，所以这方面的理论必须了解。

（二）效用函数和期望效用理论

期望效用值理论以规范模型（prescriptive or normative model）的形式应用于管理科学特别是管理决策分析中，以预测模型（predictive or positivistic model）的形式应用于金融和经济领域中，以描述性模型（descriptive model）的形式应用于心理学中。由于期望效用值理论的发展，决策（特别是理性决策）理论才得以形成一门独立的学科，综合运用概率论、心理学、思维科学、经济学等跨学科的理论来研究决策和判断问题。

1. 效用函数

效用理论在消费者行为学、管理学、领导学等领域都是核心概念。效用是个主观概念，人是理性与非理性的混合体，所以人在做选择、做决策的时候，理性与非理性混杂。很多时候，人们对效用大小的感觉是变动的。在公司行为的时候，经过专业人士的计算，效用大小的计算结果还是比较可靠的；在个人行为决策的时候，人们往往不能理性地计算得很清楚。

效用是指一个人能从消费某种商品或者享受某种服务或闲暇等使自己的需求、欲望等得到满足的一个度量。它是主观的。效用是决策者价值主观感受的一种反映，展示决策者主观意愿的满意程度，但它不再是一种定性的反映，而是一种数量的表现。或者说，效用是决策者偏好关系的一种度量。它实际上是反映了决策者对待得失（风险）的一种权衡的结果。通过效用函数的衡量，可以定量化决策者对不同方案结果的满意度/满足感。按照效用理论进行决策分析，应根据决策者的效用函数（曲线）来计算各方案可能结果的期望效用值，并以最大的期望效用值作为选择方案的依据。以往的风险决策分析方法，大多是以期望损益值作为决策标准的。

效用函数分为确定性状态和不确定性状态两种组合。

（1）确定性状态下的效用函数。假设消费者可购买产品的经费为 M 元，购买的产品共有 n 种，每种产品的单价为 $p_i(i=1, 2, \cdots, n)$，该消费者购买每种产品的数量为 $q_i(i=1, 2, \cdots, n)$，该消费者购买产品的效用函数记为 $U(q_1, q_2, \cdots, q_n)$，该问题的函数表示形式为：

$$p_1q_1 + p_2q_2 + \cdots + p_nq_n \leq M \ (q_i \geq 0, \ p_i \geq 0) \qquad (2-1)$$

在约束条件下，求解 $\{q_1, q_2, \cdots, q_n\}$，使 $U(q_1, q_2, \cdots, q_n)$ 最大化。

（2）不确定性状态下的效用函数。假设决策者进行决策，选择方案时出现 A 结果的概率是 p，出现 B 结果的概率是 $1-p$，则该决策者决策的期望效用为：

$$U(A, B) = pU(A) + (1-p)U(B) \qquad (2-2)$$

2. 期望效用理论定义

期望效用函数理论是 20 世纪 50 年代，冯·诺依曼和摩根斯坦（1944）在公理化假设的基础上，运用逻辑和数学工具，建立了不确定条件下对理性人（rational actor）选择进行分析的框架。不过，该理论是将个体和群体合二为一的。后来，阿罗和德布鲁（Arrow & Debreu）将其吸收进瓦尔拉斯均衡的框架中，成为处理不确定性决策问题的分析范式，进而构筑起现代微观经济学，并由此展开的包括宏观、金融、计量等在内的宏伟而又优美的理论大厦。冯·诺依曼和摩根斯坦（1944）根据决策者完全理性的假设，建立了不确定情况下的经济决策模型，期望效用理论（expect utility theory，UT）：

$$EU(Q) = XP = x_1p_1 + x_2p_2 + \cdots + x_np_n \qquad (2-3)$$

其中 $Q = (x_1, p_1; x_2, p_2; \cdots; x_n, p_n)$ 表示一个事件发生的前景，$X = (x_1, x_2, \cdots, x_n)$ 表示事件对应的所有可能结果，$P = (p_1, p_2, \cdots, p_n)$ 表示事件不同结果对应发生的概率。期望效用理论的建立基于两个基本的假设：①信息是完全的；②决策者是完全理性的。

1954 年，萨维奇（Savage，1954）完善期望效用（EU）理论为主观期望效用理论。因为 EU 理论是建立在所有决策者都是"完全理性人"的假设基础上，并且 EU 理论假定所有的决策者都是根据期望效用值的大小进行决策的。"效用"作为实际决策的基本依据，用以表达决策者对事件发生结果的满足程度，决策者对事件可能发生的结果进行选择时，首先会根据决策信息获取每个可能结果的实际效用值，然后，再根据完全理性决策者"追求效用最大化"的思想，选取具有最大效用值的结果对应的方案作为最优的决策方案。冯·诺依曼和摩根斯坦（1944）认为，若要保证效用函数一定存在，需要满足下面的理性行为公理：

公理 2.1（完备性公理）：对于任何两种决策结果 A 和 B，只要存在 $A > B$，则 A 即为最优结果。

公理 2.2（传递性公理）：对于任意的 A，B，$C \in R$，如果 $A \geqslant B$，并且 $B \geqslant C$，那么 $A \geqslant C$。这表明理性决策者的选择具有逻辑性和一致性。

公理 2.3（连续性公理）：对于所有的 A，B，$C \in R$，如果 $A \geqslant B \geqslant C$，那么存在某个 $\lambda \in [0, 1]$ 使 $B \sim \lambda A + (1 - \lambda) C$。即存在 $\lambda_1 \in [0, 1]$，$\lambda_2 \in [0, 1]$，使 $\lambda_1 A + (1 - \lambda_1) C \geqslant B$，$\lambda_2 A + (1 - \lambda_2) C \leqslant B$。连续性公理表明完全理性的决策者不仅具有逻辑性和一致性，且该性质是完美的。

公理 2.4（独立性公理）：决策者关于两种决策方案的偏好独立于其得到它们的方式，对于任何两个决策结果 A 和 B，若 $A \geqslant B$，则 $\lambda A + (1 - \lambda) C \geqslant \lambda B + (1 - \lambda) C$。

公理 2.5（单调或占优公理）：令 S_1 表示复合决策方案 $\lambda_1 A + (1 - \lambda_1) B$，$S_2$ 表示复合决策方案 $\lambda_2 A + (1 - \lambda_2) B$，如果有 $A > B$，那么 $S_1 > S_2$，当且仅当 $\lambda_1 > \lambda_2$。

公理 2.1、公理 2.2、公理 2.3 显示了完全理性的决策者在确定性环境下的选择结果，与微观经济学中消费者理论的偏好公理完全一致。公理 2.4 和公理 2.5 则是对公理 2.1 ~ 公理 2.3 在不确定性环境中运用的扩展。期望效用理论认为，如果完全理性的决策者选择风险决策备选方案时，若满足公理 2.1 ~ 公理 2.5，那么它一定基于期望效用最大化选择备选方案。

决策者对于事件前景集合中的前景 A 优先排序，如果满足上述公理 2.1 ~ 公理 2.5，则一定存在这样一个函数 $u(x)$，有且只有：

$$U(A) = \sum_x u(x) p_A(x) \geqslant U(B) = \sum_x u(x) p_B(x) \quad (2-4)$$

在式（2-4）的条件下，$A \geqslant B$，$U(x)$ 称为效用函数。同时，

在 $U(x)$ 正线性变换的条件下，保证决策者的优先顺序不变。可见，事件前景的优先顺序可在给定函数的条件下，计算期望效用值得出，即为效用函数。基本定理所表达的事件前景辨优规则称为期望效用值准则。需要指出的是，期望效用值并不意味着寻求期望效用值的最大值，只是说，决策者如遵循公理 2.1 ~ 公理 2.5 就能选择各替代方案中期望效用值最大的方案，并可符合理性的一致性。

3. 期望效用理论面临的挑战

EU 理论及 SEU 理论描述了"理性人"在风险条件下的决策行为。但实际上人并不是纯粹的理性人，决策还受到人的复杂心理机制的影响。因此，EU 理论对人的风险决策的描述性效度一直受到怀疑。例如，EU 理论难以解释阿莱悖论（Allais Paradox）、埃尔斯伯格悖论（Ellsberg Paradox）等现象；没有考虑现实生活中个体效用的模糊性、主观概率的模糊性；不能解释偏好的不一致性、非传递性、不可代换性、"偏好反转现象"、观察到的保险和赌博行为；现实生活中也有对 EU 理论中理性选择上的优势原则和无差异原则的违背；实际生活中的决策者对效用函数的估计也违背了 EU 理论的效用函数。

另外，随着实验心理学的发展，预期效用理论在实验经济学的一系列选择实验中受到了一些"悖论"的挑战。实验经济学在风险决策领域所进行的实验研究广泛采取了彩票选择实验（lottery-choice experiments），即实验者根据一定的实验目标，在一些配对的组合中进行选择，这些配对的选择通常在收益值及赢得收益值的概率方面存在关联。通过实验经济学的论证，同结果效应、同比率效应、反射效应、概率性保险、孤立效应、偏好反转等"悖论"的提出对预期效用理论形成了重大冲击。

4. 对期望效用函数理论的修正和扩展

研究者针对以上问题提出了以下六种使 EU 理论一般化的方式：

（1）卡尼曼（1978）提出主观权重效用（subjectively weighted utility，SWU）的概念，用决策权重替代线性概率，这可以解释阿莱问题和共同比率效应，但不能解释优势原则的违背。

（2）扩展性效用模型（generalized utility model）的特点是针对同结果效应和同比率效应等，放松预期效用函数的线性特征，或对公理化假设进行重新表述，模型将用概率三角形表示的预期效用函数线性特征的无差异曲线，扩展成体现局部线性近似的扇形展开。这些模型没有给出度量效用的原则，但给出了效用函数的许多限定条件。

（3）卡尼曼和特沃斯基（1979）引入系统的非传递性和不连续性的概念，以解决优势违背问题。

（4）"后悔"的概念被引入，以解释共同比率效应和偏好的非传递性；如卢姆斯和萨格登（1982）提出的"后悔模型"引入了一种后悔函数，将效用奠定在个体对过去"不选择"结果的心理体验上（放弃选择后出现不佳结果感到庆幸，放弃选择后出现更佳结果感到后悔），对预期效用函数进行了改写（仍然保持了线性特征）。

（5）允许决策权重随得益的等级和迹象变化，这是对 SWU 的进一步发展。

（6）非可加性效用模型（non-additivity utility model）这类模型主要针对埃尔斯伯格悖论，该模型认为概率在其测量上是不可加的。

（三）期望效用理论研究综述

期望效用理论认为，决策者是完全理性的，其模型中决策者的理性反映在决策者根据冯·诺依曼和摩根斯坦（1944）的期望效用函数形成自己的期望，决策的目标函数是期望效用最大化。而在现实生活中，绝大部分决策者都是不完全理性的，因此单独基于期望效用理论的零售商最优定价策略与实际的供应链定价决策有一定的偏差（Fisher & Raman，1998）。

期望效用函数在管理学和经济学中的重要作用就是判断决策者的风险偏好。同时，期望效用理论被广泛应用于供应链定价与订货决策问题研究中。例如，文平（2005）在期望效用理论下对报童问题重新进行研究，并进行了静待比较分析。文平研究发现，报童的最优订货量不仅与销售的概率分布有关，还与消费者的损失厌恶程度有关。孙彩虹（2014）在报童仅获知不确定需求的均值与方差的假设下，基于期望效用理论建立了最坏情况（worstcase）型的鲁棒联合定价、订货模型，并在适当的条件下给出了联合决策的闭环最优解。通过数值仿真证实了联合的鲁棒定价与订货决策较大幅度地改善了 Scarf 鲁棒订货模型的运作效率，从而得出该模型能较好地适应于新产品供应链等信息缺失下的企业运作管理。

丁海鹰等（2016）从私家车出行者效用角度，将私家车出行者理解期望效用与交通方式选择相结合，运用交通方式分担离散分类评定（logit）模型和私家车出行者满意度函数，建立私家车出行者可接受且能最大限度发挥停车费对私家车出行抑制作用的停车收费定价模型，为停车费合理定价提供决策依据。黄金波等（2016）引入期望效用理论来比较最小方差对冲策略、最小在险价值（VaR）对冲策略和最小条件在险价值（CVaR）对冲策略的对冲效率，从而将人们的风险态度同对冲策略选择联系起来，以实现不同风险态度的投资者选择不同风险对冲策略的目的。胡祥和张连增（2017）研究一种最优再保险机制，给定保险人的效用函数，通过对承保业务的再转移，使保险人的期望效用达到最大。如果保险人依据最大可能损失保费原理向再保险人支付再保险保费，则对保险公司最优的合同形式是有限停损再保险。

单娅军等（2018）基于红岭创投的满标交易数据，以期望效用理论为基础，从投资人视角构建 P2P 网络借贷投资者出资偏好的影响因素模型，并进行实证研究。结果表明，借款人个人信息、借款人平台信息，以及借款标的信息均对投资者的出资偏好产生显著影响。曹裕等（2019）结合生鲜损耗严重和过度保鲜双重背景，在期望效用理论下，比较研究由单一零售商与单一供应商构成的二级生鲜供应链中，两个主体合作与否及主导主体变化对供应链保鲜努力水平和定价的影响机制。

杨继平等（2019）针对晨星评级对风险调整和预测能力不足的特征，研究应用期望效用－熵（EU－E）模型基金评级方法对我国开放式基金进行评级的预测能力，并以 Sharpe 指数、Jensen、Fama－French 三因素和 Carhart 四因素 α 作为业绩指标，利用固定效应面板数据回归模型将期望效用－熵模型和随机效应面板数据回归模型对晨星基金评级的预测能力进行比较分析。张伟等（2020）针对溢价机制下风电商在电力市场中的电量分配问题，综合考虑了现货电价的不确定性、风电出力的波动性，以及风电商对风险的喜好程度等因素，提出了基于期望效用 – 熵的风电商电量分配决策模型。应用该模型，对风电商在年度合约市场、月度合约市场，以及现货市场的总发电量分配进行了计算。

基于期望效用理论，潘文军和缪林（2020）设计考虑跨渠道退货的双渠道闭环供应链结构，并分析跨渠道退货率及渠道消费偏好对供应链的决策影响，基于斯塔克尔伯格（Stackelberg）博弈和纳什（Nash）均衡博弈理论，从集中式决策与分散式决策两方面研究不同闭环供应链结构下的定价决策与利润分配。考虑一个零售商使用连续回顾（Q，r）策略来管理易逝品的库存，利用多属性效用理论将这两个测度组合成一个加权效用函数，并结合了决策者的风险规避/风险寻求态度（Poormoaied & Zümbül，2020）。通过最大化加权效用函数得到最优策略参数。通过数值研究，证明了最优决策参数对决策者的风险规避/风险寻求态度和评价指标权重的敏感性。结果表明，风险行为对政策参数的影响并不显著，而评估指标的权重是有影响的，作者将多属性效用模型与三个著名的替代策略（Q，r）进行了比较：在第一种方法中，将期望成本作为一种单一的绩效指标进行研究；在第二种方法中，考虑了服务级别约束；在第三种方法中，使用了 CVaR 度量。

二、后　悔　理　论

（一）后悔理论的产生

后悔理论是行为金融学的四大研究成果之一。后悔理论是指当人们做出错误的决策后，常会因自己当初的选择而感到痛苦、后悔，并为此自责不已。例如，有一个人，他一直以来上下班都走同一条路。有一天他决定换条新的路线，结果不幸遇到了交通事故，尽管事实上两条路线遇到交通事故的概率是一样的，但是他仍然会后悔："早知道如此，我就走原来的路线了。"很显然后悔厌恶会影响人们的决策，它会使人们墨守成规，以使后悔达到最小化。哲学家是最早研究后悔理论的，他们试图通过证明伴随后悔产生的一些内部状态的自然性，从而界定后悔的含义，并把他从失望、悲伤、内疚等相关情况中区别出来。经济学家萨维奇（1951）对后悔进行了较早的深入研究，随着心理学逆反事实思维理论的发展，之后的研究则不断丰富。

（二）后悔理论

后悔理论的核心思想是：决策者会对自己所处的现实状况与本可能处于的状况（决策者在过去选择其他备择对象）进行比较，如果决策者自省时发现自己选择其他备择对象可以得到更好的结果，那么内心可能会感到后悔；反之，就会感到欣喜。鉴于此，当面临新的选择时，决策者会回忆自己之前的经历，并且形成可能面临的后悔或欣喜的预期。因此，决策者的决策受两个因素影响：①选择备择对象所能获得的结果；②后悔和欣喜的预期。

1. 预期后悔理论

卢姆斯和萨格登（1982）、贝尔（1982）提出的后悔理论属于预期后悔理论，该理论将情感与动机的因素合并到期望结构中。预期后悔理论认为，个人会评估其对未来事件或情形的预期反应，这些预期情绪将改变效用函数，决策者在决策中会力争将后悔降至最低。在决策时，如果要对熟悉的方案与不熟悉的方案进行选择，决策者更偏向于选择更熟悉的那个，因为这样造成的后悔远比选择其他方案造成的后悔小。

2. 后悔厌恶理论

泽伦贝格等（Zeelenberg et al. , 1996）发现，人们总是倾向于作出后悔最小化的选择，而不是风险最小化选择。这一研究结果恰好解决了为什么有时人们倾向于安全性的选择，有时却倾向于冒险的矛盾决策行为。决策者在决策时更愿意居于现状，如果选择其他方案时导致效用降低，那么决策者会比因居于现状降低同等效用更加后悔。

（三）后悔理论研究综述

1. 国内研究综述

（1）后悔理论研究。圣克拉拉大学的迈尔·斯塔特曼（Meir Statman）教授是研究"害怕后悔"行为的专家，他认为由于人们在投资判断和决策上经常容易出现错误，而当出现这种失误操作时，通常感到非常难过和悲哀。所以，投资者在投资过程中，为了避免后悔心态的出现，经常会表现出一种优柔寡断的性格特点（Loomes & Sugden, 1982）。投资者在决定是否卖出一只股票时，往往受到买入时的成本比现价高或是低的情绪影响，由于害怕后悔而想方设法尽量避免后悔的发生。

　　张顺明和叶军（2009）分析卢姆斯和萨格登（1982）、贝尔（1982）在放弃独立性公理前提下，将后悔和欣喜两种心理感觉纳入个人风险决策的偏好关系中，建立了非传递的双变量效用函数的表现形式和后悔理论的公理化体系。后悔理论能够很好地说明期望效用理论所不能解释的 Allais 悖论、Ellsberg 悖论、偏好反转现象、确定性效应、反射效应、分离效应、共同比率效应等异象，而且能够应用于决策理论和资产定价等金融领域。

　　张晓等（2013）在考虑决策者行为的情境下，为了解决属性值和状态概率均为区间数的风险型多属性决策问题，提出了一种基于后悔理论的决策分析方法。该方法是基于后悔理论，分别计算关于属性值的效用值和后悔值，然后通过计算效用值和后悔值之和来得到决策者对每个方案的感知效用，进一步通过构建方案综合感知效用最大化的优化模型并进行模型的求解来得到方案的排序结果。张世涛等（2014）研究了方案对多维偏好信息下的模糊多属性群决策问题。在决策过程中考虑了决策者的后悔规避心理，定义了模糊后悔—欣喜函数，给出了方案的感知效用值的计算公式；定义了基于方案感知效用值的群体一致度和非一致度，分别反映由后悔理论确定的方案对优劣序与决策者优先给定的多维偏好序的总的一致性程度和非一致性程度；在模糊理想点未知的情形下，基于群体一致度和非一致度构建了一种确定最优属性权重和模糊理想点解模糊值的优化模型；给出了一种基于后悔理论的群决策方法，利用方案的最优综合感知效用值对方案排序择优。

　　刘小弟等（2017）针对属性权重完全未知，属性值为犹豫模糊元的随机多属性决策问题，提出一种基于后悔理论与群体满意度的随机决策方法。首先，为避免人为给定参考点带来的主观随机性，基于属性值的方差与得分函数定义一种群体满意度，并根据群体满意度建立属性权重优化模型。其次，基于后悔理论构建方案两两相比的后悔值矩阵与欣喜值矩阵，并根据决策群体总体心理感知值对方案进行排序。章恒全和涂俊玮（2018）针对准则评价信息为区间直觉梯形模糊数、准则权重未知的群决策问题，考虑决策者心理行为特征，提出一种基于后悔理论的群决策方法。该方法定义了区间直觉梯形模糊数的排序方法及距离测度公式；以各方案的正、负理想点作为参考点计算各方案的后悔、欣喜值；由决策者对各方案的偏好大小确定决策者权重，并通过 WAA 算子将各决策者的欣喜—后悔矩阵集结成群体决策的欣喜—后悔矩阵。

谭春桥和张晓丹（2019）针对属性权重已知，状态概率为区间数，属性值为三角模糊数的风险型多属性决策问题，考虑到决策者的有限理性，他们提出了一种基于后悔理论的 VIKOR 方法：首先，将决策矩阵进行规范化处理，基于后悔理论得到后悔感知决策矩阵；其次，分别计算最大群体效用值和最小个体遗憾值；最后，依据决策机制系数得到最终的评价指标值，并通过构建指标值最小化的优化模型来求解点概率向量，从而得到最终的方案排序结果。

张发明和王伟明（2020）针对目前语言型多属性决策方法大多基于期望效用理论且不考虑指标间影响关系的不足，提出了一种将后悔理论和决策试验与评价试验法相结合的语言型多属性决策方法。①依据后悔理论的思想，定义了语言后悔—欣喜函数，并给出了方案感知效用值的计算公式；②利用决策试验与评价试验法分析指标间的影响关系，给出了基于语言 DEMATEL 的指标权重确定方法，再通过指标总容量最大优化模型给出了基于注水原理的指标权重确定方法，并在此基础上求解方案的综合感知效用值，据此对方案进行排序择优。童玉珍和王应明（2020）针对属性权重未知的群体决策问题，提出基于离平均方案（平均解）距离的评价方法（EDAS）及考虑决策者后悔规避心理行为的概率语言术语集（PLTS）多属性群决策方法。首先，根据 PLTS 的相关性质定义概率语言术语集信息熵及交叉熵，并建立属性权重模型；其次，将群体满意度公式拓展到概率语言术语集环境下，并用于后悔理论中效用值的计算；最后，基于概率语言术语集的属性权重确定模型及群体满意度公式，将后悔理论与 EDAS 法相结合提出新的多属性决策方法，并对各备选方案进行选择排序。王泽林和王应明（2020）针对三种不同类型属性值，且属性期望以区间值和区间概率共同表达的随机多属性决策问题，提出一种考虑决策者后悔行为的决策分析方法。第一，分别计算不同属性下各方案带来的期望效用；第二，基于后悔理论，分别计算各属性下因未选择理想方案而带来的期望后悔值，并根据属性期望得出各属性下因未达到或达到属性期望而产生的期望后悔欣喜值；第三，计算每个方案的期望综合感知效用值，并对方案进行排序和择优。

张国峥和刘婧（2022）针对决策信息为区间犹豫模糊元、属性权重不完全已知的风险型决策问题，提出一种考虑决策者后悔心理行为的决策方法。首先，采用 max - min 算子构建求解属性权重的优化模型；其次，根据后悔理论计算备选方案的效用值与后悔—欣喜值，据此得到决策者对备选方案的综合感知效用，并对各方案排序与择优；最后，通过一个算例验证分析该方法的可行性与有效性。汪新凡等（2022）针对概率犹豫模糊信息下准则具有期望水平的双边匹配决策问题，考虑双边主体后悔规避的心理行为特征，提出了一种基于后悔理论的双边匹配决策方法。首先，定义了概率犹豫模糊元的新兰氏距离和兰氏记分函数；其次，基于后悔理论，提出了一种准则具有期望水平的概率犹豫模糊双边匹配决策方法。该方法利用期望效用函数和概率犹豫模糊元兰氏记分函数构建双边主体的准则效用值矩阵；再次，利用后悔—欣喜函数构建双边主体对于准则期望水平的后悔—欣喜值矩阵；最后，依据后悔理论构建双边主体对于准则期望水平的感知价值矩阵。并先利用离差最大化思想和概率犹豫模糊元新兰氏距离构建优化模型求解准则权重，再利用线性加权法构建双边主体的综合感知价值矩阵，利用极差变换法构建双边主体的满意度矩阵。

（2）后悔理论应用研究。郭三党等（2015）针对属性值为区间灰数、权重信息不确定的多目标决策问题，考虑决策者的心理行为，提出一种基于后悔理论的多目标灰靶决策方法。首先构造基于正负理想点的欣喜—后悔值函数，建立正负靶心，同时考虑方案与正负理想方案的接近性，利用正负靶心距的空间投影距离构造一种新的靶心距函数，并构建非线性优化模型来确定目标权重，从而确定出方案的排序。

韩菁等（2016）针对决策者的后悔规避行为对案例决策的影响，提出了一种基于后悔理论的混合型多属性案例决策方法。首先，针对案例属性的相似度测算，将案例属性的范围拓展到定性数据、清晰数、区间数、语言变量和区间直觉模糊数五种类型；其次，在案例原有效用基础上考虑决策者的后悔—欣喜值来测算各案例的感知效用；最后，通过案例相似度对感知效用加权求和得到备选方案的综合感知效用，并依据综合感知效用大小对备选方案进行排序。陈志旺（2016）将后悔理论方法用于解决三参数区间数多属性决策问题。一是提出一种将三参数区间数转换为两参数区间数的方法，避免了传统三参数区间数在大小比较方面不确定信息的遗失；二是依据两参数区间数决策信息计算不同状态下备选方案及理想方案各属性的效用值，从而得到各备选方案的后悔—欣喜值及综合感知效用值；三是针对权重范围已知的情况，通过构建备选方案综合感知效用最大化优化模型求得属性权重；四是针对权重信息完全未知的情况，提出一种基于注水原理的属性权重求解方法；五是利用属性权重加权求和方法得到备选方案综合效用值，从而通过比较综合效用值得到方案的排序结果。

危小超等（2017）基于后悔理论，对新产品扩散消费者决策互动行为进行了多智能体模拟研究。从进化博弈视角构建了消费者决策行为模型，结合心理学与后悔理论，设计出一种综合考虑自身与邻居个性特征，以及历史信息的学习规则，并用多智能体方法对消费者群体决策场景进行仿真。

钱丽丽等（2020）提出一种基于后悔理论的决策方法，以解决不确定环境下考虑决策者心理因素的应急方案动态调整问题。首先，该方法描述分析了基于灰数信息的应急调整方案的生成过程；其次，从后悔规避的视角构造了调整方案集关于处置效果、调整成本、应对损失三方面的灰色感知效用矩阵；再次，用转移概率矩阵预测突发事件的演化概率，计算各调整方案的灰色综合感知效用值以选出最佳调整方案；最后，通过实例验证了该方法的可行性和有效性。刁姝杰等（2021）基于有限理性假设，引入后悔理论并考虑后悔心理随质押期呈现的不同变化趋势，探讨港口质押率与物流服务努力水平联合决策。该文献以最大收益为心理参照点测算港口决策的效用值，通过解析后悔心理随时间表现出的恒定、递增、递减三种特征，弥补完全理性与单一心理状态在诠释决策偏差时的局限性。并进一步考虑了努力水平对质押物完好程度的影响、企业资信水平等因素，构建以期望效用最大化为目标的港口联合决策模型，求解最优质押率与物流服务努力水平。沈艳军和彭俊杰（2021）基于后悔理论，提出一种新的多目标电力调度模型，该模型不仅使经济成本达到最小，还考虑决策者对于发电这一属性产生的后悔心理活动，使后悔程度达到最小，从而达到满意的调度结果。此外，还针对现有的多目标蝙蝠算法（multi-objective bat algorithm，MOBA）容易陷入局部最优的问题，提出改进的多目标蝙蝠算法。并用改进后的优化算法来解决基于后悔理论的多目标电网优化调度。于晓娟等（2022）针对瓶颈路段，研究了出行者在单独驾车和拼车这两种出行模式下的早高峰出行行为。根据瓶颈模型的均衡条件，分别推导了收费和不收费机制下单独出行和拼车出行的出行时间及广义出行成本。为进一步研究出行者的出行方式选择，建立了基于后悔理论的随机 Logit 模型，并提出了相应的迭代平均算法。

2. 国外研究综述

（1）理论研究。后悔理论包含非传递性成对选择的可能性。卢姆斯和萨格登（1982）提出了关于个人如何从多于两个动作的集合中选择的问题，特别是当存在偏好循环的动作对子集时，建议对遗憾理论进行概括，并将其与菲什伯恩（Fishburn，1987）对双线性

（SSB）效用理论的概括进行比较和对比。该理论还表明，在这种概括下，具有非传递性成对偏好的个人不会陷入永无止境的循环，也不容易被"金钱抽水"而破产。

奎金（Quiggin，1994）提出在不确定性下的后悔选择理论在解释和预测违反预期效用理论方面表现良好。该模型的原始版本仅限于成对选择，这限制了其作为经济选择理论的有用性。研究表明，一个简单的不可操作性要求足以表征具有一般选择集的遗憾理论的函数形式。奎金概述了模型的随机优势和比较静态特性，导出了许多特殊情况，其中后悔理论等价于其他著名的不确定性选择理论。

泰勒（Taylor，1997）遵循期望—不确认范式，该范式假定满意度是一个人对所选品牌的期望的正面或负面确认的函数，该研究提出了一个更丰富的消费者满意度的后悔效用模型，结合了对最终未从考虑集中选择的选项的期望效应。具体而言，对没有一个人选择的且对未加合的替代方案影响的期望不符合期望，但选择符合期望的影响几乎没有效果。

布莱克罗特等（Bleichrodt et al.，2010）介绍了一种测量后悔理论的方法，认为后悔理论是一种流行的不确定性决策理论。遗憾理论允许违反及物性，从数量上衡量不及物性理论似乎是自相矛盾的。布莱克罗特等采用了折中方法，并证明了它对违反及物性的行为是鲁棒的。研究的方法没有对反映效用和后悔函数的形状做出任何假设。考虑到偏好的异质性，它可以在个人层面上进行。该研究的数据支持遗憾理论的主要假设，即人们对重大遗憾的厌恶程度不成比例，即使在控制事件分裂效应的情况下也是如此。

布莱克罗特和瓦克（Bleichrodt & Wakker，2015）受益于遗憾理论的见解，即不同行动的成对结果为决策提供了自然的基础，并将这一思想用于权衡技术。布莱克罗特等（Bleichrodt et al.，2010）介绍了一种衡量后悔理论的方法，该方法是一种流行的不确定性决策理论，后悔理论允许违反及物性，定量测量不及物性理论似乎是自相矛盾的，并采用了权衡方法，表明它对违反传递性具有鲁棒性。该方法不对反映效用和遗憾函数的形状做出任何假设。

尽管事件分裂效应可能为导致引入遗憾理论的某些现象提供替代解释，但正如斯塔默（Starmer，2000）指出的那样，"来自（后悔理论）的见解已被证明有助于理解真实行为"。寻找传递偏好，传统的联合测量模型被概括为两个方向：非传递性加性联合测量模型允许非传递性偏好，同时，保留传统模型的可加性特征；可分解联合测量模型是可传递的，但仅通过可分解性要求来代替可加性。布依苏和皮洛（Bouyssou & Pirlot，2002）结合上述两个方面的联合测量模型的概括，提出一个简单的公理化处理，显示传统模型中使用的几种抵消条件的纯粹后果。

（2）应用研究。2000 年，我们见证了许多使用后悔理论或模型扩展的应用，LS 被引用为灵感来源。例如，巴贝里斯等（Barberis et al.，2006）使用后悔理论来解释股市参与难题：尽管理性经济理论预测他们应该投资股票，但很少有人投资股票。遗憾模型在财务决策中的其他应用包括：穆尔曼等（Muermann et al.，2006）模拟了固定缴款（DC）养老金计划中的资产分配决策如何随着参与者对风险和后悔的态度而变化。研究表明，遗憾的预期负效用会对投资选择产生强大的影响；与规避风险的投资者相比，考虑到后悔的投资者在股权溢价低时持有更多股票，而在股权溢价高时持有更少股票。该研究还评估了遗憾如何影响 DC 计划参与者对回报率保证的看法，是以他的支付意愿来衡量的。并且当投资组合有相对风险时，后悔会增加厌恶后悔的投资者为担保支付的意愿，而当投资组合相对安全时，后悔会降低。米歇诺和索尔尼克（Michenaud & Solnik，2008）应用后悔理论（一种公理化的行为理论）来推导出最优货币对冲选择的封闭式解决方案，得到投资者对没有选择事后最佳对冲决策感到遗憾的结果。因此，投资者预计他们未来的后悔经历并将其纳入他们的目标函数。米歇诺和索尔尼克（2008）推导出一个包含两个风险组成部分的财务决策模型：传统风险（波动性）和后悔风险，研究发现的结果与传统的预期效用、损失厌恶或失望厌恶理论形成鲜明对比。研究讨论了该模型的经验意义及其解释观察到的对冲行为的能力。

布劳恩和穆尔曼（Braun & Muermann，2004）将后悔理论应用于保险需求，并表明后悔理论可以解释经常观察到的对低免赔额的偏好。史密斯（Smith，1996）将后悔理论应用于健康，并提出了一个论点，即在医疗保健中做出治疗决策时，存在影响替代结果估值的"遗憾"；有人认为，目前制定的估值技术依赖于预期效用理论的公理（传递性和独立性），这可能会导致受访者对治疗替代方案的真实偏好的错误陈述，从而导致观察到"非理性"决定的可能性。该研究概述了后悔理论的修改版本，并提供了初步实证分析的结果，以说明在健康状况评估中考虑遗憾的重要性；得出的结论是，后悔是医疗保健中个人评估和决策的重要因素。

传统的随机库存模型假设完全了解需求概率分布。然而，在实践中，通常很难完全表征需求分布，尤其是在快速变化的市场中。

佩拉基斯和罗尔斯（Perakis & Roels，2008）在报童模型中使用后悔理论，即使用有关需求分布的部分信息（例如，均值、方差、对称性、单峰性）来研究报童问题；特别是，研究推导出最小化报童没有最佳行动的最大遗憾的订单数量；研究的分析还产生了对需求分布选择作为报童模型输入的见解，特别是最大化熵的分布在遗憾标准下表现良好；该研究的方法可以扩展到需要稳健但不保守的解决方案的各种问题中。

遗憾理论如何解释首次价格拍卖中的出价过高问题？菲利兹·奥兹贝和奥兹贝（Filiz Ozbay & Ozbay，2007）从理论上和实验上证明，在第一价格拍卖中，相对于风险中性的纳什均衡，出价过高可能是由于预期的失败者后悔（当投标者感到以可承受的价格失败时）。创建不同的信息结构来引发后悔：投标人知道如果他们输了，他们将知道中标结果（失败者后悔条件）；或者如果他们获胜，则为第二高的出价（获胜者后悔条件）；否则他们将不会收到有关其他投标的任何反馈。处于失败者后悔状态的投标人预期会后悔并明显超标。然而，中标者后悔条件下的投标人并没有预料到会后悔。

恩格尔布雷希特·威根斯和卡托克（Engelbrecht – Wiggans & Katok，2008）调查了后悔相关的反馈信息对密封投标第一价拍卖中的投标行为的影响。在这种拍卖形式中，可能有两种遗憾：拍卖的获胜者可能会后悔支付了相较于第二高出价太多的部分，而失败者可能会后悔错过了以优惠价格获胜的机会。理论上，在非常一般的条件下，对获胜敏感和支付过多应该会导致平均出价较低，而对错失以优惠价格获胜的机会敏感应该会导致更高的出价。

其他遗憾模型包括萨维尔（2008）和林（Hayashi，2008）。这些模型与 LS 的不同之处在于它们研究的是对菜单的偏好，即一组前景，如果事后证明他们的选择较差，决策者会感到后悔。

后悔的一个关键方面是决策者在做出选择后了解到如果他们做出不同选择会导致的结果的程度。这个问题已经在关于反馈条件后悔的实验和理论文献中进行了探讨。研究已经发现，人们更喜欢筛选他们发现放弃选择的结果的选项。如果人们不知道放弃选择的结果，那么预期的后悔痛苦就会减少或消除。因此，不参加彩票的选择更具吸引力，如果在不参加的情况下，人们永远不会知道自己会赢还是输。这种趋势在邮政编码彩票中得到了利用，实际应用中，使用邮政编码而不是匿名号码（Zeelenberg，1999；Humphrey，2004）。

迪耶奇杜埃和索马森达拉姆（Diecidue & Somasundaram，2017）提出了后悔理论的新行为基础，这个基础的核心公理——权衡一致性——使后悔理论在个人层面上是可观察的，并使我们的基础与最近引入的经验和定量测量方法保持一致。我们的行为基础允许导出连续的后悔理论表示，并将效用与后悔分开。行为基础中的公理阐明了遗憾理论仅通过放宽传递性而最低程度地偏离了预期效用。

三、前景理论

（一）前景理论的提出

期望效用理论的前提条件就是决策者是完全理性的，决策事件是完全信息的。然而，实际决策中决策者不可能是完全理性的，决策事件也不会是完全信息的，因此在现实的不确定性和风险性决策中，运用 EU 理论进行效用的计算，进而根据效用值大小进行的预测和判断经常与现实中人们实际的决策行为不相吻合。最重要的是，行为经济学家和心理学家也认为上述两条假设在现实经济决策中基本不可能成立。首先，决策者因为认知能力的有限性，不可能获取决策事件的全部信息；其次，决策者受自身行为习惯、决策的参考点和所处环境的不同，在进行决策时不可能完全理性（例如，在缺水的沙漠中，给你一杯水，你会认为这杯水比黄金都重要）。这些系统都违反了 1944 年冯·诺依曼和摩根斯坦提出的期望效用理论的"完全理性人行为"（irrational behavior）假设，故而被称为"异象"（anomaly）（边慎和蔡志杰，2005）。下面介绍两种悖论。

1. Allais 悖论

所谓 Allms 悖论，由共同结果悖论和共同比率悖论两个悖论构成。它是由法国经济学家阿莱（Allais，1953）基于具体的行为实验而提出的。在该实验中，被测试者分别被要求在基于共同结果和共同比率情况下的两组配对情形中做出选择：

（1）共同结果。

情形①：获得确定的 10 亿元收入。

情形②：有 10% 的概率获得 50 亿元，89% 的概率获得 10 亿元，1% 的概率得到 0 元。

情形③：有 11% 的概率获得 10 亿元，89% 的概率得到 0 元。

情形④：有 10% 的概率获得 50 亿元，90% 的概率得到 0 元。

（2）共同比率。

情形⑤：获得确定的 10 亿元收入。

情形⑥：有 98% 的概率获得 50 亿元，2% 的概率得到 0 元。

情形⑦：有 1% 的概率获得 10 亿元，99% 的概率得到 0 元。

情形⑧：有 0.98% 的概率获得 50 亿元，99.02% 的概率得到 0 元。

在 Allais 看来，情形①和情形②具有 89% 的概率获得 10 亿元的共同结果，情形⑤和情形⑥具有获得一定收入的共同概率为 98%，根据期望效用理论，如果情形①偏好于情形②，那么，情形③必然偏好于情形④，因为情形③和情形④仅仅是减去了以 89% 的概率获得 10 亿元的共同结果。同样的道理，如果情形⑤偏好于情形⑥，那么，情形⑦必然偏好于情形⑧，因为情形⑦和情形⑧仅仅是分别被 100 相除。然而，该实验所得出的结果并未如 Allms 所愿，虽然在基于共同结果的试验中，大多数人在情形①和情形②之间选择了情形①，但在情形③和情形④中却选择了情形④。而在基于共同比率的实验中，虽然大多数人在情形⑤和情形⑥中选择了情形⑤，但是在情形⑦和情形⑧中却选择了情形⑧。这显然与期望效用理论相悖。与此同时，也正是由于该悖论的出现，才有效地推动了期望效用理论的进一步发展，因为，此后关于期望效用理论的研究，绝大多数都是以解决 Allais 悖论为基础而得到展开的。

2. Ellsberg 悖论

埃尔斯伯格悖论也是由埃尔斯伯格（Ellsberg，1961）基于具体的行为实验而提出的。埃斯伯格做了如下试验：将两个不透明的箱子中分别装入 100 个球，分别是 50 个白球和 50 个红球，将黑箱子 2 中的两种球分布情况告诉被试者，黑箱子 1 中的情况则不告诉被试者，要求参与实验者进行选择：

情形①：被试者从黑箱子 1 中取球，取出红球有奖，取出白球则无奖；

情形②：被试者从黑箱子 2 中取球，取出红球有奖，取出白球则无奖；

情形③：被试者从黑箱子 1 中取球，取出白球有奖，取出红球则无奖；

情形④：被试者从黑箱子 2 中取球，取出白球有奖，取出红球则无奖；

通过统计，得到试验结果为情形②的被试者人数明显多于情形①；选择情形④的被试者人数则明显多于选择情形③的被试者。从表面可发现，情形①和情形②，情形③和情形④的概率都是相同的，出现这种试验结果，主观上在情形①和情形②中，大多数被试者认为取得红球的概率大于白球；但在情形③和情形④中，大部分参与者则主观认为白球的概率大于红球。虽然主观感受不要求决策者像客观概率一样，但是主观期望效用理论要求同一个人对同一件事情的认知、判断是一致的。这就是著名的埃斯伯格悖论（Ellsberg Paradox）。

3. 前景理论的提出

1979 年，卡尼曼和特沃斯基（Kahneman & Tversky）在计量经济学期刊上发表了 *Prospect theory: An analysis of decision under risk*，该文提出一个全新的风险决策模型，简称为"前景理论"（prospect theory，PT）：

$$PT(Q) = V(X)W(P) = v(x_1)w(p_1) + v(x_2)w(p_2) + \cdots + v(x_n)w(p_n)$$

$$(2-5)$$

式（2-5）中，$v(x_i)(i=1, 2, \cdots, n)$ 表示前景事件 $x_i(i= 1, 2, \cdots, n)$ 对应决策者的价值函数，$\omega(p_i)(i=1, 2, \cdots, n)$ 表示前景事件 $x_i(i=1, 2, \cdots, n)$ 对应决策者的概率权重函数。前景理论运用价值函数 $v(x)$ 替换期望效用理论中的事件的值函数 x，运用概率权重函数 $w(p)$ 替换期望效用理论中的前景事件发生的概率 p。

卡尼曼和特沃斯基（Kahneman & Tversky，1979）描述这个前景理论的原始版本。虽然这篇论文包含了该理论的所有基本见解，但它提出的具体模型有一些局限性：它可以应用于最多两个非零结果的赌博，并且它预测人们有时会选择被支配的赌博。1992 年，卡尼曼和特沃斯基发表了他们的理论的修改版本，称为"累积前景理论"，解决了这些问题。

（二）前景理论模型

事件前景作为前景理论的基本研究单元，假设事件的前景为 $Q=(x_1, p_1; x_2, p_2; \cdots; x_n, p_n)$（其中，$x_i$ 表示前景的第 i 个可能发生的结果，p_i 表示结果 x_i 可能发生的概率，$1 \leqslant i \leqslant n$），决策者进行决策实际上是对同一个事件的不同"前景"进行选择。早期前景理论主要包括三个部分：价值函数、权重函数和两阶段决策过程。

1. 价值函数

卡尼曼和特沃斯基（1979，1992）依据参照点偏差对价值函数进行假设：与期望效用函数不同，价值函数是非线性的，收益曲线通常呈凹形，损失曲线通常呈凸形；损失曲线比收益曲线陡峭，曲线在参照点最陡峭；损失区域的曲线斜率比获益区域的曲线斜率陡峭 2 ~ 2.5 倍；价值曲线呈"S"形。在价值函数中，主观参照点对个体的风险态度起着重要作用。当总价值量大于主观参照点，个体便将此定义为收益，倾向于风险厌恶；当总价值量小于主观参照点时，个体便将其定义为损失，倾向于寻求风险。等量的金钱数额在不同的得失区域导致个体不同的主观感受，损失相同数量的金钱比获得等量的金钱，主观感受性更强。价值函数曲线符合边际递减规律。如小时工资从 10 元涨到 20 元所带来的主观效用大于从 100 元涨到 110 元。

当决策者面对收益时，其心理感知价值是关于心理变化值的凹函数；当决策者面对损失时，其心理感知价值是关于心理变化值的凸函数。也即，面对收益的财富从小到大变化时，决策者开始心理感知较大，往后心理感知的增加量则逐渐变小。面对损失财富的逐渐增加，决策者开始时心理反应很大，但心理反应的增加量也逐渐变小。将上述实际反应用数学函数表述：当 $x < 0$ 时，$v''(x) > 0$；当 $x > 0$ 时，$v''(x) < 0$，其中，$v(x)$ 表示决策者的价值函数。

大部分决策者在面对获得的前景时，偏好函数为凹函数；面对损失的前景时，其偏好函数则为凸函数。基于上述试验可总结出决策者的价值函数具有如下特征：

（1）价值函数是以收益和损失为基础定义的，而不是以最终的资产为基础（参考点）。并且收益和损失是相对于一个参考点而言的，这个参考点取决于决策者基础感知能力。另外，前景理论强调相对于参考点的变化量。对于不同参考点而言，同样的总资产给不同的决策者带来的感受不同；面对相同的总资产，不同的决策者也会有不同的感受。具体而言，决策者的价值函数由：资产的变化量和决策者的心理参考点两个变量决定。

（2）价值函数是逆 S 型，即决策者面对获得时的偏好函数是凹函数，面对损失时的偏好函数则是凸函数。这反映了决策者在面临获得时表现为风险规避，而面对损失时则表现为风险追寻。

（3）决策者的价值函数存在参考依赖，其在参照点处最为陡峭，参考点之上为凹函数，参考点之下则为凸函数。

图 2 - 1 给出了决策者面对获得和损失时的价值函数图像。卡尼曼和特沃斯基（1979）提出一种逆 S 型的价值函数：

$$v(x) = \begin{cases} x^{\alpha} & x \geq 0; \\ -\lambda(1-x)^{\beta} & x < 0. \end{cases} \qquad (2-6)$$

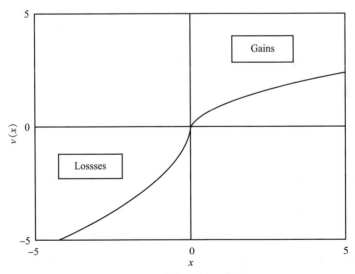

图 2 - 1 价值函数示意图

资料来源：Kahneman D, Tversky A. Prospect theory: an analysis of decision under risk [J]. Econometrica, 1979, 7: 263 - 291.

式（2-6）中，参数 λ 表示决策者的风险规避系数，其值越大，反应决策者对风险越厌恶，在实际的决策过程中，一般 $\lambda > 1$，因为决策者对损失的规避程度一般大于对获得的喜爱程度，这亦反映了决策者对损失的反应程度大于对获得的反应程度；参数 $0 < \alpha < 1$ 是决策者面对获得时的风险追寻指数，$0 < \beta < 1$ 是决策者对损失时的风险规避指数。

2. 权重函数

前景理论认为决策权重不是期望效用理论中事件的概率，该决策权重不服从概率原理。权重代表对选项进行估计时其相应概率的影响程度，而非对概率可信程度的度量。同时，权重函数还具有次加性、高估小概率、次确定性和次比例性四个基本特性。

在期望效用理论中，采用事件发生的客观概率 p 求解事件各前景发生的可能结果，然而，在前景理论中，采用概率权重函数 $\omega(p)$ 替代客观概率 p，其代表事件前景的每个因素发生的概率 p 对整体前景值产生的影响。前景理论中概论权函数 $\omega(p)$ 不遵守概率论的相关公理，亦不是对概率的一种度量，它反映了该前景因素在整个前景中对决策者的影响，是结合了心理学、行为科学的知识而获得的一个模型。概率权函数有如下性质：

性质 2.1：$\omega(p)$ 在区间 $[0，1]$ 上是一个严格递增的函数，即对于所有的 p_1，$p_2 \in (0，1)$，当 $p_1 < p_2$ 时，有 $\omega(p_1) < \omega(p_2)$。

性质 2.2：概率权函数 $\omega(p)$ 满足 $\omega(0) = 0$ 和 $\omega(1) = 1$。

性质 2.3：当事件发生的概率 p 较小时，概率权函数 $\omega(p)$ 是超权重的。即极小概率在决策时往往被决策者内心赋予较大的权重，表示决策者对概率很小的事件会过度重视（例如，现实生活中人们买彩票、买保险都体现了对极小概率事件的重视程度远大于其客观概率）。

性质 2.4：概率权函数 $\omega(p)$ 在区间 $[0，1]$ 的边界上具有次可加性。即对于小的概率 p，若 $\omega(p) > p$，$0 < r < 1$，则 $w(rp) > rw(p)$；对于大的概率 p，若 $\omega(p) < p$，$0 < r < 1$，则 $w(rp) < rw(p)$。

性质 2.5：概率权函数 $\omega(p)$ 对于损失的反应比对获得的反应大。

性质 2.6：当事件发生的概率 p 较大时，概率权函数 $\omega(p)$ 是次权重的。即大的概率在决策时往往被决策者内心赋予较小的权重，表示决策者对概率很大的事件会低估。当概率接近 1 时，决策者对于概率的感受处于一种不稳定状态。有时候，人们对于极低的概率具有高估的倾向，从而表现出明显的风险偏好，有时候人们对于极低概率的损失处于极度反感状态。

性质 2.7：概率权函数 $\omega(p)$ 在区间 $[0，1]$ 上满足次比例性。即对于所有的 $0 < p，q，r \leqslant 1$，若 $\omega(p)v(x_1) = \omega(pq)v(x_2)$，则 $\omega(pr)v(x_1) \leqslant \omega(pqr)v(x_2)$，也即 $\dfrac{\omega(pq)}{\omega(p)} \leqslant \dfrac{\omega(pqr)}{\omega(pr)}$。

概率权函数满足的性质给出以后，学者们纷纷通过实证研究探索合适的概率权函数（见表 2 - 1）。

表 2 - 1　　　　　　　　　　概率权函数

模型分类	模型	参数	文献来源
线性模型	$w(p) = p$	自由取值	冯·诺依曼和摩根斯坦（1944），期望效用理论

续表

模型分类	模型	参数	文献来源
单参数模型	$w(p) = \dfrac{p^{\gamma}}{\left[p^{\gamma} + (1-p)^{\gamma}\right]^{\frac{1}{\gamma}}}$	$0.28 < \gamma \leqslant 1$	卡尼曼和特沃斯基（1992），前景理论和累积前景理论
	$w(p) = \exp\left[-(-\ln p)^{\gamma}\right]$	$0 < \gamma \leqslant 1$	普雷莱茨（Prelec，1998），前景理论和累积前景理论
双参数模型	$w(p) = \dfrac{\delta p^{\gamma}}{\delta p^{\gamma} + (1-p)^{\gamma}}$	$0 < \gamma < 1$，$\delta > 0$	特沃斯基和福克斯（Tversky & Fox，1995），前景理论和累积前景理论
	$w(p) = \exp\left[-\delta(-\ln p)^{\gamma}\right]$	$0 < \gamma < 1$，$\delta > 0$	普雷莱茨（1998），前景理论和累积前景理论

资料来源：笔者根据资料整理。

特沃斯基和卡尼曼（1992）给出了一参数的概率权函数模型如下所示：

$$\omega(p) = \frac{p^{\beta}}{\left[p^{\beta} + (1-p)^{\beta}\right]^{\frac{1}{\beta}}} \qquad (2-7)$$

式（2-7）中，参数 $\beta(0 < \beta < 1)$ 表示决策者的偏好程度。该函数满足上述给出的性质 2.1~性质 2.7 中的连续的、严格单调递增的、对角凸性、次比例性、次确定性等性质，并且满足"对于小概率，概率权函数超权重；对于大概率，概率权函数次权重"的性质。普雷莱茨（1998）提出只有一个参数的概率权函数模型：

$$\omega(p) = \exp\left[-(-\ln p)^{\alpha}\right] \qquad (2-8)$$

式（2-8）中，参数 $0 < \alpha < 1$。该概率权函数是连续的、严格单调递增的、也满足对角凸性、次比例性、次确定性等性质。一参数概率权函数的曲线如图 2-2 所示。

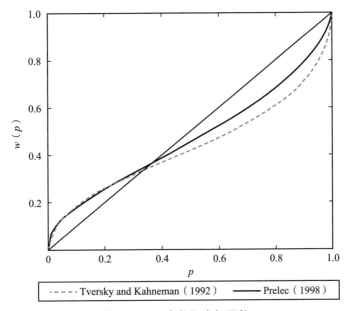

图2-2　一参数概率权函数

资料来源：Tversky A，Kahneman D. Advances in prospect theory：cumulative representation of uncertainty ［J］. Journal of Risk and Uncertainty，1992，5（4）：297-323.

　　基于概率权函数的非线性等特点，特沃斯基和福克斯（1995）给出了一种两个参数的概率权函数模型：

$$\omega(p) = \frac{\delta p^{\gamma}}{\delta p^{\gamma} + (1-p)^{\gamma}} \qquad (2-9)$$

　　式（2-9）中，γ 和 δ 是决策的风险偏好参数，$0 < \gamma < 1$，并且 $\delta > 0$。两参数概率权函数的重要作用是：将单参数概率权函数中的斜率（slope）从提升度（elevation）中分离出来，并采用两个参数 γ 和 δ 来表示斜率和提升度。另外的一个两参数概率权函数模型是普雷莱茨（1998）提出的基于指数形式的两参数概率权函数（probability weighting function）模型：

$$\omega(p) = \exp\left[-\delta(-\ln p)^{\gamma} \right] \qquad (2-10)$$

式（2-10）中，决策者的风险偏好参数 $0 < \gamma < 1$，并且 $\delta > 0$。图 2-3 给出了两参数概率权函数的曲线示意图。

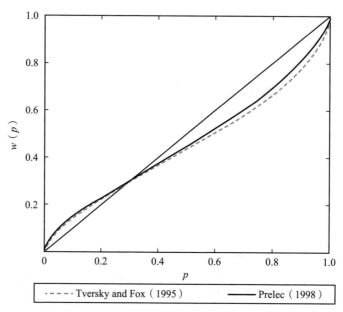

图 2-3　两参数概率权函数

资料来源：Tversky A, Kahneman D. Advances in prospect theory: cumulative representation of uncertainty [J]. Journal of Risk and Uncertainty, 1992, 5（4）：297-323.

3. 两阶段决策过程

前景理论假设决策过程中包括两个阶段：编辑和评价。在编辑阶段中，决策者以自身的中立参考点来定义得失，中立参考点往往与个体目前的资产位置有关。当超过参考点时，认为是收益情境；当低于参考点时，认为是损失情境。在评价阶段中，决策者在编码的基础上需要形成每个方案各可能状态下决策权重及价值函数值，然后得出个人效用，选择效用最大的备择选项。前景理论假设决策过程中的两个阶段详细风险决策过程如图 2-4 所示。

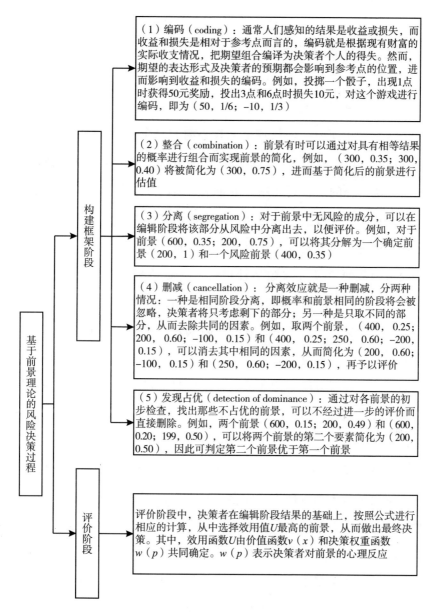

图 2 - 4　前景理论的两阶段风险决策过程

资料来源：Kahneman D，Tversky A. Prospect theory：an analysis of decision under risk ［J］.
Econometrica，1979，7：263 - 291.

（三） 前景理论研究综述

1. 国内相关研究

（1）理论研究。前景理论的核心内容是价值函数和权重函数，通过这两个函数的结合，前景理论合理地解释了传统的期望效用理论所无法解释的一系列问题。近年来，国内外学者围绕价值函数和权重函数深入进行了一系列理论与实证研究，这极大地丰富和发展了前景理论。隋大鹏等（2011）重点对近年来国内外关于价值函数和权重函数研究及其参数估计进行了文献梳理和述评。郝晶晶等（2015）研究一种基于动态参考点的多阶段随机多准则决策方法。考虑多阶段决策过程中决策者的风险偏好，建立了基于前景理论的多阶段随机多准则决策分析框架，提出了一种基于阶段发展特征的动态参考点设置方法；构建准则权重的目标规划模型。前景理论是不确定决策领域的基础理论，而均值前景（mean prospect）模型下的前景理论可以解释报童决策偏差现象。为此，丁小东等（2016）通过改进均值前景模型，构建不同产品下决策者参考点的计算方法，提出了基于前景理论的库存决策模型，并从理论上证明了前景理论与报童决策偏差之间的关系。

李贺和江登英（2019）针对犹豫模糊元中人为添加元素影响决策结果的问题，提出一种基于改进符号距离的犹豫模糊前景理论决策方法。首先，根据正负理想点、犹豫模糊元中元素之间的方差及元素个数定义一种新的符号距离，并证明了改进的符号距离满足符号距离的基本性质。其次，基于改进的符号距离提出犹豫模糊前景价值函数，并通过收益损失函数计算出各方案的收益损失比，确定备选方案的优劣顺序。王娟等（2019）针对属性权重信息完全未知，属性值为三角犹豫模糊元的多属性决策问题，提出一种基于前景理论和模糊结构元的决策分析方法。首先，基于模糊结构元理论，定义三角犹豫模糊元的结构元形式和海明距离公式，并通过求解属性间距离离差最大化的优化模型确定权重。其次，依据前景理论，分别以正负理想点作为决策参照点，构建收益矩阵和损失矩阵。在此基础上，应用逼近理想解排序（TOPSIS）方法计算各备选方案的相对贴近度，并依据相对贴近度的大小实现备选方案排序。

周晓阳等（2020）首先分析了群决策中的"物理"（客观存在的不确定性信息）、"事理"（群决策的机制）和"人理"（人的心理行为及人与人之间的信任关系）三方面的重要因素。其次通过综合考虑群决策中的"物理""事理"，以及"人理"，提出了在犹豫模糊环境下，考虑信任关系和前景理论的群决策方法与求解步骤。阎曼婷等（2020）针对属性权重未知的多属性决策问题，首先提出了一种基于前景理论的属性权重确定方法，根据专家主观意见与离差最大化法相结合的方式确定属性权重，其次根据前景理论计算综合前景值，最终得出排序方案。顾波军等（2020）基于心理账户将前景理论拓展用于复合结果情形，首先提出了计算包含复合结果前景价值的理论模型；其次基于该理论模型构建了前景理论基础的报童模型，发现零售商的订购决策由偏好的组合效应决定。

基于前景理论，陈磊和谢颖（2021）考虑在复杂的现实问题中各决策者参考点的多样性，构建具有双参考点的决策者评价策略模型。首先，从外部、内部两个方面定义参考点，设置双参考点以反映决策者外部竞争优势和内部自身特点。其次，针对两个参考点分别利用前景理论的价值函数计算各参照点下的价值。最后，通过引入正理想点侧重系数，进一步综合各参照点下的前景价值，构建反映决策者偏好的双参考点前景理论——交叉效率模型，并求解得到改进的交叉效率矩阵。针对两阶段系统交叉效率值不唯一的问题，现有解决方法大多假设决策者完全理性，忽略了决策者心理因素对评价过程的影响，吴辉等（2021）构建以平均值为新的参考点，分别在集中和分散决策环境下建立基于前景理论的两阶段数据包络分析（DEA）交叉效率评价模型。

刘超等（2020）针对准则值为区间二型模糊数且准则间存在关联关系的风险型多准则决策问题，提出一种基于模糊测度理论与累积前景理论的区间二型模糊多准则决策方法。首先，为全面反映准则间的关联关系，提出 Shapley 区间二型模糊 Choquet 积分算子，并证明该算子的一些性质。其次，为反映专家行为偏好，本文定义区间二型模糊前景效应与前景价值函数，并提出累积前景沙普利（Shapley）区间二型模糊绍凯（Choquet）积分算子。最后，为确定准则集的模糊测度，建立基于区间二型模糊双向投影与 Shapley 函数的权重优化模型。潘晓宏和王应明（2021）针对考虑决策者心理行为的区间二型模糊群体决策问题，提出了一种新的决策方法。首先，提出了一种区间二型模糊集合余弦（Cosine）相似度模型（IT2 - Cosine），用于计量各决策专家之间的关联程度；其次，基于提出的 Cosine 相似度模型，定义了一种新的权重确定模型，用于确定各专家的重要性；再次，利用 Nie - Tan 算法对传统损益值函数进行扩展并构建损益值矩阵；最后，运用前景理论计算各方案的综合损益值，并根据综合损益值选择最优方案。

（2）应用研究。国内对于前景理论的应用研究如下：

刘子倩等（2021）考虑决策者非完全理性的影响，将前景理论和演化博弈理论相结合，构建出博弈的感知价值矩阵，分析企业和消费者在面对品牌类网络谣言时的策略选择，并运用 Matlab 软件进行仿真模拟。刘舒逸和方玺（2021）针对确定型分析方法只能对决策局势进行静态分析，且忽视了人的非理性主观意识影响的不足。构建多灰色模型对比的累计前景理论模型，对不同时间点下的铁路线路方案进行优选决策。通过多模型对实际值进行模拟，选取模拟精度最高的模型对优选决策指标体系中的灰色指标进行预测。以累计前景理论分析人为非理性因素对方案优选决策的不确定性影响，建立各方案累计综合前景值最大化的动态指标权重的约束非线性模型，通过模型求解得到各铁路线路方案的综合前景值，以此为依据对铁路线路方案进行了优选决策。

刁姝杰等（2021）基于决策者有限理性的假设，将前景理论与演化博弈相结合，分析物流服务供应链中服务质量管控活动，讨论提供商服务策略与集成商管控策略的博弈过程，通过仿真揭示损失规避系数、感知价值的敏感系数、竞争替代效应、责任分担比率对演化结果的影响。李清水等（2021）针对绿色经济发展水平评价指标存在模糊性、异质性等问题，提出一种规范化信息，并运用前景理论进行多指标评价的方法。首先，构建区域绿色经济发展水平评价指标体系；其次，规范化异质信息，并计算待比较方案的前景函数；最后，通过定义前景值排序与专家决策偏好的一致性和不一致性程度，建立决策优化模型，计算各方案的前景值，进行方案排序和优选。

郭斌等（2021）以前景理论为支撑，以有限理性为前提，构建合作博弈收益感知矩阵，基于该矩阵对参与主体决策行为进行演化博弈分析，为参与主体的决策提供理论参考和改进建议。孙秉珍等（2021）针对深基坑施工工程的复杂性及决策者风险态度对多指标决策的影响，构建了融合前景理论的深基坑施工支护最优方案选择模型。首先建立深基坑支护方案优选决策问题的多目标评价指标体系，借鉴 TOPSIS 思想将正、负理想方案作为决策者参照值，在此基础上，进一步将灰色关联分析法引入前景理论，定义了正、负值函数；通过最优最劣（BWM）方法得出各指标的客观权重，根据权重函数得到决策者对客观权重的主观评价，在此基础上，计算每个备选方案的综合前景值并排序，以获得最优支护方案。

高梦博和简迎辉（2022）根据公共私营合作制（PPP）项目特点，分析项目收益和风险、潜在投资者能力和关系等因素对 PPP 项目股权结构的影响，以此建立股权结构决策评价指标；针对已有研究完全理性假设的不足，考虑决策者心理偏好和犹豫不决的模糊心理，基于前景理论中参照点的选取分析股权方案的感知心理价值，以犹豫模糊语言形式进行方案评价，构建多属性决策模型。通过计算各股权结构方案的综合前景值，对方案进行排序和选择。秦进等（2022）利用前景理论分析旅客乘车选择行为的有限理性特征，通过细分高铁旅客市场和确定旅客期望出行成本的参照依赖点，以客票总收入最大化为目标，考虑列车运能、票价区间和票价不倒挂等约束，构建价格弹性需求下的高铁列车差异化定价模型，并基于模拟退火算法设计求解方法。金卫健等（2022）结合新冠肺炎疫情，提出前景理论下大规模突发传染疫情应急管理决策方法：该方法将专家给出的决策矩阵作为参考点，将应急管理实际参与方给出的决策矩阵作为决策评价点，其中，决策评价点是在充分考虑评价者的决策心理和知识结构的基础上，采用实数和区间数构建的混合评价信息，利用二元语义集合将混合评价信息进行转化，保障评价信息的一致性。然后建立前景初始直接关联矩阵，通过传统的决策试验和评价实验室（DEMATEL）决策步骤识别出五个关键因素，同时比较了专家评价者、所有评价方综合和新决策方法的决策结果，提出了健全疫情响应直报机制、增强防疫物资储备能力、提高疫情物资调度能力、提高应急决策指挥能力和加强基层网格化防控能力的决策建议。

2. 国外相关研究

（1）理论研究。特沃斯基和卡尼曼（1992）开发了一种新版本的前景理论，它采用累积而非可分离的决策权重，并在多个方面扩展了该理论。该版本称为累积前景理论，适用于具有任意数量结果的不确定和风险前景，它允许对收益和损失进行不同的加权函数。引用递减敏感性和损失厌恶两个原则来解释价值函数和加权函数的特征曲率。对实验证据的回顾和一项新实验的结果证实了一种独特风险态度的四重模式，即面对大概率的收益是风险厌恶，面对小概率的收益是风险追寻；面对大概率的损失是风险追寻，面对小概率的损失是风险厌恶。

韦克尔和特沃斯基（Wakker & Tversky, 1993）提出了一种公理化各种不确定性决策模型的方法，包括预期效用和累积前景理论。该方法为每个模型识别允许对值差异排序进行一致推断的情况。秩相关和符号相关偏好模式的示例用于激发模型和表征它们的"权衡一致性"公理。芬内马和韦克尔（Fennema & Wakker，1997）讨论了前景理论和累积前景理论之间的差异：说明累积前景理论不仅是对前景理论中某些理论问题的形式修正，而且还给出了不同的预测。对洛拉·洛佩斯的一些实验进行了重新分析，并证明其支持累积前景理论而不是前景理论。事实证明，累积前景理论的数学形式非常适合模拟敏感性递减的心理现象。

前景理论是一种挑战预期效用范式的范式。前景理论的一个基本组成部分是S型价值函数。价值函数主要是通过对前景确定性等价物的实验研究来证明的，这些确定性等价物要么局限于消极领域，要么局限于积极领域，而不是混合前景，这是大多数实际投资的特点。列维和列维（Levy & Levy，2002）进行了一项混合前景的实验研究，首次使用了前景随机优势（PSD）和马科维茨随机优势（MSD）的投资标准，拒绝S型价值函数，这表明至少62%～76%的受试者不能以这种偏好为特征。研究发现，对马科维茨效用函数的支持是一个反向S型价值函数，与前景理论价值函数正好相反。之前支持S型价值函数的结果可能会被扭曲，因为前景只有正面或负面的结果，呈现出个人通常不会面临的假设情况，这些情况在金融市场中肯定不常见。

无差异曲线在当前禀赋水平附近存在扭结。这些结果显然与密切关注的经济学说相矛盾，导致一些有影响力的评论家呼吁采用全新的经济范式来取代传统的新古典理论。例如，引发心理效应的前景理论。利斯特（List，2004）通过调查来自积极参与运作良好的市场的超过375名受试者的数据，将新古典理论与前景理论进行对比。结果模式表明，前景理论充分组织了缺乏经验的消费者的行为，但具有强烈市场经验的消费者的行为在很大程度上符合新古典主义的预测。此外，这些数据与消费者学会在他们之前遇到的特定问题之外的情况下克服禀赋效应的概念是一致的。这种跨领域的"行为转移"在积极和规范意义上都具有重要意义。

越来越多的定性证据表明，损失厌恶是一种在前景理论中形式化的现象，可以解释各种现场和实验数据。然而，损失厌恶的量化由于缺乏一种通用的基于偏好的方法来同时获得收益和损失的效用而受到阻碍。阿卜杜拉维等（Abdellaoui et al.，2007）提出了这样一种方法，并在实验研究中用它来衡量损失厌恶，而不做任何参数假设。因此，它是第一个在整个领域获得前景理论效用函数的无参数启发。研究的方法还提供了一种有效的方法来引出效用中点，这在效用公理化中很重要。

列赫尔等（Rieger et al.，2008）使用基于弱收敛的近似方法将卡尼曼和特沃斯基（1979）的前景理论的原始形式从有限彩票扩展到任意概率分布。由此产生的公式在计算上比累积前景理论的相应公式更容易，并且使在未来的经济和金融应用中使用前景理论成为可能。此外，他们还研究提出了一种方法，即如何将"编辑阶段"的关键步骤纳入前景理论，并以这种方式消除原始模型的不连续性。

施密特（Schmidt，2008）提出了一种新的不确定性决策理论：第三代前景理论（PT3），这保留了先前版本的前景理论的预测能力，但通过允许参考点不确定而扩展该理论，而决策权重以等级相关的方式指定。研究表明，第三代前景理论偏好尊重随机优势的状态条件形式。该理论预测观察到的愿意接受彩票估值的趋势大于愿意支付的估值。当第三代前景理论通过使用简单的函数形式和从现有实验证据得出的参数值来运行时，它可以预测观察到的偏好反转现象的模式。

前景理论学者已经确定了重要的人类决策偏见，但他们对这些偏见的起源问题却明显保持沉默。迈克德莫特等（McDermott et al.，2008）创建了一个模型，该模型显示与前景理论一致的偏好可能起源于进化心理学。具体来说，研究从风险敏感的最佳觅食理论中推导出一个模型，以解释该论文前后内容相关的风险规避和风险寻求行为的起源和功能。尽管该模型表明，人类认知架构的进化是为了解决与寻找足够的食物资源来维持生存相关的特定适应性问题，但研究认为，同样的架构仍然存在，并被用于其他与生存相关的决策中，这些决策对于理解政治结果至关重要。

施密特和赞克（Schmidt & Zank，2008）描述了累积前景理论强风险厌恶和二阶随机优势的条件。强烈的风险厌恶意味着收益的权重函数是"凸"的，损失的权重函数是"凹"的，但它不一定意味着凹效用函数。如果加权函数是连续的，则后者确实遵循。通过研究损失厌恶和强烈风险厌恶之间的确切关系，推导出损失厌恶程度的自然指标。

（2）应用研究。爱德华兹（Edwards，1996）考察了卡尼曼和特沃斯基（1979）决策选择模型、前景理论的基本思想，并预先对文献进行了广泛的按时间顺序排列的回顾。文献综述集中在主要文章上，这些文章要么检查前景理论本身的各个方面，要么将前景理论用作其他研究领域的基础。研究最后简要介绍了在金融研究中使用前景理论的潜力。

在前景理论和心理核算的驱动下，一些投资者持有亏损股票的趋势，造成股票的基本价值与其均衡价格之间的价差，以及价格对信息的反应不足。由基本价值的随机演变和参考价格的更新引起的价差收敛产生可预测的均衡价格，可解释为具有动量。根据经验，代表未实现总资本收益的变量似乎是产生动量策略盈利能力的关键变量。控制这个变量，过去的回报对回报的横截面没有可预测性（Grinblatt & Han，2005）。

前景理论的预测与战略学者所推断的存在显著差异。前景理论的价值函数预测高绩效者的负风险回报关联和低绩效者的正相关，这与战略文献直接相反。布罗米利（Bromiley，2010）将前景理论的孤立假设应用到混合赌博中：先前基于前景理论的战略理论隐含地假设公司面临着混合赌博。

霍姆斯（Holmes，2011）利用前景理论回顾了管理研究，主要关注战略管理和组织行为/人力资源管理方面的研究。这些研究为几个著名的研究方向做出了宝贵的贡献。此外，他们说明在组织环境中应用前景理论会带来一些理论和方法上的挑战。因此，作者回顾了前景理论的核心论点，批判性地分析了研究的误区，并提出了丰富未来工作的建议。

前景理论越来越多地用于解释与传统理性主体范式的偏差。前景理论的实证支持主要来自使用学生样本的实验室实验。知道这种支持是否以及在多大程度上推广到更自然发生的情况显然很重要。阿卜杜拉维等（Abdellaoui et al.，2013）探讨了这个问题，并针对私人银行家和基金经理的样本测量了前景理论。研究得到了前景理论的明确支持。试验的金融专业人士根据前景理论行事，违反了预期效用最大化。被试者厌恶收益的风险，寻求损失的风险，被试者的效用对于收益是"凹"的，对于损失是（稍微）"凸"的。被试者也厌恶损失，但不如在实验室研究中普遍观察到的和在行为金融学中假设的那样。相当一部分人只关注收益，而在很大程度上忽略了损失，这种行为让人联想起导致当前金融危机的原因。

巴贝里斯等（Barberis et al.，2001）研究了一个经济体中的资产价格，投资者不仅从消费中获得直接效用，还从其金融财富价值的波动中获得直接效用。投资者对这些波动厌恶损失，厌恶损失的程度取决于他们之前的投资表现。研究发现，该框架可以帮助解释股票收益的高均值、过度波动和可预测性，以及它们与消费增长的低相关性。该模型的设计受到前景理论和关于先前结果如何影响风险选择的实验证据的影响。

黄一呢（Do，2021）实证检验了前景理论的损失厌恶是否可以解释个人在现实世界中的保险购买行为。使用美国生活小组（American Life Panel）的数据表明，与其他样本人群相比，厌恶损失的个人拥有私人长期护理保险和补充伤残保险的比例要低得多。结果与前景理论一致，该理论预测，如果个人的参考点是"不签订保险合同时的现状财富水平"，则损失厌恶可能会降低保险需求。另外，前景理论在健康领域被广泛地应用（Treadwell & Lenert，1999；Winter et al.，2003；Winter & Parker，2007；Abellan‒Perpinan et al.，2009；Attema et al.，2013；Verma et al.，2014；Attema et al.，2016；Hansson & Lagerkvist，2016；Van't Riet et al.，2016；Harrington & Kerr，2017）。

虽然前景理论能够解释许多期望效用理论无法解释的风险决策

现象，但也存在一些问题，例如，对于具有多个决策结果的前景难以比较分析，同时，随机占优的问题也不能得到很好的解决。累积前景理论（cumulative prospect theory，CPT，Tversky & Kahneman，1992，2000）是前景理论（Kahneman & Tversky，1979）的改进版本，用以解释随机占优等现象。累积前景理论对于前景理论主要的改进是，如同等级依赖效用理论，累积的概率变形之后被使用，而不是直接采用该概率。

四、累积前景理论

（一）累积前景理论的提出

前景理论（PT）提出以后，虽然解释了许多期望效用（EU）理论不能解释的问题，但也存在一些不足，例如，前景理论对于具有多个决策后果的前景不能很好地处理；另外，PT 可能违背随机占优原理（Stochastic Dominance）。例如，设决策者需要从如下两个前景中选择一个：

$$A：（200，0.02；200-\xi，0.02）$$

$$B：（200，0.04）$$

根据随机占优理论，前景 B 相对于前景 A 具有一阶占优，即 $B \geqslant_{PSD} A$，当然，很容易判定 B 前景比 A 前景更有诱惑力。然而，使用前景理论计算：

$$PT_A = v(200)\omega(0.02) + v(200 - \xi)\omega(0.02)$$

$$= [v(200) + v(200 - \xi)]\omega(0.02) \qquad (2-11)$$

$$PT_B = v(200)\omega(0.04) \qquad (2-12)$$

由前景理论的次可加性可以知道：

$$\omega(0.02) + \omega(0.02) > \omega(0.04) \qquad (2-13)$$

设定：

$$2\omega(0.02) - \omega(0.04) = \delta > 0 \qquad (2-14)$$

将 $v(200 - \xi)$ 一阶展开可得：

$$v(200 - \xi) = v(200) - v'(200)\xi + O(\xi) \qquad (2-15)$$

从而可得：

$$PT_A = \omega(0.02)[v(200) + v(200 - \xi)]$$

$$= \omega(0.02)[v(200) + v(200) - v'(200)\xi + O(\xi)]$$

$$= 2\omega(0.02)v(200) - \omega(0.02)v'(200)\xi + \omega(0.02)O(\xi)$$

$$= 2\omega(0.02)v(200) - \omega(0.02)v'(200)\xi + O(\xi)$$

$$= [\omega(0.04) + \delta]v(200) - \omega(0.02)v'(200)\xi + O(\xi)$$

$$(2-16)$$

当 ξ 充分小时，总存在 $\delta > 0$，使：

$$\eta = \delta v(200) - \omega(0.02)v'(200)\xi + O(\xi) > 0 \qquad (2-17)$$

所以有：

$$PT_A = \omega(0.04)v(200) + \eta = PT_B + \eta \qquad (2-18)$$

因此，

$$PT_A > PT_B \qquad (2-19)$$

这与前面分析的 $B \geqslant_{PSD} A$ 相反，所以前景理论出现了一些不能解决的问题。通常为解决这些问题，决策者会在编辑阶段去除那些明显被占优的结果，但这样做的随机性比较大，对于多结果前景的计算也比较麻烦。奎金（1982，1987）和施迈德勒（Schmeidler，1987）等将累积泛函数的知识引入决策分析中。利用灵敏度递减和损失厌恶两个原理来解释价值函数和权重函数的特征曲率。对实验证据的回顾和一项新实验的结果证实了一种独特的四重风险态度模式：对收益的风险厌恶和对高概率损失的风险寻求；追求收益的风险和低概率损失的风险规避。

（二）累积前景理论模型

假设一个给定的前景 $Q = (x_1 , p_1 ; x_2 , p_2 ; \cdots ; x_n , p_n)$，并设定 r 是参考点，对结果 $x_i (i = 1 , 2 , \cdots , n)$ 有如下偏好关系

$$x_1 < x_2 < \cdots < x_h < r < x_{h+1} < \cdots < x_n$$

则，使用 CPT 可以将前景 Q 的效用表示为：

$$
\begin{aligned}
CPT(Q) &= V^+(X) W^+(\tilde{P}) + V^-(X) W^-(\tilde{P}) \\
&= v(x_1) \tilde{\omega}^-(p_1) + \cdots + v(x_h) \tilde{\omega}^-(p_h) \\
&\quad + v(x_{h+1}) \tilde{\omega}^+(p_{h+1}) + \cdots v(x_n) \tilde{\omega}^+(p_n) \\
&= \sum_{i=1}^{h} v(x_i) \tilde{\omega}^-(p_i) + \sum_{j=h+1}^{n} v(x_j) \tilde{\omega}^+(p_j) \quad (2-20)
\end{aligned}
$$

式（2-20）中，$\tilde{w}^-(p)$ 和 $\tilde{w}^+(p)$ 都是决策者的累积概率分布函数。且 $\tilde{w}^-(p)$ 代表负的前景概率权函数：

$$\tilde{\omega}^-(p_1) = \omega(p_1 + p_2 + \cdots + p_h) - \omega(p_2 + p_3 + \cdots + p_h)$$

$$\tilde{\omega}^-(p_i) = \omega(\sum_{k=i}^{h} p_k) - \omega(\sum_{k=i+1}^{h} p_k) \quad k = 1 , 2 , \cdots , h$$

......

$$\tilde{\omega}^-(p_h) = \omega(p_h) \qquad\qquad (2-21)$$

并且，$\tilde{w}^+(p)$ 代表正的前景的概率权函数：

$$\tilde{\omega}^+(p_0) = \omega(p_{h+1} + p_{h+2} + \cdots + p_n) - \omega(p_{h+2} + p_{h+3} + \cdots + p_n)$$

$$\tilde{\omega}^+(p_j) = \omega(\sum_{k=j}^{n} p_k) - \omega(\sum_{k=j+1}^{n} p_k) \quad k = h+1, \cdots, n$$

$$\cdots\cdots$$

$$\tilde{\omega}^+(p_n) = \omega(p_n) \qquad\qquad (2-22)$$

（三）价值函数

根据累积前景理论，前景结果 $x_i(i=1, 2, \cdots, n)$ 对决策者的价值可以使用价值函数来衡量，累积前景理论将其价值函数以参考点为基础进行划分，当价值函数大于参考点时，其价值为正，表示决策者获得；当价值函数小于参考点时，其价值为负，表示决策者面对损失的情形。特沃斯基和卡尼曼（1992）给出如下分段表示的价值函数：

$$v(x) = \begin{cases} x^\alpha & x \geqslant 0 \\ -\lambda(1-x)^\beta & x < 0 \end{cases} \qquad\qquad (2-23)$$

特沃斯基和卡尼曼（1992）也通过实验测试，发现了参数 $\alpha = \beta = 0.88$，$\lambda = 2.25$ 比较符合实际决策时大多数决策的风险偏好。在一些实际的应用案例中通常也采用以下价值函数：

$$v(x) = \begin{cases} (1-x)^\alpha & x \geqslant 0 \\ -\lambda(1-x)^\beta & x < 0 \end{cases} \qquad\qquad (2-24)$$

式（2-24）中，参数 $\alpha = \beta = 0.88$，$\lambda = 2.25$。

（四）　概率权函数

在累积前景中，因为决策者不同，其选择的参考点也不同，价值函数的正负也不同（例如，面对获得 1000 元的选项，乞丐的参考点为 0，故而其为正的价值函数；而亿万富翁的参考点是 1 亿万元，则其的价值函数为负的价值函数），正的价值函数对应正的概率权函数，负的价值函数对应负的概率权函数。同时，累积前景理论引入的容量为样本空间 Ω 的实函数，且满足如下性质：

性质 2.8：$W(\phi) = 0$，$W(\Omega) = 1$。

性质 2.9：对于任意的 A、B，若 $A \subset B$，则 $W(A) \leqslant W(B)$。

根据性质 2.8 和性质 2.9，概率被看成一种容量，其具体表达形式如式（2-21）和式（2-22）。然而概率权函数的形式多种多样，如特沃斯基和卡尼曼（1992）提出如下公式：

$$\omega^+(p) = \frac{p^\gamma}{\left[p^\gamma + (1-p)^\gamma\right]^{\frac{1}{\gamma}}}, \quad \omega^-(p) = \frac{p^\delta}{\left[p^\delta + (1-p)^\delta\right]^{\frac{1}{\delta}}}$$

$$(2-25)$$

式（2-25）中，参数 $0 < \gamma, \delta < 1$。特沃斯基和福克斯（1995）基于累积前景理论，提出了正负概率权函数：

$$\omega^+(p) = \frac{\delta^+ p^{\gamma^+}}{\delta^+ p^{\gamma^+} + (1-p)^{\gamma^+}}, \quad \omega^-(p) = \frac{\delta^- p^{\gamma^-}}{\delta^- p^{\gamma^-} + (1-p)^{\gamma^-}}$$

$$(2-26)$$

式（2-26）中，$0 < \gamma^+$，$\gamma^- < 1$ 并且 δ^+，$\delta^- > 0$。

另外，普瑞雷克（1998）给出的指数概率权函数形式：

$$\omega^+(p) = \exp\left[-\delta^+(-\ln p)^\gamma\right], \quad \omega^-(p) = \exp\left[-\delta^-(-\ln p)^\gamma\right]$$

$$(2-27)$$

式（2-27）中，参数 $0 < \gamma < 1$ 并且 δ^+，$\delta^- > 0$。

（五）累积前景理论研究综述

1. 国内相关研究综述

国内关于累计前景理论的研究主要集中在应用研究中：樊治平等（2012）针对带有决策者期望的混合型多属性决策问题，提出一种基于累积前景理论的决策分析方法；首先，考虑了决策者的心理行为因素，以决策者对各属性的期望作为参照点；其次，将具有清晰数、区间数和语言短语三种信息形式的决策矩阵转化为相对于参照点的益损决策矩阵，在此基础上，考虑决策者对待收益和损失的不同风险态度，依据累积前景理论计算每个方案的综合前景值，并依据综合前景值的大小对所有方案进行排序。

王倩等（2013）以累积前景理论为基础，建立了考虑路段通行能力退化情况下的用户均衡模型，并说明了解的存在性。通过数值算例，分别采用期望效用理论和累积前景理论进行计算，对比了两者在描述出行者路径选择行为上的差异。田丽君等（2016）以通勤者的出行方式选择为背景，假设存在三种可能的出行方式：地铁出行、自驾车出行和自驾车—地铁换乘出行。地铁方式的出行时间是确定的，而自驾车方式和停车换乘方式的出行时间均具有一定的不确定性，在此基础上建立了基于累积前景理论和期望效用理论的出行方式选择模型，并在不同出行场景下对比了两种理论框架下最优选择结果的差异。针对属性值为犹豫模糊集且属性间存在关联的决策问题，阙翠平等（2018）提出一种累积前景理论和改进型逼近理想解法相结合的多属性决策方法。该理论将决策者的风险心理因素引入犹豫模糊多属性决策中，定义了犹豫模糊数的价值函数，提出了一种犹豫模糊环境下累积前景值的计算方法。

针对现有大多数毕达哥拉斯模糊多属性决策方法基于决策者是完全理性的假设，忽略决策者在面临风险时的不同主观价值感受，李美娟和卢锦呈（2022）引入累积前景理论，提出基于新得分函数和累积前景理论的毕达哥拉斯模糊 TOPSIS 法。

对于累积前景理论的应用研究，王增强等（2022）提出了基于多粒度犹豫模糊语言和累积前景理论的决策方法。首先，开发成员使用偏好的语言评估标度表征顾客需求的相对重要度，构建多属性决策模型确定各项顾客需求的相对重要度排序，据此设计传感器的产品概念备选方案；其次，引入改进的累积前景理论，基于预期的投入成本、损失情景和盈利情景，确定各个备选方案的成本感知价值、损失感知价值和收益感知价值；再次，依据备选方案的综合感知价值确定最优的产品概念方案；最后，通过某无人机研发企业的传感器开发实例说明了所提开发技术的可行性。

2. 国外相关研究综述

韦克尔和特沃斯基（1993）提出了一种在不确定性条件下对各种决策模型进行公理化的方法，包括期望效用和累积前景理论。对于每个模型，该方法确定了允许对价值差异顺序进行一致推断的情况。等级依赖（rank-dependent）和迹象依赖（sign-dependent）偏好模式的例子被用来激励模型和描述它们的"折中一致性"公理。

芬内姆和韦克尔（Fennema & Wakker，1997）讨论了前景理论和累积前景理论的区别。研究表明，累积前景理论不仅是对前景理论中一些理论问题的形式修正，而且给出了不同的预测。对洛拉·洛佩斯的一些实验进行了重新分析，证明累积前景理论优于前景理论。事实证明，累积前景理论的数学形式非常适合模拟敏感度降低的心理现象。一些论文提供了偏好公理化。然而，所有这些公理只考虑不确定性下的决策。尚未为风险决策提供公理化，即给定概率被转换的情况。提供后者是本说明的目的。由此产生的公理化比不确定性的公理化简单得多（Chateauneuf & Wakker，1999）。

尼尔逊和斯托（Neilson & Stowe，2002）研究了函数形式和估计参数的行为含义。研究发现，这些参数化都不能同时解释对不太可能的收益和阿拉斯悖论行为或实验中的其他强选择模式的赌博。导致合理数量的保险和赌博行为的参数估计往往也会产生较大的风险溢价。

累积前景理论的一个核心特征是参考依赖性，即价值函数取决于相对于现状的收益和损失，而不是预期效用理论中的最终财富头寸。到目前为止，所有关于前景理论的理论工作都只考虑固定的现状。然而，在这种情况下，参考依赖和价值函数对最终财富头寸的依赖是等价的概念，至少在现状已知的情况下是如此。为了识别这两个概念之间的差异，施密特（Schmidt，2003）开发了一个累积前景理论的公理化，允许一个可变的现状。在这个框架中，可以建立一个偏好条件来区分参考依赖和最终财富位置依赖。

鲍塞尔斯和赫坎普（Baucells & Heukamp，2006）将期望效用的二阶随机优势条件推广到累积前景理论。新的定义包括由 S 型值函数、逆 S 型概率加权函数和损失厌恶表示的偏好。随机优势条件为检验累积前景理论的不同特征提供了一个框架。鲍塞尔斯和赫坎普（2006）对价值函数和概率加权函数的几个联合假设进行了检验。假设与经验相关的权重函数，采用 S 型形式。此外，研究发现普遍支持损失厌恶的证据。违反损失厌恶的行为可以通过受试者使用总体获胜概率作为启发来解释。

列赫尔等（2006）发现，在收益具有凹值函数的累积前景理论（CPT）中，期望值有限的彩票可能具有无限的主观价值。这个问题在预期效用理论中并不存在。这种悖论尤其出现在特沃斯基和卡尼曼（1979）研究的环境和参数体系中，以及随后的工作中。研究描述了 CPT 中可以解决问题的情况。特别地，研究定义了一类加权函数和值函数的可容许概率分布和可容许参数区域，从而证明了主观值的有限性。同时，研究建议一个新的 CPT 加权函数，它保证所有彩票的主观价值有限、期望值有限，与价值函数的选择无关。

施密特和灿克（Schmidt & Zank，2008）刻画了累积前景理论的强风险规避和二阶随机优势的条件。强烈的风险厌恶意味着收益的加权函数为凸函数，损失的加权函数为凹函数。它不一定意味着凹效用函数。如果加权函数是连续的，则后者也会出现。通过研究损失厌恶与强风险厌恶之间的确切关系，导出了损失厌恶程度的自然指数。

施密特和灿克（2009）结合损失态度和线性效用，在不确定性决策框架下对累积前景理论（CPT）进行公理化分析；推导了 Choquet 期望效用（CEU）的一个双边变量，它可能具有不同的收益和损失能力，以及线性效用。自然的，效用可能在现状中有一个纠结，这允许表现出对损失的厌恶；模型的核心条件被称为公共增量的独立性。

何和周（He & Zhou，2011）根据卡尼曼和特沃斯基的累积前景理论（CPT），建立并分析了一个单期投资组合选择模型，该模型以财富为参考点，具有损失厌恶的 S 型效用（价值）函数和概率加权。该研究引入了一个新的衡量大收益损失厌恶的指标，称为大损失厌恶度（LLAD），并表明它是模型适定性的一个关键决定因素。然后研究了 CPT 值函数对股票分配的敏感性，作为副产品，证明了该函数既不是凹函数，也不是凸函数。最后，研究针对参考点是无风险回报和非无风险回报的情况（效用函数是分段线性的），明确推导出最优解，并利用这些结果来研究最优风险敞口相对于参考点LLAD 的比较静态，以及概率权重的曲率。

累积前景理论（Tversky & Kahneman，1992，2000）为人们在风险下如何做出决策提供了最具影响力的解释之一。CPT 是一种形式化模型，其参数可量化心理过程，如损失厌恶、得失的主观值和主观概率。在 CPT 的实际应用中，通常使用单参与者最大似然法估计模型参数。目前的研究显示了另一种分层贝叶斯参数估计方法的优势。尼尔森等（Nilsson et al.，2011）通过对实际数据集的参数恢复研究和应用，说明了该程序的性能。研究表明，在参数空间没有特定约束的情况下，CPT 可以在没有传统上与损失厌恶相关的参数的情况下产生损失厌恶。

针对应急响应中的风险决策问题，刘等（Liu et al.，2014）提出了一种基于累积前景理论的风险决策分析方法。给出了所研究的应急响应问题的公式和求解过程。然后，根据累积前景理论，计算每个标准的潜在响应结果值。考虑标准之间的相互依赖或冲突，Choquet 积分用于确定每个潜在响应结果的值。相应地，计算所有潜在响应结果的概率权重。此外，通过聚合响应结果的值和权重，确定每个响应行动（备选方案）的前景值，并通过聚合每个行动的前景值和成本来获得每个响应行动的总体前景值。根据获得的总体前景值，可以确定所有响应行动的排名。

在三方决策中，对决策者风险态度的描述是一个焦点话题。王等（Wang et al.，2020）提出了一种基于累积前景理论的三方决策模型。首先，借助一个参考点，利用价值函数来描述决策者对收益和损失的不同风险偏好。其次，权函数包含条件概率的非线性变换。通过考虑值函数的递增顺序来确定累积决策权重。再次，利用价值函数和权重函数，基于累积前景价值最大化而非成本最小化的原则，推导了该模型的新决策规则。进一步，分析并证明了模型阈值的存在性和唯一性。最后，基于条件概率和阈值的数值解对决策规则进行简化，构造了三向决策规则的推导算法。

高等（Gao et al.，2021）提出了一种不确定性耦合累积前景理论（CPT）和多属性决策（MADM）理论下的出行行为建模方法。CPT 用于描述旅行者对每个属性的评估，MADM 描述了在多个冲突标准之间进行权衡的过程。该框架考虑了不同属性的不同感知原则。基于所述偏好调查收集的数据，研究利用所提出的方法对中国上海通勤模式转换行为进行了实证分析。结果表明，该方法在模型性能和行为揭示方面优于传统方法。实证结果表明，在模式转换行为中，对成本和行程时间的收益和损失的敏感性是不同的。更重要的是，研究发现，在模式转换行为中，旅行者低估了低概率出行时

间的发生概率，高估了高概率出行时间的发生变化，这与经济学的
研究结果相反。旅行者也表现出明显的损失厌恶特征。研究了 CPT
价值函数的异质性，以揭示个体在评价过程中的差异。

　　针对天然气管道建设项目周边环境复杂多变，存在多种高风险
职业病危害。为解决职业风险评估问题，以及大多数方法忽略了决
策者在不同风险发生概率下的不同风险感知。王等（Wang et al.，
2021）结合云模型、累积前景理论和 Bonferroni 均值算子，提出了
一种适用于天然气管道建设项目的扩展职业风险评价方法。在该框
架中，引入了安全和关键影响分析（SCEA）中的四个风险参数，
对每种职业危害的风险进行评级。然后，利用正态云模型将语言风
险评估信息转化为定量数据，对风险评估过程中随机性和模糊性的
不确定性进行建模。在构建了基于 Bonferroni 均值算子的扩展累积
前景理论后，考虑到决策者的不同风险感知和风险参数之间的相互
作用，推导出每个风险的风险大小。

五、MULTIMOORA 群决策方法

　　基于比率分析的多目标优化（MOORA）方式由布劳尔斯和扎
瓦德斯卡斯（Brauers & Zavadskas，2006）提出，是一种具有离散备
选方案的多目标优化的新方法，该方法是指对目标的备选方案的响
应矩阵，其中应用了比率。比较成熟的其他多目标优化方法，即参
考点法。后来，证明这是不同竞争方法中的最佳选择。在 MOORA
中，比率集以响应平方和的平方根为分母。这些比率，作为无量纲

的，似乎是不同比率中的最佳选择。这些无量纲的比率，位于0和1之间，在最大化的情况下被添加或在最小化的情况下被减去。然后，根据获得的比率对所有备选方案进行排名。最后，为了更加重视一个目标，可以用不同的子目标代替一个目标，或者可以指定一个重要性系数。一个转型经济中私有化的例子说明了该方法的应用。如果应用最初位于以生产为中心的"福利"经济中，MOORA在假定消费者主权的"福利经济"中变得更加重要。

布劳尔斯和扎瓦德斯卡斯（2010）将MOORA改进为基于比率分析和完整乘法形式的多目标优化（MULTIMOORA），通过添加完整乘法形式，并采用优势理论根据结果获得最终综合排名这些三重从属方法。比率系统和完全乘法形式属于第一组MCDM方法（即价值测量方法），而参考点方法属于第二组MCDM方法（即目标或参考水平模型）。MULTIMOORA利用向量归一化技术来生成可比较的评级和三种从属排名方法（即比率系统、参考点方法和完全乘法形式）。三种排名方法中的每一种都有一些特权，但也有缺点；因此，MULTIMOORA的使用不止一种方法。

1. 国内相关研究

陈振颂和李延来（2014）提出基于直觉梯形模糊数（intuitionistic trapezoidal fuzzy number，ITFN）极小、极大期望值的序关系判别准则，并引入风险系数构建ITFN相对完善的带有决策者风险偏好的运算规则，在此基础上定义直觉梯形模糊Bonferroni（intuitionistic trapezoidal fuzzy Bonferroni，ITFB）平均算子，验证其相关性质。针对决策者之间、属性之间分别存在关联关系且权重均未知的多属性群决策问题，提出基于ITFN信息关联输入的改进群体MULTIMOO-

RA 决策方法：首先，构建直觉梯形模糊决策矩阵序列，予以标准化处理，并将其转化为极小期望决策矩阵序列；其次，综合利用基于熵权法和考虑决策者偏好关联的基于 2 - 可加模糊测度与 Choquet 积分联合的主客观赋权法确定决策者权重及属性权重；最后，分别引入加权直觉梯形模糊 Bonferroni 平均算子及 ITFN 的 Hamming 距离以改进传统 MULTIMOORA 决策方法。基于优势理论，可对方案展开综合排序以确定最优方案。

利用进一步完善的直觉梯形模糊数运算法则，陈振颂和李延来（2014）提出基于模糊测度和 Choquet 积分的直觉梯形模糊数的信息集成算子，并证明了该集成算子的相关性质。根据前景理论定义直觉梯形模糊前景效应和前景价值函数，构造前景 ITFNCI 算子。针对多方参与且决策者信息关联的多属性群决策问题，利用前景 ITFNCI 算子集结群体直觉梯形前景价值函数，进而采用 MULTIMOORA 理论进行方案比选，基于优势理论获得方案的综合排序以确定最优方案。

考虑根据用户需求选择供应商时的复杂决策问题，吴胜等（2018）提出犹豫模糊 MULTIMOORA 群决策方法。将 HF - MULTI-MOORA 群决策方法应用到供应商选择中，为供应商选择提供可靠的方法。

针对时间权重与属性权重完全未知的三角模糊多属性决策问题，基于前景理论和 MULTIMOORA，代文锋等（2018）提出一种新的决策方法：首先，建立备选方案在不同时段的三角模糊前景决策矩阵，根据时间度及不同时段内备选方案前景值的差异构建时间权重优化模型，并运用最大偏差法的基本思想获得属性权重；其次，基于三角模糊数提出一种新的 MULTIMOORA 扩展形式，并结合占优理论对备选方案进行比选。

针对具有多种信息类型的多属性群决策问题，齐春泽（2019）基于 MULTIMOORA 提出了一种决策方法。将不同类型的评价信息转化为梯形模糊数，构建梯形模糊初始决策矩阵，并运用离差最小化法和熵权法分别计算决策专家权重与属性权重。基于梯形模糊数对 MULTIMOORA 进行扩展，并据此对备选方案进行比较与选择。

针对属性值为不确定语言，属性权重为部分已知或完全未知的多属性决策问题，代文锋和仲秋雁（2019）提出一种新的决策方法：运用前景理论计算出每个属性的二元语义前景值，建立二元语义前景决策矩阵；在考虑主、客观影响因素的基础上，构建属性权重优化模型，得到属性的综合权重；基于区间二元语义对 MULTI-MOORA 进行扩展，并对方案进行排序；在此基础上，运用占优理论得到方案的最终排序。

针对概率犹豫模糊多属性决策问题，朱亚辉和高逦（2020）提出了基于 Hamacher 范数的广义概率犹豫模糊 MULTIMOORA 决策方法。首先，定义概率犹豫模糊 Hamacher 运算，包括和、积、数乘、幂，并研究这些运算的性质；在此基础上，提出了概率犹豫模糊 Hamacher 加权平均算子和概率犹豫模糊 Hamacher 加权几何平均算子，并对其性质进行了研究。其次，采用 MULTIMOORA 方法从多个角度对方案进行选择和比较。

为解决犹豫环境中由随机性和模糊性引起的不确定性对实际决策造成偏差的多准则群决策问题，张文宇等（2020）提出一种基于犹豫概率模糊语言的改进 MULTIMOORA 决策方法。首先，构建各决策者的犹豫概率模糊语言决策矩阵，利用熵值法与离差最大化和距离最小化法得到决策者权重；其次，利用犹豫概率模糊加权平均算子将各决策者的决策矩阵聚合为综合矩阵，进而通过改进的MULTIMOORA方法得到最终排序结果。

2. 国外相关研究

不同的多个目标以不同的单位表示，这使优化变得困难。因此，生成无量纲数字的比率系统的内部机械解决方案优于大多数时间用于比较不同单位的权重。此外，比率系统创造了使用第二种方法的机会：非主观参考点理论。这两种方法形成了对彼此的控制。如果对问题感兴趣的所有利益相关者的意见都通过使用改进的标称组和德尔福技术来涉及，那么目标的选择就更加非主观了。总体理论称为 MOORA。如果以 MULTIMOORA 的名义在 MOORA 中添加一个全乘形式，结果仍然具有说服力。在那一刻，三种不同方法的控制形成了对解决方案尽可能非主观的保证。布劳尔斯和扎瓦德斯卡斯（2011）将 MULTIMOORA 方法用于银行贷款购买房产决定。

巴尔森蒂斯等（Baležentis et al.，2010）描述主要的结构性指标，这些指标确定了里斯本战略的实施及可持续发展方面的进展。为了实现这一目标，提出了以下任务：对结构指标进行描述和分类，概述定量分析的主要方法。立陶宛在实现里斯本战略目标方面的进展时，使用来自欧盟统计局数据库的 13 个候选结构指标系统和应用 MULTIMOORA 方法进行评估。分析显示，立陶宛在就业率、青年受教育率、比较物价水平和温室气体排放等指标上，均位居欧盟前列。

考虑成本效益分析，布劳尔斯和扎瓦德斯卡斯（2010）采用

MOORA 和 MULTIMOORA 方法，在改进的名义群和德尔菲技术的帮助下，研究项目管理。

多目标优化处理不同的目标，目标保持自己的单位。比率系统的内部机械解决方案，产生无量纲数是首选。比率系统创造了使用第二种方法的机会：参考点理论，使用比率系统的比率。这个整体理论被称为 MOORA。如果添加一个完整的乘法形式形成 MULTIMOORA，结果仍然更有说服力。三种不同方法的控制形成了解决方案尽可能非主观的保证。MULTIMOORA 经过稳健性测试，显示出积极的结果（Brauers & Zavadskas，2012）。

人员选拔过程旨在选择最佳人选来填补公司中规定的空缺。它决定了人员的投入质量，因而在人力资源管理中起着重要的作用。鉴于人员选择过程的不确定性、模棱两可和模糊性，需要应用多标准决策（MCDM）方法来进行稳健的招聘。因此，巴尔森蒂斯（2012）旨在扩展模糊 MULTIMOORA 在群体决策下的语言推理。模糊 MULTIMOORA 在该研究中得到了进一步的修改。用于群体决策的模糊 MULTIMOORA（MULTIMOORA – FG）能够汇总决策者的主观评估，从而提供执行更稳健的人员选择程序的机会。

MULTIMOORA 是一种有用的多标准决策技术。MULTIMOORA 的输出是通过聚合三元排名方法的结果获得的排名，即比率系统、参考点方法和完全乘法形式。在有关 MULTIMOORA 的文献中，没有全面的综述研究。哈菲扎尔科托布等（Hafezalkotob et al.，2019）通过对主要研究的理论和实践进行分类和分析，对 MULTIMOORA 进行了概述。首先，从下属排序方法、排序聚合工具、加权方法、群体决策、与其他模型的结合，以及方法的鲁棒性等方面对 MULTI-

MOORA 进行了理论考察。基于不确定性理论仔细研究了 MULTIMO-ORA 的发展，并分析了突破性模型的数学公式。MULTIMOORA 的实际问题分为涉及工业、经济、公务员和环境政策制定、医疗保健管理，以及信息和通信技术的应用领域。文献计量分析已应用于所有研究。此外，我们提出了重大的理论和实践挑战。从理论的角度来看，参考点方法的扩展、协作组决策结构，以及在 MULTIMOORA 模型中利用新的不确定性集是主要挑战。从实践的角度来看，工业和社会经济领域正吸引着学者们进行深入研究。

六、MAGDM 群决策方法

多属性群决策（multi-attribute group decision making，MAGDM）是近年来决策科学的一个重要研究领域，广泛应用于工程、经济、市场分析、管理等实际问题中。因此，多属性群决策方法进行系统的研究对于解决实际问题具有重要的意义。多属性群决策是群决策和多属性决策相交叉的研究方向，它解决的问题是集结群体成员的判断以形成群的判断，然后通过某种决策技术对决策方案进行比较、评价或排序。

1. 国内相关研究

国内关于多属性群决策的研究主要集中在应用研究上。

陈振颂和李延来（2014）针对决策者及属性之间均存在关联作用且权重均未知的多属性群决策问题，提出基于前景混合区间直觉梯形几何 Bonferroni 平均算子的关联多属性群决策方法（prospect hybrid interval-valued intuitionistic trapezoidal fuzzy geometric Bonferroni，PHIITFGB）。区间直觉梯形模糊数（interval-valued intuitionistic trapezoidal fuzzy number，IITFN）是刻画复杂系统不确定性的有效工具。研究基于进一步完善的 IITFN 运算规则，讨论其局部封闭性。由此定义 IITFN 几何 Bonferroni 平均算子，并验证该算子的相关性质。

　　为有效应对现有群决策一致性检验方法的系列弊端，针对群决策的决策导向多元、决策方案众多、决策属性异构、决策信息多样等特征，许成磊和段万春（2015）在引入票权概念解析群决策一致性判定复杂性、刻画非结构多属性群决策合意信息表征假设情景的基础上，通过对常规混合非结构多属性群决策（MAGDM）问题进行公理化描述，并依据从方案层面到属性层面的整体决策信息判定策略，给出决策导向层面的整体判断信息一致性检验方法、多轮次非一致性决策信息调整策略及信息集结方法。

　　针对不同故障模式与影响分析（FMEA）中专家群决策的不确定性和主观性问题，吴胜等（2016）提出混合概率分布下基于前景理论的三角模糊随机多属性群决策（TFRMAGDM）方法。首先，在前景理论框架下定义基于混合概率分布和三角模糊随机变量（TFRV）的期望—方差决策矩阵，建立基于决策群组意见一致性的专家属性权重极大熵模型。其次，结合期望—方差决策矩阵和属性权重模型，获取综合边际前景期望—方差矩阵，从而根据定义的序关系判别准则确定不同故障模式下风险优先次序排序。

　　周晓辉等（2016）研究了决策信息为区间直觉模糊数（IVIFN）且属性间存在相互关联的多属性群决策（MAGDM）问题，提出一种基于区间直觉模糊几何加权 Bonferroni 平均（IVIFGWBM）算子的决策方法。介绍了 IVIFN 的概念和运算法则，基于这些运算法则和几何 Bonferroni 平均（GBM）算子，定义了区间直觉模糊几何 Bonferroni 平均（IVIFGBM）算子和 IVIFGWBM 算子。研究了这些算子的一些性质，建立基于 IVIFGWBM 算子的 MAGDM 模型，结合排序方法进行决策。

针对投影测度下的属性值和属性权重均为单值中智集的多属性群决策问题，王铁旦等（2019）提出了一种基于投影的群决策一致性合成方法。该方法以群体评价均值矩阵和群体评价正、负理想值矩阵为群体评价的参考基准，根据投影测度，构建了衡量决策者个体评价与群体评价一致性程度的投影贴近度公式；进而以决策者的相对一致性程度和决策者重要性合成得到决策者权重，并构造加权规范化的群体最终决策矩阵；然后以单值中智集得分函数求解各方案的最终得分并排序。

针对评价信息为梯形直觉模糊数（TrIFN）且属性间不严格相互独立的多属性群决策（MAGDM）问题，罗世华和刘俊（2020）提出一种基于改进排序的 Choquet Bonferroni 算子的多属性群决策方法。

2. 国外相关研究

在经典的多属性组决策（MAGDM）中，决策者根据预定义的属性评估预定义的备选方案。换言之，备选方案集和属性集在整个决策过程中是固定的。然而，现实世界的 MAGDM 问题（例如，联合国安理会的决策过程）经常具有以下特征：①决策者有不同的利益，因此他们使用个别的属性集来评估个别的选择。在某些情况下，各个属性集可能是异构的。②在决策过程中，决策者不必就属性集的使用达成共识。相反，决策者希望找到一个得到他们所有人或大多数人认可的替代方案。③个体属性集和个体选择集都可以在决策过程中动态变化。通过将上述实际特征融入 MAGDM，董玉成等（Dong et al.，2016）研究定义了一个复杂且动态的 MAGDM 问题，并提出了其解决框架。在解析框架中，提出了一种异构属性背景下的选择过程，该过程获得了单个备选方案的排名和一个集体解决方案。此外，还开发了一个共识流程，为个人属性集、备选方案集和个人偏好生成调整建议，从而帮助决策者达成共识。与现有的 MAGDM 模型相比，研究提供了一个灵活的框架来形成现实世界 MAGDM 问题的近似决策模型。

多属性决策（MADM）被广泛用于针对多个属性对备选方案进行排名。陈志平等（Chen & Yang，2011）提出了一种新的多属性群决策方法（MAGDM）。该研究方法中，在整个评价过程中使用语言术语，采用约束模糊层次分析法来衡量属性的相对重要性，通过范围分析技术将其转换为确定性权重向量，然后模糊 TOPSIS 用于对备选方案进行排名。通过这些改进和其他转换技巧，新算法可以通过降低其不确定度来更好地解决模糊信息，从而获得更科学和准确的属性权重。

在实际决策中，决策者在面对复杂的决策问题和环境时，往往会以不确定的方式表达自己的意见。张博文等（Zhang et al.，2018）开发了一种新的共识达成过程，用于具有犹豫模糊语言术语集（HFLTS）的多属性组决策。首先，研究为两个 HFLTS 定义了一个新的距离度量，并为带有 HFLTS 的 MAGDM 提出了一个基于距离的共识度量。其次，基于这种共识度量，研究为带有 HFLTSs 的 MAGDM 制定了最小调整距离共识规则，该规则可以在达成共识的过程中最小化原始意见和调整后意见之间的调整距离。此外，为了获得最大共识的集体意见，研究开发了一个最小距离聚合模型，即最小化每个决策者的个人意见与集体意见之间的距离最大值。此外，基于提出的共识规则和聚合模型，提出了一个使用 HFLTS 的 MAGDM 达成共识的过程。

普拉马尼克等（Pramanik et al.，2018）提出了一种新的单值中智集（SVNS）环境下的交叉熵测度，即 NS-cross entropy，证明了它的基本性质。并定义了加权 NS 交叉熵测度并研究了它的基本性质。研究开发了一种新颖的多属性群体决策策略，该策略没有不对称行为和未定义现象的缺点。它能够处理未知权重的属性和未知权重的决策者。

伍志斌等（Wu et al.，2019）开发了使用 HFLTS 的多属性组决策的折中解决方案。引入基于测地距离和可能性分布的距离度量来计算共识度，并确定聚合的参与者重要性权重。然后提出了两个模型，得出 MAGDM 问题的折中解决方案。第一个模型基于 VIKOR 方法，用于确定群体效用最大化和个人遗憾最小化之间的折中。第二个模型基于 TOPSIS 方法，旨在确定与理想和反理想解决方案的距离之间的折中。

直觉模糊集通常被用来描述复杂和不确定的环境。赵等（Zhao et al.，2021）旨在构造一种处理 MAGDM 问题的新方法，将累积前景理论（CPT）的概念引入原始的多属性边界近似面积比较（MABAC）方法中，并在 CPT（CPT – IF – MABAC 方法）的基础上创建了直觉模糊 MABAC 方法。新的 CPT – IF – MABAC 方法不仅具有较强的可操作性，而且继承了 CPT 方法考虑决策者态度影响的特点。此外，该模型还融合了属性权重的确定方法和备选方案。

股票投资选择可以看作一个经典的多属性群决策问题。直觉模糊集（IFSs）能够充分描述股票投资选择中的不确定性信息。在此基础上，赵等（Zhao et al.，2021）建立了基于累积前景理论的经典 TODIM 方法（CPT – TODIM），该方法是反映决策者心理行为的一种可选方法。因此，研究针对 MAGDM 问题提出了直觉模糊 CPT – TODIM（IF – CPT – TODIM）方法。同时，在 IFSs 环境下，利用评判方法获取属性权重信息，提高了计算的合理性。针对当今社会的热点问题，研究将所讨论的方法应用于股票投资选择，并基于所提出的方法对股票投资选择进行了论证。赵等（2021）建立了基于累积前景理论的经典 TODIM 方法（CPT – TODIM），该方法是反映决策者心理行为的一种可选方法；提出了毕达哥拉斯模糊 CPT – TODIM（PF – CPT – TODIM）方法来解决 MAGDM 问题。同时，在 PFSs 下利用熵权法获取属性权重信息，提高了合理性。

绿色供应商选择是一个经典的多属性群决策问题。区间值毕达哥拉斯模糊集（IVPFSs）能够充分描述科技项目风险评估中的不确定性信息。赵等（2021）在此基础上，建立了基于累积前景理论的经典 TODIM 方法（CPT – TODIM），该方法是反映决策者心理行为的可选方法；针对 MAGDM 问题提出了区间值毕达哥拉斯模糊 CPT – TODIM（IVPF – CPT – TODIM）方法。同时，在 IVPFSs 下利用熵权法获取属性权重信息，提高了合理性。针对当今社会的热点问题，该论文将所讨论的方法应用于绿色供应商选择，并基于 IVPF – CPT – TODIM 方法对科技项目风险评估模型进行了论证。最后，通过比较分析的结果得出结论，这种改进的方法是可以接受的。

第三章

供应链定价决策与供应商
选择问题研究综述

供应链定价与供应商选择问题研究主要包括供应链定价问题研究和供应商选择问题研究。定价问题主要考虑商品的价格制定和变更策略对营销和收益的影响，影响定价决策的因素主要包括：营销的目的、商品的成本、顾客的行为因素、竞争对手的能力和其他外部因素等。供应商的选择是一个多准则评价问题，是在对各个准则定量和定性分析的基础上对供应商给出综合量化指标，以选择最合适的供应商。在供应商选择过程中，供应商评价也是关键的一个环节，评价多集中在质量、交货期、批量柔性、交货期与价格的权衡、价格与批量的权衡、多样性等指标因素。

一、供应链定价决策

定价决策是指企业根据自身条件和市场条件，对产品定价方案的选择、优化的过程。定价决策是任何一个企业经营决策中不可缺少的组成部分，定价决策的正确与否对企业经营决策的成败起重要作用。定价决策是营销策略的一环，在公司确定营销策略的同时，价格已同时确定。例如公司为了扩大市场占有率，提高客流量，一般要采用低价策略来配合；若为了提高毛利，则可能采取高价策略，故价格策略并非单独存在，它受公司营销策略的影响。供应链定价决策是供应链管理研究关注的焦点问题，大量的研究者分析不同情形下的供应链定价决策。

1. 国内研究综述

为了探讨风险偏好对双渠道供应链决策的影响，许民利等（2016）在期望效用理论下基于条件风险值（CVaR）准则建立双渠道供应链定价决策模型。为了解决竞争环境下基于零售商信用的供应链定价决策与销售渠道选择问题，吴胜等（2017）分析了电子渠道、混合渠道和传统渠道 3 种情形下供应链的定价决策问题，探讨了期望效用理论下零售商信用及其之间的竞争对定价决策和销售渠道选择的影响。刘威志等（2017）研究公平感对由一个供应商和一个零售商组成的二级供应链中的定价决策的影响，其中，供应商决定批发价格，零售商在接受供应商批发价格合同之后决定零售价格，市场需求受零售价格的线性影响。

在买方市场背景下，从消费者角度出发研究闭环供应链定价决策问题，分析消费者市场变化对定价决策的影响，能够为企业及时应对市场变化提供指导，以及完善闭环供应链定价决策研究。高举红等（2018）考虑普通消费者和绿色消费者对新产品、再制造品和二手品的支付意愿差异，并基于消费者对再制造品和二手品的偏好程度对市场进行细分。在不同细分市场下，利用博弈论构建了闭环供应链定价决策模型，研究消费者市场结构及消费者对再制造品和二手品偏好程度的变化对闭环供应链的影响。由于供应链各成员是非完全理性的，且往往在供应链中存在品牌竞争，刘丁瑞等（2020）在参考以往研究的基础上，建立期望效用理论下两个竞争性制造商、一个零售商的供应链模型，引入渠道服务水平与公平关切理论，讨论服务水平对供应链各成员利润的影响，并研究供应链各成员在不同情形下的最优决策。

舒彤等（2021）构建由制造商和零售商组成的闭环供应链模型，运用斯塔克尔伯格（Stackelberg）博弈理论，基于零售商销售努力和不同主体承担企业社会责任（CSR）的情形，研究期望效用理论下闭环供应链的定价决策。针对零售商竞争型供应链结构中网络零售商的线下市场进入策略及产品定价问题，梁喜和梁伦海（2021）构建由单个制造商、单个传统零售商和单个网络零售商组成的供应链博弈模型，通过比较网络零售商是否开通线下渠道两种渠道策略下的最优定价和成员利润，分析了网络零售商开通线下渠道对供应链最优决策的影响。

在网络直销和网络分销的双渠道销售模式下，考虑传统零售商风险规避行为和后疫情时代消费者行为的结构性变化，汪和平等（2022）运用斯塔克尔伯格博弈和均值—方差理论，基于期望效用理论分析双渠道模式对供应链成员定价决策的影响。在供应不确定的市场环境下，消费者思考行为对零售商和制造商的订货定价策略有何影响？林美燕等（2022）结合消费者行为理论，研究供应不确定环境下基于期望效用理论的集中式和分散式供应链中零售商和制造商的最优订货定价策略。在集中与分散决策情形下，郑本荣等

（2022）分别构建不考虑和考虑在线评论的双渠道供应链博弈模型，探讨在线评论背景下供应链的定价和服务投入决策，并分析在线评论对供应链最优决策和利润的影响。

2. 国外研究综述

考虑了具有零售竞争的模糊闭环供应链的最优定价决策问题。魏杰等（Wei & Zhao，2011）运用博弈论和模糊理论，分别探索了集中式和分散式决策场景下批发价、零售价和再制造率的最优决策，并建立了它们的定价决策模型。

吴承翰等（Wu et al.，2012）研究调查了由两个零售商和一个共同供应商组成的非合作供应链中的定价决策。零售商从共同的供应商处订购并在同一市场上竞争；研究分析了六种权力结构，这些权力结构以零售商之间的横向竞争和供应商与零售商之间的纵向竞争为特征，导致连锁成员之间的移动顺序不同。

制造商可以通过在垂直合作广告计划的框架内承担一部分发生的成本来增加其零售商的广告支出。奥斯特和布舍尔（Aust & Buscher，2012）扩展了现有的研究，同时处理制造商—零售商供应链中的广告和定价决策。通过博弈论，考虑了渠道成员之间的四种不同关系，其中，三种非合作博弈，权力对称分布或不对称分布，每种情况下一个参与者为领导者，一种合作博弈，双方都倾向于使总利润最大化。后者辅以讨价还价模式，根据参与者的风险态度和议价能力提出公平的利润分配。

李波等（Li et al.，2014）研究了一个双渠道供应链，包含一个风险中性的制造商和一个规避风险的零售商，其中，只有一种易腐烂的产品具有价格依赖的随机需求。研究选择条件风险价值标准来衡量零售商的风险规避水平，并假设制造商的直销渠道和零售商的传统渠道采用一致的定价策略。该模型探讨了一个纳什讨价还价问题，即制造商和零售商在具有同等议价能力的情况下，就批发价、零售价和订货量进行谈判。

考虑了供应链中两种可替代产品的定价决策，其中，有一个普通零售商和两个有竞争力的制造商。赵晶等（Zhao et al.，2014）分析两家厂商不同的竞争策略和渠道成员不同的权力结构对最优定价决策的影响，建立了 1 个集中定价模型和 7 个分散定价模型，并利用博弈论方法得到了相应的解析均衡解。

对于大多数季节性产品，如时尚服装、时尚手袋、时尚手机等，通常在销售旺季都有降价。通过这样的定价策略，零售商不仅可以获取更多的消费者剩余，还可以在消费者心目中形成更高的参考价格。为了研究参考价格效应对供应链决策的影响，张菊芝等（Zhang et al.，2014）针对由单个制造商和单个零售商组成的供应链提出了一种具有这种降价的两期定价模型。

商品的顾客价值不仅影响其购买决策，也给零售供应链管理带来了很大的挑战。罗政等（Luo et al.，2018）研究了一个由一个制造商和一个零售商组成的两阶段零售供应链。制造商生产属于两个不同时代的两种替代产品，而零售商根据不同的客户价值考虑异构客户需求来确定其产品选择决策和定价策略。零售商面临的关键问题是购买哪些产品，单一产品还是两者兼而有之？以及如何制定不同权力结构的定价政策？从三个不同的博弈论角度，研究发现零售商的购买决策标准基于两个阈值，并且在每个权力结构中都得到了制造商和零售商的最优定价策略。

　　市场力量结构、广告和质量努力对不确定性下多梯队供应链的最优定价决策和绩效的同时影响在文献中很少受到关注。古普塔等（Gupta et al.，2019）通过研究由供应商、制造商和零售商组成的连续分散的三级供应链来关注这一差距。与客户需求、边际生产成本和努力成本相关的不确定性表示为语言或模糊变量。研究比较了具有不同供应链领导力和垂直纳什的3个斯塔克尔伯格博弈。

　　受使用在线购买和店内提货（BOPS）渠道的主导实体店出现的推动，江等（Jiang et al.，2020）研究了这样一个更强大的零售商和制造商在定价和服务价值方面的策略之间的相互作用。主导零售商通过传统渠道和BOPS选项为终端消费者提供附加服务价值，对市场需求产生积极影响；制造商在双渠道和全渠道之间做出渠道选择决策。研究制定了零售商斯塔克尔伯格博弈，并描述了集中式和分散式情况下的均衡定价和服务解决方案。

　　宋等（Song et al.，2021）研究了二级供应链中的动态创新和定价决策：研究模拟了一个分销渠道，其中，卖家将产品出售给独立买家，后者最终将其出售给客户。将创新称为对产品质量改进或过程改进所做的努力。随着时间的推移，双方都可以投入创新努力，从而提高产品在市场上的商誉。产品需求随着商誉的增加而增加，随着零售价格的增加而减少。创新努力也会对上游公司的产品单位加工成本产生积极或消极的影响。

　　在供应链管理过程中，决策者的风险偏好直接或间接地影响供应链的最优定价策略。因此，大量的学者研究了决策者基于不同风险偏好下的供应链定价与订货问题。决策者的风险偏好分为三种：风险寻求、风险中性和风险规避。由于供应链定价决策是一个收益过程，大部分的决策者是风险中性或风险规避的。因此，相应的理论研究主要集中在风险中性和风险规避下的供应链定价问题。

二、生鲜农产品供应链定价决策研究

农产品供应链（agricultural supply chain，SC），至今尚无统一的定义。阿胡马达和维拉洛博（Ahumada & Villalobo，2009）认为，农业食品供应链描述农产品从生产到供应的活动，涉及农产品"从田间到餐桌"的全过程，由承担农产品的生产、供应、加工和营销等职责的组织组成。冷志杰（2006）认为，农产品供应链是由农业生产资料供应商、农产品种植者、养殖者、加工者、物流服务经销商、消费者等各个环节构成的组织形式或网络结构。生鲜农产品供应链（supply chain of agricultural fresh products）又称为生鲜食品供应链（fresh-food supply chain）或生鲜供应链（fresh supply chain），相关概念有生鲜农产品（食品）物流（logistics of agricultural fresh products or fresh-food）、冷链（cold chain）等。生鲜农产品物流和冷链是与生鲜农产品供应链密切相关的两个概念，生鲜农产品物流是指由于生鲜农产品的销售引起的生鲜农产品在供方和需方之间的实体流动，包括为销售生鲜农产品实行的运输和储存，为满足生鲜农产品的消费需要实施的流通加工等活动。由于生鲜农产品的特性，生鲜农产品供应链具有资产专用性高、市场不确定性大、市场力量不均衡、对物流的要求较高等特点（张旭辉，2008）。

（一）生鲜农产品变质问题研究

由于生鲜农产品属于变质产品中的一种特殊类型，因此首先对变质产品供应链管理的研究进行简单回顾。目前，国内外关于变质产品供应链管理的研究，大多是在借鉴变质产品库存模型的基础上开展的。对于变质产品库存模型的研究问题，都主要围绕着基于需求率和基于变质率的变质产品库存研究要素展开。其中，基于需求率问题的研究主要有：常数需求率（Law & Wee，2006；Dye et al.，2007），时变需求率（Broekmeulen & van Donselaar，2009），依赖于库存水平的需求率（Lee & Dye，2012），依赖于价格的需求率（Li & Lim，2009；Serel，2009），依赖于库存水平和价格的需求率（Pal et al.，2006），已知概率的随机需求率（Olsson & Tydesjo，2010）和未知概率的随机需求率（Minner & Transchel，2010）。基于变质率不同的研究主要有：变质率固定（Ferguson & Ketzenberg，2006；耿凯平等，2009）和变质率变化（Blackburn & Scudder，2009；Dye & Hsieh，2012）。

陈等（Chen et al.，2011）通过将两个相反的物理特性，即田间物品的改善和储存物品的劣化纳入库存模型来解决新鲜农产品的收获和销售决策问题；针对新鲜农产品分别在生长收尾点和临界成熟点收获的两种情况，在有限的规划范围内开发了具有成熟度和价格依赖需求的农民利润模型。由于生鲜农产品的特殊性，需求率是一个取决于销售价格和新鲜度的函数；劣化率随时间增加并被假定为时变函数，宁等（Ning et al.，2013）提出了具有时变劣化率的新鲜农产品库存模型。在模型中，库存周期可能是恒定的或可变的；讨论了针对不同新鲜度和变质率的模型最优解。

大多数模型假设物品的固定物理数量会随着时间的推移而恶化，物品的质量不会在其到期日期之前衰减。在实践中，包括新鲜农产品和食品在内的许多产品的质量和物理数量往往会随着时间的推移而恶化。物品的质量通常在影响对产品的需求方面起着重要作用。秦等（Qin et al.，2014）考虑质量和物理数量同时恶化的产品的定价和批量问题：质量和物理量的劣化率取时间成正比，假定需求率是确定性的，取决于物品的质量、每单位的售价和陈列的库存水平。陈等（Chen et al.，2021）对城市地区生鲜配送过程中生鲜变质比较严重的问题进行研究，提出了一种新的模型，用于城市交付具有不同易腐性的新鲜产品；该模型的目标是最小化总劣化值（TDV）和行驶距离，TDV 与不同新鲜产品的易腐性、变质率和数量有关；提出了一种定制的遗传算法来求解该模型。

然而，生鲜农产品与一般变质产品的不同之处在于，新鲜度作为生鲜农产品质量的外在表征，是消费者购买生鲜农产品的重要参考因素，因此，关于生鲜农产品的需求自然会考虑新鲜度，而上述研究所考虑的需求均无法有效刻画新鲜度影响需求这个特点。

（二）生鲜农产品定价问题研究

沃德（Ward，1982）使用沃尔夫拉姆（Wolfram）的不对称模型来测量一组精选新鲜蔬菜的零售、批发和运输点价格之间的联系；显示了处理不连续时间序列的程序，并使用格兰杰因果检验来显示价格联系的方向；研究新鲜蔬菜定价策略。

在生鲜农产品电子商务下，刘等（Liu et al.，2017）重点关注消费者对生鲜农产品配送速度和质量的偏好如何影响供应链的订购策略；通过生鲜农产品质量弹性指标和消费者对配送速度的偏好，反映了消费者对配送速度的偏好和农产品新鲜度的敏感性，进一步确定了基于利润最大化的定价决策模型。王和陈（Wang & Chen，2017）研究了在报童框架下由供应商和零售商组成的生鲜农产品供应链定价与协调问题：供应商是 Stackelberg 的领导者，零售商是追随者；零售商可以通过批发价格和看涨期权组合合同从供应商处获得产品；新鲜农产品在运输过程中会产生流通量损失；零售商的最优订货策略和供应商的最优定价策略是在存在组合合同和流通损失的情况下得出的。马等（Ma et al.，2019）研究了由一家供应商、第三方物流服务提供商（TPLSP）和一家向客户提供季节性新鲜农产品的零售商组成的三级供应链系统的定价与协调问题；开发了分散决策模式和集中决策模式的动态博弈模型，并在分散决策模式下考虑了不对称的需求信息。

生鲜农产品是日常生活中不可缺少的必需品。供需失衡导致正常状态下价格大幅波动，从而折磨生产者和消费者。在生鲜农产品线上预售时，基于双渠道商业模式，武和郭（Wu & Guo，2019）探讨不同时期供应商和零售商的最优定价策略。

生鲜农产品供应链的流通效率在很大程度上受终端消费者购买力的影响。闫等（Yan et al.，2020）提出了一种考虑战略消费者行为的生鲜农产品供应链协调方法。首先，考虑生鲜农产品供应链的特点，提供消费者的效用函数。其次，在中心化链下，研究重点关注消费者行为对供应链定价决策的影响，将战略消费者的战略行为量化为风险厌恶系数，分析消费者风险对供应链定价决策的影响。最后，为生鲜农产品供应链的分散决策设计了基于收益分享和批发价格的两个协调合约。穆恩等（Moon et al.，2020）研究了新鲜农产品供应链中的投资定价决策。基于供应链成员的投资决策，考虑了三种不同的情景，并通过考虑公平指数的影响比较了相应的结果。

自然易腐烂和新鲜度会影响购买者对新鲜农产品的需求。由于新鲜度的变化，零售商不得不采取多期动态定价策略来处理未售出的产品。闫和韩（Yan & Han，2022）研究零售商的生鲜农产品二级供应链，旨在通过供应链中的期权和批发合同实现最优的两期协调和订货。在双期定价的情况下，研究发现最优批发订货量在第一期随着价格的下降而增加，在第二期随着价格的下降而趋于稳定；相比之下，第一期的价格变化对零售商的最优订货量影响更大；随着第一期价格的上涨，零售商和供应商的利润均显著增加，而第二期价格变动的影响并不明显；同时，分散决策只能通过第一期价格的原始期权合约在供应链中进行协调；第二阶段引入成本分摊合同，协调供应链，增加订单，增加零售商和供应商的利润。这些发现对于在期权合约下的生鲜农产品多期动态定价中的零售商和供应商都具有重要意义。

三、供应商选择问题研究

供应链管理（SCM）是现代企业最重要的竞争战略之一。供应链管理的主要目的是整合各种供应商以满足市场需求。同时，供应商的选择和评估对于建立有效的供应链起着重要作用。随着供应链管理、供应商关系管理、战略联盟等思想不断深入人心，供应商选择评价指标也渐渐由上述以价格和质量等为主的体系向有利于采供双方长期互利合作关系的方向转变。较之传统的指标体系和评选过程，新型供应链模式下的供应商评选指标体系更利于采供双方在动态、合作、竞争的环境中成为实现信息共享、风险共担的合作伙伴关系，实现对多变市场需求的快速反应。其中，经验型的研究主要是针对评选的指标或准则，而决策支持方法的研究主要是针对评选的方法。供应商选择与评价问题一直是学术界和业界研究的热点问题。

1. 国内相关研究

（1）绿色供应商选择研究。绿色供应链一直是供应链管理者研究的焦点问题，绿色供应商则是绿色供应链研究的重点问题。刘森等（2017）基于绿色供应链的内涵，整合层次分析法（AHP）和TOPSIS评判模型，构建了一个科学有效的绿色供应商的评价指标体系，并提出促进绿色供应商选择评价模型。基于绿色供应链理念，针对交货数量不确定条件下装备制造企业的绿色供应商选择与订货量分配问题，闫燕等（2019）以采购成本、环境效益及产品拖期程度为准则，构建了考虑生产物料齐套要求和最小加工批量约束的随机整数规划模型；借助引入的二进制变量，将模糊的随机整数规划模型转化为清晰的多目标混合整数规划模型；进而结合缩小求解空间的思想，运用两阶段启发式算法对所建模型进行求解。廖吉林和张瑞丹（2020）通过选择绿色供应商有助于造纸企业将绿色理念融入供应链，实现向绿色供应链管理模式转变。该研究在文献研究基础上，确定了造纸企业绿色供应商评价与选择的指标体系，采用 AHP – TOPSIS 复合方法确定各指标权重，从而构建出规范的造纸企业绿色供应商评价与选择模型。

（2）低碳供应商选择研究。以往的供应商选择问题研究多关注成本、质量、服务等，较少考虑供应商的碳排放问题，然而碳排放则是最近研究关注的焦点问题。不同的碳排放处理模式及不确定的市场需求等因素影响下，如何选择供应商并确定采购批量直接影响企业的运营和效益。董乾东和李敏（2022）在多时间周期、多产品种类、多供应商及随机需求情形下，同时考虑不同碳排放处理模式，分析动态供应商选择及采购批量等最优决策问题，构建混合整数非线性规划模型。通过设计变异算子和扰动因子来改进粒子群算法，力求在短时间内求解大规模决策问题。针对不同规模供应商选择及采购批量决策问题，采用精确方法、近似方法和改进粒子群算法求解。王一雷等（2020）采用了模糊 AHP 和模糊目标规划（Goal Programming，GP）相结合的方法，将供应商的碳排放纳入选择标准之中，解决如何选择供应商和分配订货量的问题。首先，研究根据专家的意见使用模糊 AHP 方法分析供应商选择标准的重要程度，选择标准具体包括产品价格、产品质量、服务水平和产品的碳排放；其次，根据模糊 AHP 的分析结果对不同目标赋予不同的权重，再使用模糊 GP 方法进行供应商选择和订货量分配。

（3）供应商选择方法研究。供应商选择是一个复杂的多目标决策问题，孙炳利等（2021）建立供应商的画像，面向航天装备领域的供应商选择，综合考虑企业资质管理、经营风险、产品质量对其进行画像，基于贝叶斯理论对画像样本数据实现了多参数联合分布推导。结合推导出的数学模型，提出了一种马尔可夫蒙特卡洛仿真方法，结合吉布斯采样器在数据难以获取或缺失的情况下，实现了供应商排名和选择，为航天领域供应商选择提供了一种新的思路。

选择供应商过程是一个复杂的多属性群决策问题，大量的研究者提出了不同的多属性群决策方法：吴胜等（2018）提出犹豫模糊MULTIMOORA 群决策方法，首先，针对目前常用的犹豫模糊元记分函数的不合理现象，定义新的犹豫模糊元记分函数并给出计算公式；其次，考虑现有添加补齐犹豫模糊元长度的方法不够合理，提出基于记分函数不变原则的新方法；最后，在以犹豫模糊元为信息输入的复杂系统框架内，提出考虑用户需求的 HF - MULTIMOORA 群决策方法，并将其应用于供应商选择中。

为构建不确定环境下的可持续供应商选择模型，依据可持续供应链管理的三重底线原则，从社会绩效、环境绩效与经济绩效三方面构建可持续供应商评估指标体系。考虑可能性分布—犹豫模糊语言集（PD - HFLTS）在刻画不确定信息时的优势，以及群决策理论在提升选择结果可信度与可靠性时的优势，牟能冶等（2018）提出基于 PD - HFLTS 与群决策理论的层次分析法确定评估指标权重，进而提出基于 PD - HFLTS 与群决策理论的三阶段决策方法，以降低可持续供应商选择的复杂度。此外，针对群决策中专家权重确定问题，提出综合考虑专家先验信息、所给评估信息模糊程度和群体意见一致性水平的组合赋权法；针对群决策中的意见冲突问题，提出基于 PD - HFLTS 的群体意见一致性检验与调整方法。

王东志和吴立云（2019）运用直觉模糊精确加权（AWD）和

复杂比例评价（COPRAS）方法对供应商选择模型进行了研究，构建了基于直觉模糊精确加权的供应商选择的 COPRAS 模型。模型将供应商评价值的语言变量转化为直觉模糊数，运用直觉模糊的精确加权方法分别确定各个评价指标的精确权重和同一指标下各个供应商的精确权重，极大地提高了指标权重确定的科学性，然后结合 COPRAS 方法选择供应商。张永政等（2019）提出了一种基于 TODIM 的风险型供应商选择方法。针对模糊集处理评价信息的不足，采用犹豫模糊数处理决策者给出的供应商评价值，可以有效反映决策者的不同意见和犹豫性。采用犹豫模糊测度的广义 Choquet 积分对指标间的相互影响关系进行分析，计算指标权重。考虑到决策者的风险态度，采用改进的 TODIM 方法对决策者进行心理偏好分析，并对各候选供应商进行排序。张健（2019）针对决策属性以犹豫三角模糊数（HTFN）给出的供应商的选择问题，提出一种基于 HTFGWBM 算子的决策算法：首先，针对犹豫三角模糊数和几何 Bonferroni 平均算子理论，分别定义了犹豫三角模糊几何 Bonferroni 平均（HTFGBM）算子和犹豫三角模糊几何加权 Bonferroni 平均（HTFGWBM）算子，同时分别研究了算子的幂等性，置换不变性，单调性和有界性等性质；其次，基于 HTFGWBM 算子构建新型犹豫多属性决策模型，结合 HTFN 排序方法进行备选供应商排序。

2. 国外相关研究

（1）供应商选择评价指标研究。对供应商的选择问题研究最早、影响最大的是迪克森（Dickson，1966），他通过分析 170 份对采购代理人和采购经理的调查结果，得到了对供应商进行评价的 23 项指标，并对指标的重要性进行了分类。迪克森（1966）认为，质量是影响供应商选择的一个"极其重要"的因素；交货、历史绩效等 7 个因素则"相当重要"；"一般重要"包括顾客投诉处理程序、沟通系统等 14 个因素；最后一个因素，"相互之间协商"则归入"稍微重要"之列。

威尔逊（Wilson，1994）通过回顾过去 20 年发表的研究结果，对供应商选择标准的相对重要性进行了纵向检查；然后将这些结果与该研究结果进行比较，以了解采购专业人员在选择供应商时使用的决策标准的相对重要性。维尔玛和普尔曼（Verma & Pullman，1998）研究检验了管理者对不同供应商属性的感知重要性的评级与他们在实验环境中对供应商的实际选择之间的差异，该研究使用两种方法：李克特量表问题集，以确定供应商属性的重要性；离散选择分析（DCA）实验，以检查供应商的选择。冯德伦布斯和特蕾西（Vonderembse & Tracey，1999）研究调查了制造商使用供应商选择标准和供应商参与程度，并为采用这些做法的公司提高了供应商和制造绩效的说法提供了支持。

德波尔等（De Boer et al.，2001）回顾了文献中报道的支持供应商选择过程的决策方法，将这些贡献置于一个框架中，该框架考虑到采购情况在复杂性和重要性方面的多样性，并涵盖了供应商选择过程中的所有阶段，从最初的问题定义、标准的制定、潜在供应商的资格认证到合格供应商中的最终选择。萨基斯和塔鲁里（Sarkis & Talluri，2002）介绍了供应商选择过程：这种评估和选择供应商的模型考虑了多种因素，包括战略、运营、有形和无形措施；该模型还允许来自各种管理决策级别的输入，并在评估供应商时考虑竞争环境的动态方面。黄等（Huang et al.，2007）介绍了一种集成机制，该集成机制是一组全面且可配置的指标，这些指标按层次排列，考虑了产品类型、供应商类型和原始设备制造商（OEM）/供应商集成级别。根据公司的业务战略，管理层配置一组适当的指标，用于衡量供应商的绩效。然后根据这组选定的指标做出最佳供应商选择决策，实现公司业务模型与其供应链战略之间的战略匹配。

供应商选择过程似乎是决定供应链成功与否的最重要变量。它有助于以更低的成本获得高质量的产品和更高的客户满意度。陈等（Chan et al.，2008）讨论了一些在国际采购中可以发挥关键作用的重要决策变量，例如，政治经济形势、地理位置、基础设施、财务背景、业绩历史、风险因素等的重要性也被指出，特别是在全球供应商选择的情况下；研究讨论了基于模糊的层次分析过程（fuzzy - AHP），以有效解决当前业务场景中全球供应商选择所涉及的定量和定性决策因素。李等（Lee et al.，2009）提出一种在模糊环境下选择供应商的分析方法，构建了一个包含收益、机会、成本和风险（BOCR）概念的模糊层次分析法（FAHP）模型来评估供应商的各个方面；通过考虑专家对其重要性的意见，分析对关系成功产生积极或消极影响的多个因素，并获得供应商的绩效排名。

有效的供应商选择过程对于任何制造组织的成功都非常重要。供应商选择过程的主要目标是降低采购风险，最大限度地提高采购商的整体价值，并在当今竞争激烈的行业环境中发展采购商和供应商之间的密切和长期关系。帕尔等（Pal et al.，2013）对关于供应商选择标准和方法的文献进行分析，通过结合一种以上的选择方法开发了混合模型，研究对文献进行了彻底的审查和批判性分析。

（2）绿色供应商选择研究。近年来，随着企业环保意识和可持续发展意识的提高，绿色问题在供应链管理中变得越来越重要。随着全球环保意识的不断增强，绿色生产几乎成为每个制造商的重要问题，将决定制造商的长期可持续性发展。因此，绿色供应商的绩效评估系统对于确定供应商与公司合作的适宜性是必要的。虽然评估和/或选择供应商的工作很多，但涉及环境问题的工作却相当有限。李等（Lee et al.，2009）提出了一个评估绿色供应商的模型：德尔菲法首先用于区分评价传统供应商和绿色供应商的标准，接下来构建一个层次结构，以帮助评估所选标准的重要性和绿色供应商的绩效；为了考虑专家意见的模糊性，利用了模糊扩展层次分析法，通过提出的模型，制造商可以更好地了解绿色供应商必须具备的能力，并可以评估和选择最合适的绿色供应商进行合作。

郭等（Kuo et al.，2010）开发了一种绿色供应商选择模型，该模型集成了人工神经网络（ANN）和两种多属性决策分析（MA-DA）方法：数据包络分析（DEA）和分析网络过程（ANP）。它被称为 ANN – MADA 混合方法。ANN – MADA 混合方法考虑了传统供应商选择标准和环境法规的实用性。居雷尔等（Gurel et al.，2015）以层次结构提出了纺织行业绿色供应商选择的标准列表，整合多标准决策分析，提出由 8 个主要标准和 31 个子标准组成的标准列表（其中，包括绿色和非绿色标准，即成本、交付、质量、服务、战略联盟、污染控制、绿色产品和环境管理），为供应商选择提供模型依靠。赵等（Zhao et al.，2021）针对 MAGDM 问题提出了区间值毕达哥拉斯模糊 CPT – TODIM（IVPF – CPT – TODIM）方法，将所讨论的方法应用于绿色供应商选择，并基于 IVPF – CPT – TODIM 方法对科技项目风险评估模型进行了论证。

（3）供应商选择方法研究。杜尔明和米尼诺（Dulmin & Mininno，2003）研究了多标准决策辅助方法对此类问题的贡献，以及如何允许同时更改权重（性能标准的重要性），从而生成易于理解的结果进行统计分析，进行创新的敏感性分析。洪等（Hong et al.，2005）提出了一个数学规划模型，该模型考虑了供应商供应能力和客户需求在一段时间内的变化，设计的模型不仅可以最大限度地提高收入，还可以满足客户的需求，并保持与供应商的持续供应关系。

供应商分类、选择和绩效评估是对公司具有战略重要性的决策。贝拉克等（Bayrak et al.，2007）提出模糊供应商选择算法（FSSA），用于根据预定的性能标准和附加的产品相关性能标准对技术高效的供应商进行排名；该算法基于计算有效供应商替代方案的模糊适用性指数，然后对模糊指数进行排序，以选择最佳供应商替代方案。

一方面，折中妥协（VIKOR）方法的开发是为了解决具有冲突和不可通约标准的多标准决策（MCDM）问题，假设妥协可以解决冲突。另一方面，基于香农熵概念的客观权重可用于调节决策者分配的主观权重，甚至考虑最终用户的意见。舍姆沙迪等（Shemshadi et al.，2011）将供应商选择视为一个群体多标准决策（GMCDM）问题，并以语言术语的形式获取决策者的意见。然后，这些语言术语被转换为梯形模糊数；使用基于香农熵概念提取和部署目标权重的机制扩展了 VIKOR 方法。最终结果是通过基于因子 R、S 和 Q 的后续步骤获得的。

刘等（Liu et al.，2019）提出了一种新的绿色供应商选择（GSS）方法，在区间 2 型模糊集（interval type - 2 fuzzy sets，IT2FS）的背景下将质量功能展开（QFD）与分块 Bonferroni 均值

(Partitioned Bonferroni mean，PBM）算子相结合：首先，介绍了区间二型模糊 PBM（IT2FPBM）算子和区间二型模糊加权 PBM（IT2FWPBM）算子，并讨论了它们的几个性质；其次，研究基于 QFD，通过客户需求重要度（CNs）与技术标准（TC）之间的关系，将 CNs 的偏好值转化为 TC 的偏好值；此外，根据对 GSS 标准的文献回顾，对标准进行了划分。

杜尔米奇等（Durmić et al.，2019）应用完全一致性方法（FU-COM），确定了评估和选择公司生产石灰的可持续供应商的最重要标准，对于这个过程的决策，专家小组已经形成了对分为两个级别的标准进行比较和评估。

张等（Zhang et al.，2022）提出了一种基于 CPT 的球形模糊 GRA（SF-CPT-GRA）方法来解决应急物资供应商选择问题；研究以应急物资供应商选择为例说明了该方法的实用性。敏感性分析和进一步的对比分析证明了 SF-CPT-GRA 方法的稳定性和有效性。

（4）供应商选择文献综述。选择供应商的唯一目的不限于在适当的时间以低成本获得供应。供应商选择是一项战略决策，旨在以低风险长期实现公司目标。为了实现这一目标，公司正在从被动购买转向主动购买，以更加重视与供应商共同创造财富。慕克吉（Mukherjee，2016）试图对 2005~2012 年的供应商选择和评估过程进行系统回顾，以回答 3 个主要问题：①哪种方法更适合供应商选择？②哪些评价标准被引用最多？③目前的研究趋势是否足以支持主动购买？在这方面，将 78 篇论文分为 10 类，以确定影响供应商选择和评估过程的因素。使用"R"软件进行了统计分析，以便更好地了解研究趋势。

第四章

基于期望效用理论与后悔理论供应链定价决策

　　互联网、移动终端及其电子商务的飞速发展引起了零售商产品销售的方式发生了巨大变化，线上和线下混合销售成为产品销售的主要方式。然而，零售商怎样制定最优的定价策略一直是供应链管理者及供应链研究者重点关注的问题。对于不同销售渠道下的定价策略问题，宋和金（Chun & Kim，2005）研究了电子商务环境下的定价问题，并对该定价策略进行了实证分析；蔡津和张正华（2001）分析了电子商务零售商和传统零售商共存情况下的定价策略问题；陈云和王浣尘等（2008）研究了互联网环境下双渠道零售商的定价策略，同时，采用一个两阶段博弈模型分析两种情形对双渠道零售商定价行为进行研究。这些文献分析了产品的销售方式对零售商最优定价策略的影响，没有考虑决策者和决策理论对其的影响。本章基于期望效用理论和后悔理论分析零售商的最优定价策略。

　　期望效用理论认为决策者是完全理性的，其模型中决策者的理性反映在决策者根据冯·诺依曼和摩根斯坦（1944）的期望效用（expected utility）函数形成自己的期望，决策的目标函数是期望效用最大化。而在现实生活中，绝大部分决策者都是不完全理性的，因此，单独基于期望效用理论的零售商最优定价策略与实际的供应链定价决策有一定的偏差（Fisher & Raman，1998）。因此，卡尼曼和特沃斯基（1979）提出了前景理论用于量化供应链决策过程中决策者受风险偏好的影响程度。然而，在决策者进行最优定价决策的过程中，其不仅存在风险偏好，还会产生后悔情绪。后悔是决策者在生活中感受较多的一种负面情绪，是决策者在想象出如果选择其他的决策方案产生的结果和已经选择的方案的结果对比后而产生的情绪的变化。张顺明和叶军（2009）、李海军和徐富明等（2013）分别指出在行为决策中，后悔强调由于没有选择另外一种决策方案而导致的"后悔功能"存在，认为每一种决策结果都会产生一种相反的（选另一种）联系，并进行比较。如果决策的结果好于选择另外一种可能的结果，会产生收益的心理感受，否则会产生损失的感受。后悔理论最早由卢姆斯和萨格登（1982）及贝尔（1982）提出，他们认为单因素的效用函数不能很好地刻画决策者的非理性行为，进而将后悔和欣喜等因素纳入效用函数的考虑范围。

因为后悔理论揭示了决策者决策时的心理变化，故而被广泛地应用在各个领域。闫祯祯和刘锴（2013）等为了衡量出行者在比较交通信息行为和规避风险决策模式下的交通信息感知价值，构建了获取信息前后基于后悔效用差别的交通信息感知价值模型；博埃里等（Boeri et al.，2014）建立了一个基于效用最大化和后悔最小化的混合模型，并将该模型应用到交通减速方案上；张晓和樊治平等（2013）提出了基于后悔理论的风险型多属性决策方法，通过计算效用值和后悔值之和来获取决策者对每个方案的感知效用；肖吕斯等（Chorus et al.，2014）将基于后悔理论的离散选择模型引入到市场营销中，并利用该模型分析多属性消费者从多项选择集中选择的问题。使用后悔理论分析供应链定价订货策略问题的研究比较少，翁鸣（2012）基于后悔理论构建了后悔规避型报童的效用函数，得出与传统的风险厌恶型报童相比，在某些情况下，后悔规避型报童应该采取更为激进的订货行为；而在另一些情况下，应该采取更为保守的订货行为。

本章在已有的期望效用理论和后悔理论的基础上，根据决策者悲观和乐观态度的不同，首先确定决策者后悔情绪的参考点，然后建立基于后悔和欣喜的后悔理论。该后悔理论使用指数函数量化决策者基于后悔情绪参考点的效用，对于欣喜和后悔对决策者造成的影响不同，分别使用不同的正效用指数和负效用指数量化。与传统的后悔理论效用函数相比，本章不再单一地将后悔情绪的参考点定为事后最佳决策方案的结果，而是由决策者悲观和乐观态度程度的不同而定。同时，本章将期望效用理论和后悔理论结合建立基于期望效用理论和后悔理论的双目标零售商最优定价模型。该模型的建立能够有效地反应零售商决策时的有限理性行为特征，从而为供应链管理者和研究者提供可靠的、有效的理论依据。

一、问题描述与模型建立

（一）问题提出

在供应链的运营过程中，零售商的定价策略直接关系到产品的销量以及整个供应链的利润。但是，零售商作为最优定价策略的决策者，逃脱不了有限理性行为人的特征。在决策过程中，单独使用期望效用理论框架来刻画零售商的决策行为已经不太实用，零售商的后悔情绪是否会影响其最优策略的制定也是一个值得考究的问题。因此，本章基于期望效用理论和后悔理论建立零售商期望效用最大化、后悔负效用最小化，以及后悔正效用最大化的最优定价模型。

（二）符号说明和模型假设

1. 符号说明

为了方便研究，本章所使用符号及符号说明如表 4 - 1 所示。

表 4 - 1　　　　　　　　　符号及其说明

符号	符号说明
c	单位产品的生产成本
w	单位产品的批发价格
Q	产品订货量
b	单位产品退货价格
p	单位产品的零售价格
p_L	公司能够接受的单位产品的最低价格
p_H	消费者可接受的单位产品的最高价格
λ	产品价格依赖函数
δ	消费者对该产品依赖于价格的价格敏感系数

符号	符号说明
X、D	随机变量
$f(X)$	表示随机变量 X 的概率密度函数
$F(X)$	表示随机变量 X 的累积概率分布函数
$g(D)$	表示随机变量 D 的概率密度函数
$G(D)$	表示随机变量 D 的累积概率分布函数

资料来源：笔者整理。

2. 模型假设

产品的零售价格为 p，并且产品的价格范围为 $p \in [p_L, p_H]$；p_L 表示公司能够接受的产品的最低价格，p_H 表示消费者可接受的产品的最高价格。

考虑产品市场需求的价格依赖，设定如下形式的产品市场需求量：

$$D = \lambda(p)X \qquad (4-1)$$

式（4-1）中，$\lambda(p) = ap^{-\delta}$，为乘积型价格依赖函数；a 为常数，且 a > 0 表示消费者感知该产品的价格；δ 表示消费者对该产品依赖于价格的价格敏感系数，$\delta \geq 1$，且 δ 越大表示消费者对该产品的价格依赖越强；X 为随机变量，其服从均匀分布，也即 $X \sim U(\mu_1, \mu_2)$；$f(X)$ 和 $F(X)$ 分别表示随机变量 X 的概率密度函数和累积概率分布函数。为了方便分析，假设随机变量 D 的概率密度函数和累积概率分布函数分别为 $g(D)$ 和 $G(D)$。因此，随机变量 D 和 X 的概率密度函数之间的关系为：

$$g(D) = \frac{\partial G(D)}{\partial D} = \frac{\partial F(X)}{\lambda(p)\partial X} = \frac{1}{\lambda(p)}f(X) \qquad (4-2)$$

（三）　期望效用模型

当产品的订货量 Q 大于其市场需求量 D 时，产品的期望销售量为：

$$E^1(q) = \int_0^Q Dg(D)\,\mathrm{d}D$$

$$= \int_0^{\frac{Q}{\lambda(p)}} \lambda(p)X \frac{1}{\lambda(p)} f(X)\,\mathrm{d}\lambda(p)X$$

$$= \lambda(p)\int_0^{\frac{Q}{\lambda(p)}} Xf(X)\,\mathrm{d}X$$

$$= QF\left[\frac{Q}{\lambda(p)}\right] - \lambda(p)\int_0^{\frac{Q}{\lambda(p)}} F(X)\,\mathrm{d}X \qquad (4-3)$$

此时产品的期望剩余量为：

$$\hat{E}(q) = \int_0^Q (Q-D)g(D)\,\mathrm{d}D$$

$$= \int_0^{\frac{Q}{\lambda(p)}} \left[Q - \lambda(p)X\right] \frac{1}{\lambda(p)} f(X)\,\mathrm{d}\lambda(p)X$$

$$= QF\left[\frac{Q}{\lambda(p)}\right] - E^1(\pi) \qquad (4-4)$$

当产品的订货量 Q 小于或等于市场需求量 D 时，产品的期望销售量为：

$$E^2(q) = \int_Q^{+\infty} Qg(D)\,\mathrm{d}D$$

$$= \int_{\frac{Q}{\lambda(p)}}^{+\infty} Q \frac{1}{\lambda(p)} f(X)\,\mathrm{d}\lambda(p)X$$

$$= \int_{\frac{Q}{\lambda(p)}}^{+\infty} Qf(X)\,\mathrm{d}X$$

$$= Q\Big[1 - F\Big(\frac{Q}{\lambda(p)}\Big)\Big] \qquad (4-5)$$

结合式（4-3）和式（4-5）可得零售商的期望销售量为：

$$E(q) = E^1(q) + E^2(q)$$

$$= QF\Big[\frac{Q}{\lambda(p)}\Big] - \lambda(p)\int_0^{\frac{Q}{\lambda(p)}} F(X)\,dX + Q\Big[1 - F\Big(\frac{Q}{\lambda(p)}\Big)\Big]$$

$$= Q - \lambda(p)\int_0^{\frac{Q}{\lambda(p)}} F(X)\,dX \qquad (4-6)$$

因此，由式（4-4）~式（4-6）可得零售商的期望利润为：

$$E(\pi_r) = pE(q) - wQ + b\hat{E}(q)$$

$$= p\Big[Q - \lambda(p)\int_0^{\frac{Q}{\lambda(p)}} F(X)\,dX\Big] - wQ + b\lambda(p)\int_0^{\frac{Q}{\lambda(p)}} F(X)\,dX$$

$$= (p - w)Q + (b - p)\lambda(p)\int_0^{\frac{Q}{\lambda(p)}} F(X)\,dX \qquad (4-7)$$

定理 4.1：期望效用理论下，当 $X \sim U(\mu_1, \mu_2)$ 时，零售商的期望利润 $E(\pi_r)$ 是关于零售价格 p 的凹函数，并且存在最优的零售价格 p_{EUT} 使零售商期望利润最大化。

证明：因为变量 X 服从均匀分布，所以：

$$f(X) = \begin{cases} 0, & X < \mu_1 \text{ 或 } X > \mu_2 \\ \dfrac{1}{\mu_2 - \mu_1}, & \mu_1 \leqslant X \leqslant \mu_2 \end{cases}$$

$$F(X) = \begin{cases} 0, & X < \mu_1 \\ \dfrac{X - \mu_1}{\mu_2 - \mu_1}, & \mu_1 \leqslant X \leqslant \mu_2 \\ 1, & \mu_2 < X \end{cases} \qquad (4-8)$$

根据数学关系，求解式（4-7）关于零售价格 p 的一阶和二阶导数：

$$\frac{\mathrm{d}E(\pi_r)}{\mathrm{d}p} = Q + \left[(1 - bp^{-1})\delta - 1 \right]\lambda(p)\int_0^{\frac{Q}{\lambda(p)}} F(X)\,\mathrm{d}X$$

$$+ Q\delta(bp^{-1} - 1)F\left(\frac{Q}{\lambda(p)}\right)$$

$$= \begin{cases} Q, \quad p < \sqrt[\delta]{\dfrac{a\mu_1}{Q}} \\[4mm] Q + \dfrac{Q}{\mu_2 - \mu_1}\left[\delta(1 - bp^{-1})(1 + \mu_1 - Qa^{-1}p^\delta) - 1 \right] \\[4mm] \quad \sqrt[\delta]{\dfrac{a\mu_1}{Q}} \leqslant p \leqslant \sqrt[\delta]{\dfrac{a\mu_2}{Q}} \\[4mm] a\mu_1 p^{-\delta}(1 - \delta + bp^{-1}\delta), \quad p > \sqrt[\delta]{\dfrac{a\mu_2}{Q}} \end{cases}$$

$$(4 - 9)$$

$$\frac{\mathrm{d}^2 E(\pi_r)}{\mathrm{d}p^2} = \begin{cases} 0, \quad p < \sqrt[\delta]{\dfrac{a\mu_1}{Q}} \text{或} p > \sqrt[\delta]{\dfrac{a\mu_2}{Q}} \\[4mm] -\dfrac{Q^2 a^{-1}\delta p^{\delta - 1}}{\mu_2 - \mu_1}\left[\dfrac{\delta + 1}{2} + bp^{-1}(\delta - 1) \right], \quad \sqrt[\delta]{\dfrac{a\mu_1}{Q}} \leqslant p \leqslant \sqrt[\delta]{\dfrac{a\mu_2}{Q}} \end{cases}$$

$$(4 - 10)$$

因为 $Q > 0$，$\delta > 1$，且 $\mu_2 > \mu_1$，故由式（4-9）可知，当产品的零售价格 $p < \sqrt[\delta]{\dfrac{a\mu_1}{Q}}$ 时，$\dfrac{\mathrm{d}E(\pi_r)}{\mathrm{d}p} > 0$，此时，零售商的期望利润 $E(\pi_s)$ 关于 p 单调递增；当 $p > \sqrt[\delta]{\dfrac{a\mu_2}{Q}}$ 时，$\dfrac{\mathrm{d}E(\pi_r)}{\mathrm{d}p} < 0$，此时，$E(\pi_s)$ 关于 p 单调递减；又因为 $E(\pi_s)$ 是关于零售价格 p 的连续函数，可知零售商的期望利润存在最大值点。同时，在式（4-10）中，当 $\sqrt[\delta]{\dfrac{a\mu_1}{Q}} \leqslant p \leqslant \sqrt[\delta]{\dfrac{a\mu_2}{Q}}$ 时，$\dfrac{\mathrm{d}^2 E(\pi_r)}{\mathrm{d}p^2} < 0$，亦说明此时零售商的期望

利润是关于零售价格 p 的凹函数，故当 $\sqrt[\delta]{\dfrac{a\mu_1}{Q}} \leqslant p \leqslant \sqrt[\delta]{\dfrac{a\mu_2}{Q}}$ 时，存在最优的零售价格 p_{EUT} 使零售商期望利润最大化，定理 4.1 得证。

定理 4.2：期望效用理论下，当 $X \sim U(\mu_1，\mu_2)$ 时，零售商的期望利润 $E(\pi_r)$ 是关于消费者价格敏感系数 δ 的单调减函数。

证明：求解式（4-7）关于消费者价格敏感系数 δ 的一阶和二阶导数：

$$\frac{dE(\pi_r)}{d\delta} = \lambda(p)\delta\int_0^{\frac{Q}{\lambda(p)}} F(X)\,dX - \delta QF\left[\frac{Q}{\lambda(p)}\right] - \frac{bQ^2\delta}{p\lambda(p)}f\left[\frac{Q}{\lambda(p)}\right]$$

$$= \begin{cases} 0,\ p < \sqrt[\delta]{\dfrac{a\mu_1}{Q}} \\[3mm] -\dfrac{\delta\lambda(p)}{2(\mu_2-\mu_1)}\left[\dfrac{Q^2}{\lambda^2(p)}\left(\dfrac{2b}{p}+1\right)-\mu_1^2\right],\ \sqrt[\delta]{\dfrac{a\mu_1}{Q}} \leqslant p \leqslant \sqrt[\delta]{\dfrac{a\mu_2}{Q}} \\[3mm] -2\delta\lambda(p)\mu_2\dfrac{\mu_1+\mu_2}{2},\ p > \sqrt[\delta]{\dfrac{a\mu_2}{Q}} \end{cases}$$

$$(4-11)$$

式（4-11）中，当 $\sqrt[\delta]{\dfrac{a\mu_1}{Q}} \leqslant p \leqslant \sqrt[\delta]{\dfrac{a\mu_2}{Q}}$ 时，$\mu_1 < \dfrac{Q}{\lambda(p)}$，则 $\mu_1^2 < \dfrac{Q^2}{\lambda^2(p)}$，所以此时 $\dfrac{dE(\pi_r)}{d\delta} < 0$；当 $p > \sqrt[\delta]{\dfrac{a\mu_2}{Q}}$ 时，$\dfrac{dE(\pi_r)}{d\delta} < 0$ 同样成立。故零售商的期望利润 $E(\pi_r)$ 是关于消费者价格敏感系数 δ 的单调减函数，定理得证。

求解零售商期望利润最大化时的最优零售价格，由式（4-9）中 $\dfrac{dE(\pi_r)}{dp} = 0$ 即可求得：

$$M = \frac{\delta+1}{2}p^\delta + b\delta p^{\delta-1} \qquad (4-12)$$

式（4-12）中，$M = \dfrac{a(\mu_2 - 2\delta\mu_1)}{Q}$。式（4-11）中零售商的价格敏感系数 δ 不同，获得的零售商最优的零售价格的表达式不同。例如，取 $\delta = 1$，可得 $p_{EUT} = M - b$；取 $\delta = 2$，可得 $p_{EUT} = \dfrac{\sqrt{b^2 + 6M} - b}{3}$。故最优零售价格受产品市场需求的分布、订货量、消费者感知价格常数和消费者价格敏感系数等方面因素影响。

求解零售商期望利润的最大最小值，由定理 4.1 可知，当 $p_{EUT} \in [p_L, p_H]$ 时，

$$\max_{p \in [p_L, p_H]} E(\pi_r) = E[\pi_r(p_L)]$$

$$\min_{p \in [p_L, p_H]} E(\pi_r) = \min\{E[\pi_r(p_L)], E[\pi_r(p_H)]\} \quad (4-13)$$

当 $p_{EUT} \notin [p_L, p_H]$ 时，

$$\max_{p \in [p_L, p_H]} E(\pi_r) = \max\{E[\pi_r(p_L)], E[\pi_r(p_H)]\}$$

$$\min_{p \in [p_L, p_H]} E(\pi_r) = \min\{E[\pi_r(p_L)], E[\pi_r(p_H)]\} \quad (4-14)$$

此时对应的零售价格即为零售商期望利润最大时的零售价格。

（四）后悔效用模型

奎金（1994）和萨格登（1993）提出了公理化的后悔理论，使用 $\hat{H}[U(t) - U(s)]$ 表示决策者后悔情绪所产生的效用（后悔效用函数），并且它是一个满足 $\hat{H}(0) = 0$，$\hat{H}'(\cdot) > 0$ 的函数；t 和 s 分别表示决策者的两种决策策略，具体为，$U(t)$ 表示决策者实际的期望效用，$U(s)$ 表示事后决策者后悔效用的参考点。在已有的研究文献中，研究者总是以事后决策者的最佳决策结果作为后悔情绪的参考点，也即 $\hat{H}[U(t) - U(s)] \leq 0$ 恒成立，当 $U(t) = U(s)$ 时，

决策者的决策方案 t 即为事后的最佳决策方案 s，只有在这种情况下，决策者才不会因为后悔情绪而产生负效用，我们称这种形式为传统后悔效用函数（见图 4-1，虚线所示）。

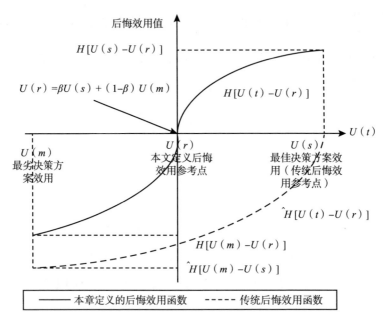

图 4-1　传统后悔效用函数和本章定义的后悔效用函数比较

资料来源：笔者绘制。

　　然而，在实际的决策过程中，决策者不总是以事后的最佳决策结果作为后悔情绪的参考点。例如，当决策者对生活持乐观态度时，他可能以行业平均的收益作为实际决策结果的参考点，此时可能出现 $\hat{H}[U(t)-U(s)]>0$ 的情况，在这种情况下，后悔效用函数将会产生正效用，使用传统的后悔效用函数则不能显示正效用对决策者的影响。因此，本章根据零售商最优定价决策时悲观态度和乐观态度程度的不同，建立基于后悔效用理论的最优定价模型。在模型建立过程中，使用态度的两个极端（绝对悲观者和绝对乐观者）的线性组合来表示决策者后悔情绪的参考点，并以此来替换传统后悔情绪的参考点（事后的最佳决策结果 $U(s)$ ）。在供应链最优定价决策过程中，绝对悲观者总是以获得期望利润的最大值作为后悔情绪的参考点，如果最终收益能够达到该参考点，零售商就会感到满意，否则后悔效用函数产生负的效用；绝对乐观者总是以获得期望利润的最小值作为后悔情绪的参考点，如果最终收益能够大于该参考点，零售商就会感到满意，此时后悔效用函数产生正的效用。

因此，本章根据决策者悲观态度和乐观态度的程度不同，选取不同后悔情绪的参考点 r 。假设决策者最佳决策方案和最劣决策方案分别为 s 和 m ，他们对应的期望效用值分别为 $U(s)$ （期望利润最大值）和 $U(m)$ （期望利润最小值），即可定义后面的后悔效用参考点。

$$U(r) = \beta U(s) + (1 - \beta) U(m)$$

$$= \beta \max_{p \in [PL, PH]} E(\pi_r) + (1 - \beta) \min_{p \in [PL, PH]} E(\pi_r) \quad (4-15)$$

式（4 – 15）中，$\beta \in [0, 1]$ 表示零售商的悲观系数，用于刻画其悲观程度，β 越大表示零售商越悲观，$\beta = 0$ 表示零售商是绝对乐观者；$\beta = 1$ 表示零售商是绝对悲观者，并且此时的后悔效用函数和传统的后悔效用函数相等。基于上述定义的后悔效用参考点，并根据它的性质（Loomes & Sugden，1982；Bell，1982），定义如下的后悔效用函数：

$$H[U(t) - U(r)] = \begin{cases} -\eta\{-[U(t) - U(r)]\}^{\xi}, & U(t) < U(r) \\ 0, & U(t) = U(r) \\ [U(t) - U(r)]^{\rho}, & U(t) > U(r) \end{cases}$$

$$(4-16)$$

式（4-16）中，ξ 和 ρ 分别表示决策者后悔效用的负效用指数和正效用指数，且 $0 < \xi$，$\rho < 1$；$\xi \neq \rho$ 表示决策者事后的后悔或欣喜对其影响的程度不同，ξ 或 ρ 越大，表明事后的后悔或欣喜对决策者的影响越大，反之亦然；$\eta \geq 1$ 为后悔效用的负效用系数，表示事后最大期望利润小于后悔情绪参考点时后悔效用函数产生的后悔情绪对决策者造成的影响大于欣喜情绪对决策者造成的影响。同时，需要说明的是，式（4-16）的数值为正，表示后悔效用产生正的效用，决策者感到欣喜，其值越大反映欣喜的程度越大；反之，表示后悔效用产生负效用，决策者感到失望，其值越小，反映后悔的程度越大。因此，式（4-16）的模型量化了决策者基于后悔效用函数的后悔和欣喜的情绪变化，能够更形象地刻画决策者的决策过程。

图 4-1 实线显示了本章所定义的后悔效用函数的变化趋势，可以发现当决策方案为事后最佳决策方案时，传统效用函数（虚线）的效用值为 0，而本章定义的效用函数的效用值为 $H[U(s) - U(r)]$，此时说明决策者为自己初始选择的方案而欣喜，$U(r)$ 被表示如公式（4-14）所示；当决策方案为事后最劣决策方案 m 时，传统后悔效用函数的效用值为 $\hat{H}[U(m) - U(s)]$，而本章定义的后悔效用函数的效用值为 $H[U(m) - U(r)]$。

定理 4.3：由式（4-16）可知，本章所定义的后悔效用函数满足 $H(0) = 0$，且 $U(t) \neq U(r)$ 时，$H'(Y) > 0$，其中，$Y = U(t) - U(r)$。

证明：$H(0) = 0$ 显然成立。因为 $0 < \xi$，$\rho < 1$，所以当 $U(t) < U(r)$，也即 $Y < 0$ 时，$H'(Y) = \xi(-Y)^{\xi-1} > 0$；当 $U(t) > U(r)$，也

即 $Y > 0$ 时，$H'(Y) = \rho Y^{p-1} > 0$；故定理得证。

由式（4-14）定义的参考点可以建立如下基于后悔理论的最优定价模型：

$$\max_{p \in [p_L, p_H]} H\left\{ E(\pi_r) - \left[\beta \max_{p \in [p_L, p_H]} E(\pi_r) + (1-\beta) \min_{p \in [p_L, p_H]} E(\pi_r) \right] \right\}$$

$$(4-17)$$

式（4-17）中，$\max\limits_{p \in [p_L, p_H]} E(\pi_r)$ 和 $\min\limits_{p \in [p_L, p_H]} E(\pi_r)$ 分别表示零售商期望利润的最大值和最小值，分别可由式（4-13）和式（4-14）求得；后悔效用函数 $H(\cdot)$ 被定义如式（4-14）所示。当 $H(\cdot) > 0$，也即：

$$E(\pi_r) > \beta \max_{p \in [p_L, p_H]} E(\pi_r) + (1-\beta) \min_{p \in [p_L, p_H]} E(\pi_r)$$

零售商会因为实际获得的结果值大于参考值而满意，此时后悔效用函数产生正的效用值；反之，$H(\cdot) < 0$，也即：

$$E(\pi_r) < \beta \max_{p \in [p_L, p_H]} E(\pi_r) + (1-\beta) \min_{p \in [p_L, p_H]} E(\pi_r)$$

零售商会因为实际获得的结果值小于期望参考值而失望、后悔，此时，后悔效用函数产生负的效用。

定理 4.4：后悔效用理论下，零售商的后悔效用值 $H(\cdot)$ 随着悲观系数 β 的增大而减小。

证明：为了方便表达，记式（4-17）中后悔效用函数 $H\{ E(\pi_r) - \left[\beta \max\limits_{p \in [p_L, p_H]} E(\pi_r) + (1-\beta) \min\limits_{p \in [p_L, p_H]} E(\pi_r) \right] \}$ 为 $H(\cdot)$，则对该效用函数求关于悲观系数 β 的一阶导数，可得：

$$\frac{\mathrm{d}H(\cdot)}{\mathrm{d}\beta} = H'(\cdot)\left[-\max_{p \in [p_L, p_H]} E(\pi_r) + \min_{p \in [p_L, p_H]} E(\pi_r) \right]$$

$$(4-18)$$

由定理 4.3 可知 $H'(\cdot) > 0$，又因为 $\max\limits_{p \in [p_L, p_H]} E(\pi_r) > \min\limits_{p \in [p_L, p_H]} E(\pi_r)$，

所以$\dfrac{\mathrm{d}H(\cdot)}{\mathrm{d}\beta}<0$，故零售商的后悔效用值$H(\cdot)$随着悲观系数$\beta$的增大而减小。定理4.4得证。

从实际意义分析，零售商的悲观系数β反映了零售商的悲观程度，即β越大，零售商越悲观，其后悔效用的参考点效用值就越大，零售商对实际结果的满意度越小，不满意度越大，因此后悔效用值越小。

定理4.5：后悔效用理论下零售商的最优定价p_{RT}和期望效用理论下的最优定价p_{EUT}相等。

证明：为了方便表达，令

$$Y = E(\pi_r) - \left[\beta \max_{p\in[PL,PH]} E(\pi_r) + (1-\beta) \min_{p\in[PL,PH]} E(\pi_r)\right]$$

故由式（4-17）可知后悔效用函数为$H(Y)$。由定理4.1可知期望效用理论下存在最优的零售价格p_{EUT}使零售商期望利润最大化：

$$E[\pi_r(p_{EUT})] = \max E[\pi_r(p)]$$

也即，p_{EUT}是函数Y的最大值点。又由式（4-16）可知$H(Y)$是关于Y的单调增函数，故：

$$H\{E[\pi_r(p_{EUT})]\} = \max H\{E[\pi_r(p)]\}$$

所以有$p_{RT}=p_{EUT}$，定理4.5得证。

二、基于期望效用和后悔效用的
双目标模型构建

在实际的零售商定价策略制定过程中，决策的主体是有限理性的人，决策者不仅要求自身期望利润的最大化，同时在决策之前会潜意识地考虑后悔因素，即后悔规避（当自己的后悔效用产生负效用时，希望负效用最小化；当后悔效用产生正效用时，希望正效用最大化）。因此，本章结合零售商决策时的行为特征，建立如下双目标函数：

$$\begin{cases} \max\limits_{p \in [p_L, p_H]} E(\pi_r) \\ \max\limits_{p \in [p_L, p_H]} H\{E(\pi_r) - [\beta \max\limits_{p} E(\pi_r) + (1 - \beta) \min\limits_{p} E(\pi_r)]\} \end{cases}$$

$$(4 - 19)$$

其目标约束条件为：

$$\begin{cases} E(\pi_r) = p\Big[Q - \lambda(p)\int_0^{\frac{Q}{\lambda(p)}} F(X)\,\mathrm{d}X\Big] - bQF\Big[\dfrac{Q}{\lambda(p)}\Big] + (b - w)Q \\ p_L \leqslant p \leqslant p_H,\ 0 \leqslant \beta \leqslant 1,\ 0 < \xi,\ \rho < 1 \\ \lambda(p) = ap^{-\delta} \\ w \geqslant b \geqslant 0 \\ Q,\ a \geqslant 0 \\ \delta \geqslant 1 \end{cases}$$

$$(4 - 20)$$

式（4-20）中，$E(\pi_r)$ 表示零售商的期望效用函数；$H(\cdot)$ 表示零售商的后悔效用函数，取决于产品销售后零售商的期望效用参考点和实际决策结果。为了反应零售商在决策时后悔情绪对决策的影响程度，将式（4-17）的双目标转化为如下的单目标函数进行求解：

$$\max\limits_{p \in [p_L, p_H]} S$$
$$S = (1 - \kappa)E(\pi_r) + \kappa H\{E(\pi_r) - [\beta \max\limits_{p \in [p_L, p_H]} E(\pi_r) $$
$$+ (1 - \beta) \min\limits_{p \in [p_L, p_H]} E(\pi_r)]\} \qquad (4 - 21)$$

式（4-21）中，$\kappa \geq 0$ 为后悔系数，当 $\kappa = 0$ 时，式（4-19）为 $\max_p E(\pi_r)$，其为期望效用函数，表示零售商的决策是完全理性人的决策；$\kappa > 0$，表示零售商受后悔情绪的影响，此时如果产品销售后的利润没有达到零售商的期望参考点，其后悔情绪会产生负的效用。

定理 4.6：由式（4-21）可知，当 $E(\pi_r) > H(\cdot)$ 时，由期望效用和后悔效用双目标转化而来的单目标效用函数 S 是关于零售商后悔系数 κ 的单调减函数；当 $E(\pi_r) < H(\cdot)$ 时，单目标效用函数 S 是关于零售商后悔系数 κ 的单调增函数；当 $E(\pi_r) = H(\cdot)$ 时，单目标效用函数 S 等于期望效用和后悔效用。

三、数 值 分 析

某服装零售商销售某种型号的牛仔裤，该产品的生产成本 $c = 35$ 元/条，批发价格 $w = 50$ 元/条。根据先前的销售量及市场预测，确定该产品的市场需求服从均匀分布 $X \sim U(0, 12)$，故零售商确定其订货量为 $Q = 6$ 万条。另外，假设零售商接受该产品的最低零售价格为 $p_L = 60$ 元/条，消费者接受该产品的最高零售价格 $p_H = 120$ 元/条，消费者感知该产品的价格常数 $a = 80$ 元/条。

当零售商和供应商签订契约，假设设定产品的回收价格为 $b = 30$ 元/条时，零售商的效用函数由期望效用函数和后悔效用函数共同组成。由式（4-21）可知，后悔系数 κ 的不同取值，反映了后悔程度在零售商的心理占的比重，这里首先假设 $\kappa = 0.40$，使用

式（4－21）的模型和式（4－20）的约束条件建立零售商定价模
型。在模型求解过程中，设后悔效用函数的参数分别为：$\xi = 0.85$、
$\rho = 0.88$ 和 $\eta = 1.00$。基于期望效用理论和后悔效用理论双目标的
零售商效用随产品零售价格的变化关系如图4－2和图4－3所示。

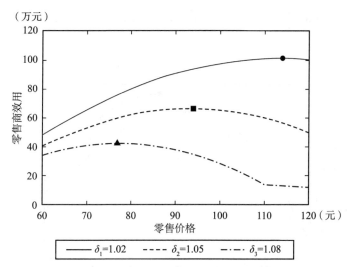

图4－2　不同消费者价格敏感系数 δ 下的零售商效用

与产品零售价格的变化关系

资料来源：笔者绘制。

图4－2呈现了不同消费者价格敏感系数下的变化关系。图4－2
中圆圈线表示消费者价格敏感系数 $\delta_1 = 1.02$ 时，零售商效用随零售
价格的变化，此时的最优零售价格为 $p_1 = 114$ 元/件，对应的最大效
用值为 $S_1 = 101.24$ 万元；当消费者价格敏感程度增加，价格敏感系
数增大，也即 $\delta_2 = 1.05$ 时，零售商最优零售价格降低为 $p_2 = 94$ 元/
件，最大效用值减少 $S_2 = 66.22$ 万元；同样，当 $\delta_3 = 1.08$ 时，零售

商最优零售价格与最大效用值分别减少和降低了 17 元/件和 24.08
万元。由此可知，消费者的价格敏感系数对产品的最优定价和零售
商的效用值有很大的影响，当 δ 增加 5.88% 时，最优定价减少了
32.46%，零售商效用值更是降低了 58.38%。因此，在实际的最优
定价策略制定过程中，进行市场调查，分析消费者对该产品的价格
敏感系数直接关系到零售商的最优定价及是否盈利和盈利的大小。

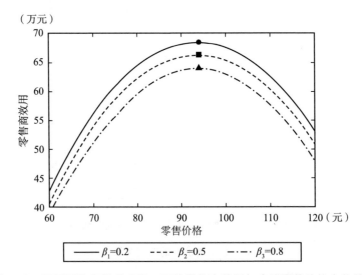

图 4 - 3　不同零售商悲观系数 β 下的零售商效用与产品零售价格变化关系

资料来源：笔者绘制。

图 4 - 3 显示了当消费者的价格敏感系数 $\delta = 1.05$ 时，不同零售
商悲观系数 β 下，零售商效用值随产品零售价格的变化关系。通过
图 4 - 3 可以发现，零售商越悲观，也即 β 越大，他的效用值越小，
但是最优产品零售价格不受其影响。因为 β 的变化，只改变了零售
商后悔情绪的参考点，从而造成后悔效用值的降低，故总的效用值

也跟着降低。

图 4-4 给出了三种理论框架下，零售商效用函数随零售价格的变化关系。图 4-4 中，黑虚线表示期望效用理论下的最优定价策略，该理论认为零售商是完全理性的人，在决策过程中不受任何情感因素的影响，故该理论框架下零售商的期望效用值最大。图 4-4 中粗虚线表示后悔理论下的最优定价策略，该理论反映了零售商决策时考虑事后结果对自己的影响，效用值大于零说明零售商对决策结果感到欣喜、满意，效用值小于零说明零售商对决策结果后悔、失望；由该曲线可知，当零售价格 $p \in [80, 110]$ 时，零售商会欣喜；$p \notin [80, 110]$ 时，零售商会失望。图 4-4 中实线反映了基于期望效用理论和后悔理论双目标的效用函数随零售价格的变化关系，

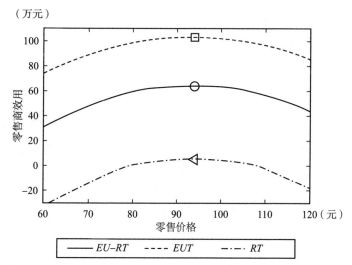

图 4-4 不同理论框架下的零售商效用函数与零售价格的变化关系

资料来源：笔者绘制。

由此可知该效用函数结合了期望效用和后悔效用，因此能够更加贴切地反映零售商最优定价策略制定时的心理变化。同时，由图4-4的曲线可知三种理论框架下的最优零售价格都相等，这和定理4.5的结论相同。

四、本 章 小 结

在实际定价决策过程中，零售商不总是以期望利润最大化为目标制定最优的零售价格，考虑到零售商决策时后悔情绪的影响，本章根据已有的后悔理论，使用最优最劣方案的线性组合表示后悔效用参考点，基于后悔效用参考点，运用幂函数量化欣喜和后悔对决策者的影响，提出了新的后悔效用函数。结合期望效用理论和本章提出的后悔效用理论，提出了基于期望效用理论和后悔理论的双目标最优定价模型。灵敏度分析反映了消费者价格敏感系数、零售商悲观系数以及不同理论框架对零售商最优定价策略和最大效用值的影响。因此，本章的主要贡献是提出了新的后悔效用函数，并结合期望效用理论，建立了基于期望效用理论和后悔理论的双目标定价模型。该模型能够有效地量化零售商决策时后悔情绪的影响，为零售商制定最优定价策略提供可靠、有效的理论依据。

第五章

基于两部协调定价机制的
双渠道供应链定价决策

　　2020 年，突如其来的新冠肺炎疫情，使中国的零售业出现了"冰火两重天"的局面：传统渠道销量惨淡，电子渠道则乘势而起，迅速发展。传统零售商面临着市场份额逐渐被电子渠道蚕食的危机，鉴于此，传统零售商纷纷采用各种策略提高顾客线下购物满意度，增加产品市场需求量，以期在激烈的竞争环境中获得较多的利润。销售努力作为提高顾客满意度，增加其市场份额的一种重要手段，被广大零售商所采用。例如，百货超市每隔一段时间会调整各种商品的陈列方式和摆放位置，通过导购、宣传等方式增加消费者对产品功能、质量的了解，通过不同的店面装修、企业文化增加消费者的购物兴趣，这些销售努力从视觉、听觉和感觉等多方面增加了消费者的购物体验，从而引导产品市场需求的变化。传统零售商的销售努力是其增加产品市场需求量、抢占市场份额的关键手段，特别是在新冠肺炎疫情给传统零售业带来不利影响的前提下，更需要传统零售商重视销售努力，提高销售努力水平。故在电商平台参与下（电商平台扣点费率固定），研究不同决策模式下基于销售努力的双渠道供应链最优定价决策问题具有重要的实践意义（张伸等，2019）。

近年来，在双渠道供应链定价决策的研究中，周等（Zhou et al.，2019）研究了信息不对称下垄断制造商和零售商在双渠道供应下的定价决策，研究信息不对称对供应链定价决策的影响。考虑价格和交货时间对双渠道供应链的影响，莫达克和凯勒（Modak & Kelle，2019）从线下和线上渠道的零售价格、订货量，以及线上渠道的交货时间等五个方面对双渠道供应链定价决策进行研究。王等（Wang et al.，2017）研究由两个制造商和一个零售商组成的三元供应链，两个制造商通过电子渠道和传统渠道销售互补性产品的双渠道定价和服务决策问题。毛照昉等（2019）考虑线下零售商为线上零售商提供售后服务的双渠道营销定价决策问题，对比分析了分散决策和集中决策下供应链的最优定价策略。刘广东等（2020）利用 Stackelberg 博弈理论探究了生产成本扰动和风险规避对双渠道供应链定价和订购决策的影响。可以发现关于双渠道供应链定价决策的研究主要聚焦在考虑信息、交货时间、售后服务等不同因素对决策的影响，然而考虑电商平台扣点费率下，传统零售商的销售努力对双渠道供应链定价决策影响的研究则相对较少，面对新冠肺炎疫情带来的线下销售困境，本章从传统零售商销售努力视角出发，基于电商平台扣点费率研究销售努力对供应链最优定价决策及供应链整体利润的影响。

销售努力对供应链定价决策的影响主要体现在销售努力引导消费者购买意愿，增加产品市场需求等方面。现有研究主要从不同方面展开：泰勒（Taylor，2002）研究了销售努力影响渠道回购策略下的供应链协调问题，结果表明在销售努力影响产品市场需求的前提下，单一线性回购契约不能实现供应链的协调。萨哈（Saha et al.，2019）考虑产品市场需求受价格和销售努力水平的影响，研究了由制造商、分销商和零售商组成的三级供应链渠道协调问题。兰詹和杰哈（Ranjan & Jha，2019）考虑产品市场需求受到绿色度和销售努力水平的影响，基于收益共享契约研究了双渠道供应链的定价策略和协调机制。马等（Ma et al.，2013）研究了三种均衡策略下生产商和零售商同时进行销售努力对供应链定价决策和最优利润的影响。姚锋敏等（2020）则研究零售商和制造商分别进行销售努力的情形下，考虑企业社会责任行为的闭环供应链定价决策问题。相对于上述笼统的销售努力，展厅作为销售努力的一种具体形式，亦被国内外学者广泛研究：李等（Li et al.，2019）研究了展厅对双渠道供应链最优定价决策和服务努力的影响，考虑无服务、事前服务和事后服务等情形，研究结果显示展厅效应使企业在事后服务情形下的收益最大；刘灿等（2018）认为零售商线下展厅效应对制造商线上渠道需求具有促进作用，构建了集中式决策与分散式决策下的双渠道供应链定价模型。

　　不同于上述文献中采用的批发价格契约和收益共享契约，本章首先研究了两部协调定价机制下基于销售努力的双渠道供应链定价决策问题，并将电商平台的扣点费率作为外生变量，纳入模型考量范围；然后分析分散决策、集中决策和两部协调定价决策三种模式下的最优定价决策，并分析销售努力水平和电商平台扣点费率对最优定价决策和供应链局部利润，以及整体利润的影响，从而得出相应结论；最后通过灵敏度分析，验证相关命题，通过结语阐述本章研究的理论意义和现实意义。

一、模型描述与假设

（一）模型描述

本章研究由一个生产商、电商平台和一个传统零售商组成的双渠道供应链定价决策问题。在电子渠道中，生产商通过电商平台以售价 p_E 直接向消费者销售产品，并支付给电商平台一定的销售费用 $\delta(0 < \delta < 1)$（扣点费率，本章设定其为常数）（张伸等，2019）；在传统渠道中，制造商以批发价格 w 销售产品给传统零售商（线下零售商），传统零售商再以零售价格 p_T 销售产品给消费者。具体双渠道供应链结构如图 5−1 所示。

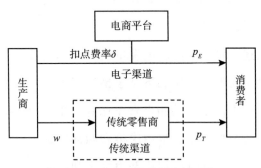

图 5−1　本章双渠道供应链结构

资料来源：笔者绘制。

（二）模型假设

为了提高产品的销售，传统零售商进行销售努力 $e(0 < e < 1)$（零售店铺进行更好的装修，给顾客更贴心的购物体验等努力），电子直销渠道由于其结构扁平，所以销售成本较低，传统零售商为了应对电子渠道的成本优势，需要在销售环节做出更多努力来提升服务质量及用户消费体验，从而提高销量。因此，将传统零售商的销售努力考虑到定价决策中是十分有必要的。

为了方便研究，本章给出如下假设：

H5 - 1：制造商的生产成本不予考虑，电商平台和传统零售商的销售成本不计，并且不考虑产品缺货。

H5 - 2：①制造商和传统零售商基于批发价格契约销售产品，也即制造商通过批发价格 w 销售产品给传统零售商，传统零售商再以零售价格 p_T 销售产品给消费者；②制造商通过电商平台以零售价格 p_E 直接销售产品给消费者，电商平台统一收取扣点费用 $\delta(0 < \delta < 1)$，该变量为外生变量。

H5 - 3：产品市场需求受零售价格和销售努力水平两个因素影响。

二、模型构建与求解

（一）模型构建

考虑传统零售商进行销售努力（Ma et al., 2017）对供应链成员产品市场需求量的影响，设传统渠道和电子渠道的需求函数分别为：

$$q_T = a - kp_T + \eta p_E + \mu e \qquad (5-1)$$

$$q_E = b - kp_E + \eta p_T - \mu e \qquad (5-2)$$

式（5-1）和式（5-2）中，$a > 0$ 表示偏好传统购物方式的消费者的基础需求量；$b > 0$ 表示偏好电子购物方式的消费者的基础需求量；k 表示消费者对产品价格的敏感系数，η 表示传统渠道和电子渠道之间由于价格变化而造成的需求扩散程度，且 $k > \eta > 0$；$\mu > 0$ 表示传统零售商提供的销售努力对不同渠道产品销售量的影响系数，$e > 0$ 表示传统零售商提供的售后服务水平（Ma et al., 2017）。

传统零售商利润函数为：

$$\pi_T = (p_T - w)q_T - \frac{1}{2}\xi e^2 \qquad (5-3)$$

制造商的利润函数为：

$$\pi_M = q_T w + (1 - \delta)p_E q_E \qquad (5-4)$$

结合文献（张伸等，2019），可知由生产商和传统零售商组成的双渠道供应链的利润函数为：

$$\prod = \pi_T + \pi_M = p_T q_T - \frac{1}{2}\xi e^2 + (1 - \delta)p_E q_E \qquad (5-5)$$

（二）模型求解

1. 分散情形下的双渠道供应链决策

制造商主导的供应链中，供应链成员都以自身期望利润最大化为目标进行决策。由制造商首先决策，然后零售商再决策。制造商属于 Stackelberg 博弈领导者，零售商属于跟随者。因此，决策的顺序为制造商先基于自身期望利润最大化制定传统渠道的最优批发价格 w^{D*}，并制定电子渠道的最优零售价格 p_E^{D*}；然后，传统零售商制定其最优零售价格 p_T^{D*}。决策的目标函数为：

$$\max_{w,p_E} \pi_M^D = q_T w + (1-\delta) p_E q_E$$

$$\max_{p_T} \pi_T^D = (p_T - w) q_T - \frac{1}{2} \xi e^2 \qquad (5-6)$$

$$\text{s. t.} \begin{cases} q_E = b - k p_E + \eta p_T - \mu e \\ q_T = a - k p_T + \eta p_E + \mu e \\ a,\ b,\ \mu,\ e,\ \xi > 0 \\ 0 < \delta,\ k,\ \eta < 1 \end{cases}$$

采用逆推法求解上述问题。求解 π_T^D 关于 p_T 的偏导数可得：

$$\frac{\partial \pi_T^D}{\partial p_T} = a - k p_T + \eta p_E + \mu e - k(p_T - w)$$

令 $\dfrac{\partial \pi_T^D}{\partial p_T} = 0$，可得：

$$p_T^D = \frac{a + \eta p_E + \mu e + kw}{2k} \qquad (5-7)$$

将式（5-7）求得的 p_T^D 代入式（5-6）的 π_M^D 中，可得生产商的利润函数为：

$$\pi_M^D = \left(a - \frac{a + \eta p_E + \mu e + kw}{2} + \eta p_E + \mu e \right) w$$

$$+ (1-\delta) p_E \left(b - k p_E + \eta \frac{a + \eta p_E + \mu e + kw}{2k} - \mu e \right) \qquad (5-8)$$

命题 5.1：分散决策情形下，当电商平台的收费比率满足

$0 < \delta < \dfrac{2\sqrt{2}\sqrt{(k^2-\eta^2)(2k^2-\eta^2)}-4(k^2-\eta^2)}{\eta^2}$ 时，生产商的利润函

数 π_M^D 是关于两种渠道下零售价格 p_E 和批发价格 w 的凹函数，并且

存在唯一最优的零售价格和批发价格，即：

$$p_E^{D*} = \frac{4k(1-\delta)(b-e\mu)+\eta(a+e\mu)(4-3\delta)}{8(1-\delta)(k^2-\eta^2)-\delta^2\eta^2} \qquad (5-9)$$

$$w^{D*} = \frac{(1-\delta)\left[(4k^2-\delta\eta^2)(a+e\mu)+2\eta k(2-\delta)(b-e\mu)\right]}{8k(1-\delta)(k^2-\eta^2)-k\delta^2\eta^2}$$

$$(5-10)$$

使生产商利润最大化。

证明：分别求解 π_M^D 关于 p_E 和 w 的一阶偏导数可得：

$$\frac{\partial\pi_M^D}{\partial p_E} = \frac{\eta w}{2}+(1-\delta)\left[b-2kp_E-\mu e+\frac{\eta^2 p_E}{k}+\frac{\eta(a+\mu e+kw)}{2k}\right]$$

$$(5-11)$$

$$\frac{\partial\pi_M^D}{\partial w} = \frac{a+e\mu+\eta p_E+\eta p_E(1-\delta)}{2}-kw \qquad (5-12)$$

同时，求解二阶偏导数，可得海塞（Hesse）矩阵：

$$H = \begin{bmatrix} 2\left(k-\dfrac{\eta^2}{2k}\right)(\delta-1) & \dfrac{\eta}{2}-\dfrac{\eta(\delta-1)}{2} \\[3mm] \dfrac{\eta}{2}-\dfrac{\eta(\delta-1)}{2} & -k \end{bmatrix} \qquad (5-13)$$

因为海塞矩阵 H 的一阶顺序主子式 $|H_{11}| = \dfrac{-(1-\delta)(2k^2-\eta^2)}{k} <$

0，故当 $|H| = -\dfrac{\delta^2\eta^2}{4}+2\delta\eta^2-2\delta k^2-2\eta^2+2k^2 > 0$，也即 $0 < \delta <$

$\dfrac{\left[2\sqrt{2}\sqrt{(k^2-\eta^2)(2k^2-\eta^2)}-4(k^2-\eta^2)\right]}{\eta^2}$ 时，生产商利润函数 π_M^D

是关于电子零售价格 p_E 和批发价格 w 的严格凹函数，并且 π_M^D 存在极大值。令 $\dfrac{\partial \pi_M^D}{\partial p_E} = 0$ 和 $\dfrac{\partial \pi_M^D}{\partial w} = 0$，可得：

$$p_E^M = \frac{2k(b - \mu e) + \eta(a + \mu e + wk)}{2(2k^2 - \eta^2)} + \frac{k\eta w}{(1 - \delta)(2k^2 - \eta^2)} \quad (5 - 14)$$

$$w^D = \frac{a + e\mu + \eta p_E + \eta p_E(1 - \delta)}{2k} \quad (5 - 15)$$

联合式（5 - 14）和式（5 - 15），可得最优的电子零售价格和批发价格，如式（5 - 9）和式（5 - 10）所示。命题 5.1 得证。该命题表明，在双渠道供应链中，生产商的最优策略受到电商平台收费比率的影响（现实生活中，一般电商平台的收费比率在 5% ~ 20%，详细情况可见文献（张伸等，2019））。因此，生产商可以根据相应的收费比率，确定最优的电子零售价格和批发价格。

将求解的式（5 - 9）和式（5 - 10）代入式（5 - 7）中，可得传统零售商的最优零售价格为：

$$p_T^{D*} = \frac{(1 - \delta)\left[(6k^2 - 2\eta^2)(a + e\mu) + k\eta(4 - \delta)(b - e\mu)\right]}{8k(1 - \delta)(k^2 - \eta^2) - k\delta^2 \eta^2}$$

$$(5 - 16)$$

由式（5 - 9）、式（5 - 10）、式（5 - 16）可得生产商和传统零售商的最优利润函数分别为：

$$\pi_T^{D*} = \frac{(1 - \delta)^2 \left[(2k^2 - 2\eta^2 + \delta\eta^2)(a + e\mu) + \delta\eta k(b - e\mu)\right]^2}{k\left[8(1 - \delta)(k^2 - \eta^2) - \delta^2\eta^2\right]^2} - \frac{1}{2}\xi e^2$$

$$(5 - 17)$$

$$\pi_M^{D*} = \left\{ \frac{2(1 - \delta)k^2(b - e\mu)^2 + \left[\eta^2(1 - \delta) + k^2\right] \cdot (a + e\mu)^2}{8k(1 - \delta)(k^2 - \eta^2) - k\delta^2\eta^2} \right.$$

$$\left. - \frac{\eta k(a + e\mu)(b - e\mu)(3\delta - 4)}{8k(1 - \delta)(k^2 - \eta^2) - k\delta^2\eta^2} \right\}(1 - \delta) \quad (5 - 18)$$

命题 5.2：在分散决策情形下，传统渠道的需求量 q_T、最优零售价格 p_T^{D*} 随着销售努力水平 e 的增加而增加，生产商的最优批发价格 w^{D*}、在电子渠道的需求量 q_E 和最优零售价格 p_E^{D*} 则随着销售努力水平 e 的增加而减少。当销售努力水平 $e \leqslant \dfrac{2AB(1-\delta)}{k\xi C^2 - 2A^2}$ 时，传统零售商的利润 π_T^D 随着 e 的提高而增加；并且传统零售商存在最优的销售努力水平 $e^{D*} = \dfrac{2AB(1-\delta)}{k\xi C^2 - 2A^2}$ 使传统零售商利润 π_T^D 最大化。对于生产商来说，当 $e > D - \dfrac{a}{\mu}$ 时，生产商的利润函数 π_M^D 随着 e 的提高而增大。由此可得：

$$A = \mu(k-\eta)(1-\delta)(2\eta + 2k - \delta\eta)$$

$$B = 2ak^2 - 2a\eta^2 + a\delta\eta^2 + b\delta\eta k$$

$$C = 8\delta\eta^2 - 8\delta k^2 - 8\eta^2 + 8k^2 - \delta^2\eta^2$$

$$D = \frac{k(a+b)(2\delta^2 - 9\delta + 8)}{2\mu(2-\delta)[(3-2\delta)k - \eta(1-\delta)]} - \frac{\delta k(a+b)}{2\mu(k-\eta)(2-\delta)}$$

证明：传统渠道和电子渠道的需求量、最优零售价格随销售努力水平的变化关系可由一阶偏导数直接求解获得。下面求解传统零售商的最优销售努力水平。求解传统零售商和生产商最优利润关于销售努力水平 e 的一阶偏导数可得：

$$\frac{\partial \pi_T^{D*}}{\partial e} = -e\xi + 2\mu(k-\eta)(1-\delta)^2(2\eta + 2k - \delta\eta)$$

$$\frac{(2ak^2 - 2a\eta^2 + a\delta\eta^2 + b\delta\eta k) + (2k^2 - 2\eta^2 + \delta\eta^2 - \delta\eta k)e\mu}{k(\delta^2\eta^2 - 8\delta\eta^2 + 8\delta k^2 + 8\eta^2 - 8k^2)^2}$$

$$(5-19)$$

$$\frac{\partial \pi_M^{D*}}{\partial e} = \mu(1-\delta) \left[\frac{2(1-\delta)(a\eta^2 - bk^2) + \eta k(4-3\delta)(b-a) + 2ak^2}{k(8\delta\eta^2 - 8\delta k^2 - 8\eta^2 + 8k^2 - \delta^2\eta^2)} \right.$$

$$\left. + \frac{(2\eta^2 + 6k^2 - 8\eta k - 2\delta\eta^2 - 4\delta k^2 + 6\delta\eta k)\mu e}{k(8\delta\eta^2 - 8\delta k^2 - 8\eta^2 + 8k^2 - \delta^2\eta^2)} \right] \quad (5-20)$$

因为 $\dfrac{\partial^2 \pi_T^{D*}}{\partial e^2} < 0$，故传统零售商最优利润函数 π_T^{D*} 是关于 e 的凹

函数，存在最优的 e^{D*} 使 π_T^{D*} 最大化；同样 $\dfrac{\partial^2 \pi_M^{D*}}{\partial e^2} > 0$，故而生产商

最优利润函数 π_M^{D*} 是关于 e 的凸函数；由 $\dfrac{\partial \pi_T^{D*}}{\partial e} = 0$ 和 $\dfrac{\partial \pi_M^{D*}}{\partial e} = 0$ 可得：

$$e^{D*} = \frac{2\mu(k-\eta)(1-\delta)^2(2\eta + 2k - \delta\eta)(2ak^2 - 2a\eta^2 + a\delta\eta^2 + b\delta\eta k)}{k\xi(8\delta\eta^2 - 8\delta k^2 - 8\eta^2 + 8k^2 - \delta^2\eta^2)^2 - 2\mu^2(k-\eta)^2(1-\delta)^2(2\eta + 2k - \delta\eta)^2}$$

$$(5-21)$$

$$e^D = \frac{k(a+b)(2\delta^2 - 9\delta + 8)}{2\mu(2-\delta)[(3-2\delta)k - \eta(1-\delta)]} - \frac{\delta k(a+b)}{2\mu(k-\eta)(2-\delta)} - \frac{a}{\mu}$$

$$(5-22)$$

故而，不存在最优的 e^D 使 π_M^{D*} 最大化，当 $e \in (0, e^D)$ 时，

$\dfrac{\partial \pi_M^{D*}}{\partial e} < 0$，当 $e \in (e^D, +\infty)$ 时，$\dfrac{\partial \pi_M^{D*}}{\partial e} > 0$。命题5.2得证。

由命题5.2可知，在分散决策情形下，传统零售商提高销售努力
水平，将增加消费者对传统渠道购物的好感度，从而增加其产品的市
场需求量，并直接增加传统零售商的最大化利润；但是，当销售努力
的水平提高到一定程度（e^{D*}）以后，提高销售努力水平对产品需求
量的增加速度小于零售价格增加对产品需求量的降低速度，也即提高
销售努力水平获得的利润小于提高销售努力水平产生的成本。因此，
传统零售商将选择最优销售努力水平 e^{D*} 来获得最大的利润。

对于生产商来说，传统零售商销售努力水平的提高，将降低消费者对电子渠道购物的好感度，造成其产品市场需求量降低，故而生产商只能通过降低电子渠道的零售价格来提高其市场需求量。因为 $e^{D*} < e^D$，所以随着 e 的增加，传统零售商最优利润增加，但是生产商的最优利润降低。但是在分散决策情形下，生产商无法改变传统零售商的销售努力决策，故而造成供应链总体利润次优化。下面我们通过对比分析集中决策下的供应链最大化利润来说明双重边际效用，并提出两部协调定价机制，以优化供应链的整体利润。

2. 集中情形下的双渠道供应链决策

在集中决策情形下，生产商和传统零售商作为一个整体，并基于供应链整体利润最大化进行决策，从而确定最优的传统零售价格和电子零售价格。由式（5-3）~式（5-5），并结合文献（张伸等，2019），可得集中情形下双渠道供应链整体的利润函数为：

$$\prod^C = \pi_T + \pi_M$$

$$= p_T(a - kp_T + \eta p_E + \mu e) + (1-\delta)p_E(b - kp_E + \eta p_T - \mu e) - \frac{\xi e^2}{2}$$

$$(5-23)$$

命题 5.3：集中决策情形下，当 $0 < \delta < 2 - \dfrac{2k(k - \sqrt{k^2 - \eta^2})}{\eta^2}$ 时，供应链整体利润是关于两种渠道下零售价格的凹函数，并且传统渠道存在最优的零售价格：

$$p_T^{C*} = \frac{(1-\delta)[\eta(2-\delta)(b-e\mu) + 2k(a+e\mu)]}{4(1-\delta)(k^2-\eta^2) - \delta^2\eta^2} \qquad (5-24)$$

电子渠道存在最优的零售价格：

$$p_E^{C*} = \frac{\eta(2-\delta)(a+e\mu) + 2k(1-\delta)(b-e\mu)}{4(1-\delta)(k^2-\eta^2) - \delta^2\eta^2} \qquad (5-25)$$

使供应链整体利润最大化。

证明：求解供应链整体利润函数 $\prod^c$ 关于 p_T 和 p_E 的一阶偏导数，可得：

$$\frac{\partial \prod^c}{\partial p_T} = a + e\mu + \eta p_E - 2k p_T - \eta p_E(\delta - 1) \qquad (5-26)$$

$$\frac{\partial \prod^c}{\partial p_E} = \eta p_T - (\delta - 1)(b - e\mu + \eta p_T - k p_E) + k p_E(\delta - 1)$$

$$(5-27)$$

求解其二阶偏导数，可得海塞矩阵：

$$H = \begin{bmatrix} \dfrac{\partial^2 \prod^c}{\partial p_T^2} & \dfrac{\partial^2 \prod^c}{\partial p_T p_E} \\[3mm] \dfrac{\partial^2 \prod^c}{\partial p_E p_T} & \dfrac{\partial^2 \prod^c}{\partial p_E^2} \end{bmatrix} = \begin{bmatrix} 2k(\delta - 1) & \eta - \eta(\delta - 1) \\[2mm] \eta - \eta(\delta - 1) & -2k \end{bmatrix}$$

$$(5-28)$$

因为海塞矩阵的一阶顺序主子式 $|H_{11}| = -2k(1-\delta) < 0$，若 $|H| = 4(\eta^2 - k^2)\delta - \eta^2(\delta^2 + 4) + 4k^2 > 0$，也即 $0 < \delta < 2 - \dfrac{2k(k - \sqrt{k^2 - \eta^2})}{\eta^2}$ 时，供应链整体利润函数 $\prod^c$ 是关于传统零售价格 p_T 和电子零售价格 p_E 的严格凹函数，$\prod^c$ 存在极大值。故而，由一阶偏导数 $\dfrac{\partial \prod^c}{\partial p_T} = 0$ 和 $\dfrac{\partial \prod^c}{\partial p_E} = 0$，可得集中情形下基于供应链整体利润最大化的传统渠道和电子渠道的最优零售价格分别为式（5-24）和式（5-25）。故而，命题5.3得证。

基于命题5.3的结论，可得集中决策情形下供应链整体的最大化利润为：

$$\prod{}^{C*} = \frac{(\delta - 1)\left[k(a^2 + 2ae\mu + b(1-\delta)(b-e\mu) + (2-\delta)e^2\mu^2)\right]}{\eta^2(\delta^2 - 4\delta + 4) + 4\delta k^2 - 4k^2 - \frac{\xi e^2}{2}}$$

$$+ \frac{(\delta-1)\left[\eta(2-\delta)(a+e\mu)(b-e\mu)\right]}{\eta^2(\delta^2 - 4\delta + 4) + 4\delta k^2 - 4k^2 - \frac{\xi e^2}{2}} \qquad (5-29)$$

命题 5.4：在集中决策情形下，供应链在电子渠道和传统渠道的最优零售价格都随着传统零售商销售努力水平的提高而增大。当销售努力水平 $0 < e \leqslant \dfrac{\mu(a-b)}{2(k+\eta)\xi - 2\mu^2}$ 时，供应链的最大化利润随着传统零售商销售努力水平的提高而增大。

证明：对式（5-24）和式（5-25）求解关于销售努力水平 e 的一阶偏导数：

$$\frac{\partial p_E^{C*}}{\partial e} = \frac{\eta\mu(2-\delta) - 2\mu k(1-\delta)}{4(1-\delta)(k^2 - \eta^2) - \delta^2\eta^2} \qquad (5-30)$$

$$\frac{\partial p_T^{C*}}{\partial e} = \frac{(1-\delta)(2k\mu - 2\eta\mu + \delta\eta\mu)}{4(1-\delta)(k^2 - \eta^2) - \delta^2\eta^2} \qquad (5-31)$$

因为命题 5.3 中，$0 < \delta < 2 - \dfrac{2k(k - \sqrt{k^2 - \eta^2})}{\eta^2}$，也即 $4(1-\delta)$ $(k^2 - \eta^2) - \delta^2\eta^2 > 0$，可得 $\dfrac{\partial p_E^{C*}}{\partial e} > 0$，$\dfrac{\partial p_T^{C*}}{\partial e} > 0$，故而可知 p_E^{C*} 和 p_T^{C*} 都是关于 e 的单调减函数。

求解供应链最大化利润 $\prod{}^{C*}$ 关于销售努力水平 e 的一阶偏导数，由 $\dfrac{\partial \prod{}^{C*}}{\partial e} > 0$ 可得：

$$e < \frac{\mu(\delta-1)[2k(a-b+b\delta)-\eta(2-\delta)(a-b)]}{\xi[\eta^2(2-\delta)^2+4\delta k^2-4k^2]+2\mu^2(k-\eta)(2-\delta)(1-\delta)}$$

$$(5-32)$$

此时，$\prod^{C*}$ 是关于 e 的增函数；反之，$\prod^{C*}$ 是关于 e 的减函数。命题 5.4 得证。

命题 5.4 表明，在集中决策情形下，传统零售商和生产商统一决策，随着销售努力水平的提高，供应链成员都可以以此来提高产品在双渠道上的零售价格，因为销售努力水平的增加意味着消费者购买效用的增加。另外，传统零售商的销售努力投入低于某边界时，供应链的整体利润随着销售努力投入的增加而增大；反之，销售努力投入的增加将会降低供应链的整体利润。因此，供应链管理者可以基于命题 5.4 选择合适的销售努力投入，从而促使供应链整体利润最大化。

3. 两种决策模型下对比

由式（5-17）、式（5-18）和式（5-29）可得集中决策和分散决策情形下供应链整体利润差值为：

$$\Delta\prod$$

$$=\prod^{C*}-\prod^{D*}$$

$$=\prod^{C*}-(\pi_E^{D*}+\pi_T^{D*})$$

$$=\frac{4(k^2-\eta^2)(1-\delta)^3[(a+e\mu)(2k^2-2\eta^2+\delta\eta^2)+\delta\eta k(b-e\mu)]^2}{[4k(1-\delta)(k^2-\eta^2)-k\delta^2\eta^2](\delta^2\eta^2-8\delta\eta^2+8\delta k^2+8\eta^2-8k^2)^2}$$

$$(5-33)$$

由命题 5.3 可知 $4(k^2-\eta^2)(1-\delta)-\delta^2\eta^2>0$，故而可得 $\Delta\prod>0$，也即在集中决策情形下供应链的整体利润大于在分散决策情形下供应链的整体利润。这是因为在分散决策情形下，传统零售商和生产商都以自身利润最大化进行决策，从而造成供应链整体利润的次优化（供应链常见的双重边际效用）。

命题5.5：随着传统零售商销售努力投入 e 的增加，双重边际效用造成供应链整体利润次优化的程度越明显；电商平台的收费比率 δ 越大，双重边际效益亦越明显。

命题5.5说明，在传统的企业管理中，供应链成员的很多决策都会造成双重边际效用的加剧（例如，传统零售商销售努力投入的增加）；并且在双渠道供应链中电商平台的收费比率作为外部因素，也严重影响分散决策情形下供应链的整体利润。因此，本章通过收益共享契约来协调供应链，促使分散决策下供应链整体利润仍能达到集中决策情形下的最大化。

三、两部协调定价机制研究

相对于批发价格契约和收益共享契约，通过两部定价契约，生产商可以实现供应链的纵向整合，在达到供应链整体利润最优化的同时，实现供应链成员对利润的分配。所以，本章在考虑传统零售商销售努力的前提下，采用两部定价契约协调双渠道供应链。具体策略为：

$$S = G + w^X q_T \qquad (5-34)$$

式（5-34）中，$G > 0$ 为传统零售商向生产商订货时需要交付的固定费用，w^X 为协调策略下的批发价格。在两部定价机制下，生产商可以通过调节固定费用 G 来分配供应链成员的利润，使供应链达到协调。

命题 5.6：当电子渠道、传统渠道的最优零售价格和批发价格满足 $\{p_E^{X*}, p_T^{X*}, w^{X*}\}$ 时，基于销售努力的双渠道供应链达到协调。

证明：在生产商主导的双渠道供应链中，为了实现供应链整体利润最大化的同时，供应链成员的最优利润要不低于分散决策情形下获得的最优利润，使供应链达到协调。要实现供应链整体利润的最大化，生产商和传统零售商在两种渠道中的最优零售价格要等于在集中决策情形下的最优零售价格，也即 $p_E^{X*} = p_E^{C*}$，$p_T^{X*} = p_T^{C*}$（徐广业等，2010），从而达到 $\prod^{X*} = \prod^{C*}$，$\pi_E^{X*} \geq \pi_E^{C*}$，$\pi_T^{X*} \geq \pi_T^{C*}$。要实现双渠道供应链的协调，具体的决策为：生产商制定的电子渠道的零售价格等于集中决策时的最优零售价格。也即：

$$p_E^{X*} = p_E^{C*} = \frac{\eta(2-\delta)(a+e\mu) + 2k(1-\delta)(b-e\mu)}{4(1-\delta)(k^2-\eta^2) - \delta^2\eta^2} \quad (5-35)$$

将上述最优零售价格代入分散决策下传统零售商的零售价格函数 p_T^D 即式（5-7）中，可得：

$$p_T^D(p^*, w) = \frac{a+\mu e}{2k} + \frac{1}{2}w + \frac{\eta}{2k} \cdot \frac{\eta(2-\delta)(a+e\mu) + 2k(1-\delta)(b-e\mu)}{4(1-\delta)(k^2-\eta^2) - \delta^2\eta^2}$$

$$(5-36)$$

由 $p_T^D(p^*, w) = p_T^{C*}$ 可得：

$$w^{X*} = \frac{\eta(1-\delta)[2k(1-\delta)(b-e\mu) + \eta(2-\delta)(a+e\mu)]}{k \cdot 4(k^2-\eta^2)(1-\delta) - \delta^2\eta^2}$$

$$(5-37)$$

因此，只有将生产商的批发价格设置为 w^{X*}，传统零售商基于自身利润最大化才会将传统渠道的零售价格设置为：

$$p_T^{X*} = p_T^{C*} = \frac{(1-\delta)[\eta(2-\delta)(b-e\mu)+2k(a+e\mu)]}{4(1-\delta)(k^2-\eta^2)-\delta^2\eta^2}$$

$$(5-38)$$

从而实现供应链整体利润的最大化。命题 5.6 得证。

由命题 5.6 可得协调机制下传统零售和生产商的最优利润函数分别为：

$$\pi_T^{X*} = (p_T^{X*}-w^{X*})(a-kp_T^{X*}+\eta p_E^{X*}+\mu e)-\frac{1}{2}\xi e^2 \quad (5-39)$$

$$\pi_M^{X*} = w^{X*}(a-kp_T^{X*}+\eta p_E^{X*}+\mu e)+p_E^{X*}(1-\delta)(b-kp_E^{X*}+\eta p_T^{X*}-\mu e)$$

$$(5-40)$$

命题 5.7：在两部协调定价机制下，当固定费用

$$\frac{B_1 C_1}{(4A_1-D_1)^2(8A_1-D_1)} \leqslant G \leqslant \frac{2B_1 C_1(6A_1-D_1)}{(4A_1-D_1)^2(8A_1-D_1)^2}$$ 时，生产商能

够实施 $\{p_E^{X*}, w^{X*}, G^*\}$ 的两部定价策略，通过调节 G，可以使供应链整体利润最大化的同时，实现各自利润大于分散决策时的利润。由此可得：

$$D_1 = \delta^2\eta^2 A_1 = (1-\delta)(k^2-\eta^2)$$

$$B_1 = \frac{4(k^2-\eta^2)(1-\delta)^3}{k}$$

$$C_1 = [(a+e\mu)(2k^2-2\eta^2+\delta\eta^2)+\delta\eta k(b-e\mu)]^2$$

证明：因为在两部协调定价机制下，零售商还是进行决策，而生产商作为供应链的主导者，要实现供应链整体利润的最大化，将制定较低的批发价格（由 $w^{X*}<w^{D*}$ 可知），促使传统零售商基于自身利润最大化制定的最优零售价格等于集中决策时的最优零售价格，此决策将增加传统渠道产品的市场需求量，进而增加其利润。传统渠道需求量的增加，造成了电子渠道需求的降低，与此同时，

电子渠道的零售价格不变，进而造成生产商利润的降低。由此可得：

$$\pi_T^{X*} - \pi_T^{D*} = \frac{8(k^2 - \eta^2)(1-\delta)^3[6(1-\delta)(k^2-\eta^2)-\delta^2\eta^2]}{[4(1-\delta)(k^2-\eta^2)-\delta^2\eta^2]^2 k[8(1-\delta)(k^2-\eta^2)-\delta^2\eta^2]^2}$$

$$\frac{[(a+e\mu)(2k^2-2\eta^2+\delta\eta^2)+\delta\eta k(b-e\mu)]^2}{[4(1-\delta)(k^2-\eta^2)-\delta^2\eta^2]^2 k[8(1-\delta)(k^2-\eta^2)-\delta^2\eta^2]^2}$$

$$(5-41)$$

$$\pi_M^{X*} - \pi_M^{D*} = \frac{4[(a+e\mu)(2k^2-2\eta^2+\delta\eta^2)+\delta\eta k(b-e\mu)]^2(k^2-\eta^2)(1-\delta)^3}{k[4(1-\delta)(k^2-\eta^2)-\delta^2\eta^2]^2[8(1-\delta)(k^2-\eta^2)-\delta^2\eta^2]}$$

$$(5-42)$$

因为 $0 < \delta < 2 - \dfrac{2k(k-\sqrt{k^2-\eta^2})}{\eta^2}$，所以 $-\delta^2\eta^2 + 4(1-\delta)(k^2-\eta^2) > 0$，则可得 $\pi_T^{X*} - \pi_T^{D*} > 0$，$\pi_M^{X*} - \pi_M^{D*} < 0$。

因此，通过调节协调定价的固定费用 G，使生产商在协调定价机制下的最优利润不小于在分散决策情形下的利润，也即 $\pi_M^{X*} + G \geqslant \pi_M^{D*}$；同时，使传统零售商在协调定价机制下的最优利润不小于在分散决策情形下的利润，也即 $\pi_T^{X*} - G \geqslant \pi_T^{D*}$。

四、数值仿真

通过数值仿真来验证上述命题，并分析供应链成员收益、利润分配、最优定价策略随相关参数的变化关系。相关参数取值如下：$a = 30$，$b = 20$，$k = 0.6$，$\eta = 0.4$。

（一）销售努力参数灵敏度分析

考虑销售努力参数对双渠道供应链定价策略、供应链成员利润变化，以及两部收费策略的影响，取电商平台的收费比率 $\delta = 0.2$。

图 5 - 2 和图 5 - 3 分别给出了分散决策和集中决策下，供应链整体利润随销售努力水平 e 和销售努力对产品市场需求量敏感参数 μ 的变化关系。图 5 - 2 和图 5 - 3 说明在分散决策和集中决策下，当销售努力对产品市场需求影响较小（μ 较小）时，供应链整体利润随着销售努力水平的提高而增加，当销售努力水平提高到一定程度以后，供应链整体利润会随着销售努力水平的提高而下降；当销售努力对产品市场需求影响较大（μ 较大）时，供应链整体利润会随着销售努力水平的提高而增加。因此，在实际的供应链决策中，存在最优的销售努力水平使供应链利润最大化，并且集中决策下最优销售努力水平大于分散决策时的最优销售努力水平。

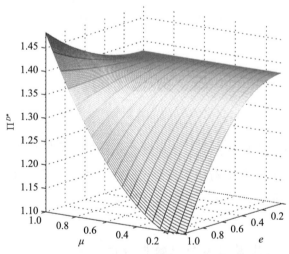

图 5 - 2   分散决策情形下 $\prod^{D*}$ 随 e 和 μ 的变化关系

资料来源：笔者绘制。

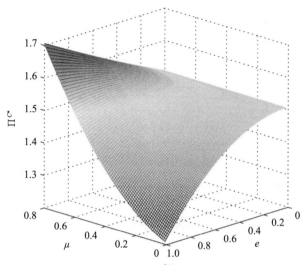

图 5－3　集中决策情形 $\prod^{C*}$ 随 e 和 μ 的变化关系

资料来源：笔者绘制。

图 5－4 显示了分散决策和两部协调定价决策下，生产商和传统零售商利润随销售努力水平的变化关系。从图中可以发现传统零售商的利润在两种决策模式下都是先增加再减少，但协调定价下，未分配利润前，传统零售商的利润增减幅度都要小于分散决策下的利润增减幅度；然而销售努力水平对生产商利润的影响则相反。这显示了两部定价策略下，销售努力水平对传统零售商利润的影响较小，对生产商利润的影响则加大。

图 5－5 表明两部协调定价决策下，随着销售努力水平的提高，生产商分配利润的区间越来越大，原因是销售努力水平的提高造成了生产商和传统零售商在两种决策模式下利润差距增大。这验证了命题 5.5。由图 5－6 可得，两种决策模式下生产商在电子渠道制定的最优零售价格随着销售努力水平的提高而降低，且分散决策下的

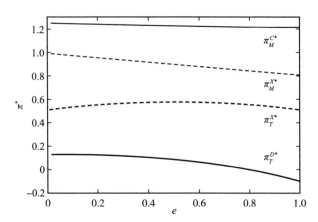

图 5 - 4　分散决策和协调决策下供应链成员利润随 e 的变化关系

资料来源：笔者绘制。

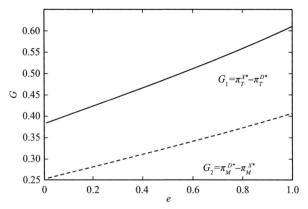

图 5 - 5　两部协调定价策略下固定费用 G 随 e 的变化关系

资料来源：笔者绘制。

最优零售价格低于协调决策。图 5 - 7 中，生产商制定的最优批发价格随着销售努力水平的提高在分散决策下增加，在协调决策下则降低。通过图 5 - 6 和图 5 - 7 可知，面对零售商销售努力水平的提高，生产商在分散决策下通过降低电子渠道零售价格和提高传统渠道批发价格来提高产品在电子渠道的市场需求量，这种定价决策造成了供应链双重边际效应的加剧；而在协调决策下，生产商则通过降低批发价格来实现供应链整体利润的最优化。图5-8显示了传统零售商通过提高销售努力水平来增大传统渠道零售价格，从而实现利润的最大化，从图5-8中可以发现，协调决策减弱了销售努力水平提高对最优零售价格增大的影响。

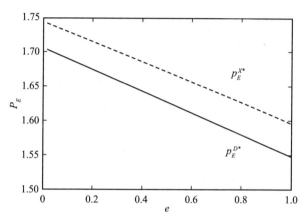

图5-6　分散决策和协调决策下生产商制定的电子渠道零售价格随 e 的变化关系

资料来源：笔者绘制。

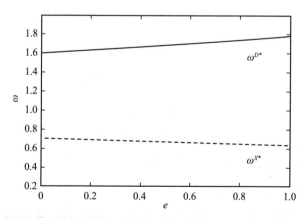

图5-7　分散决策和协调决策下生产商制定的传统渠道批发价格随 e 的变化关系

资料来源：笔者绘制。

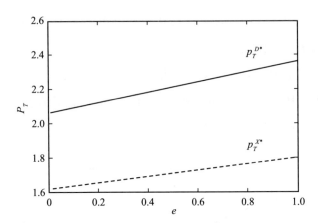

图 5 - 8　分散决策和协调决策下零售商制定的

传统渠道零售价格随 e 的变化关系

资料来源：笔者绘制。

（二）扣点费率参数灵敏度分析

下面研究电商平台扣点费率对供应链定价决策的影响，取 $e =$ 0.3。

表 5 - 1 展示了两种决策模式下供应链成员定价策略随电商平台扣点费率的变化关系。从表 5 - 1 中可以发现，随着电商平台扣点费率的增大，两种决策模式下电子渠道的零售价格将增加，传统渠道的零售价格先降低后增加，而批发价格则降低。这是因为电商平台扣点费率的增大，迫使生产商倾向于传统渠道销售，故而会增加电商平台的零售价格，降低批发价格，而传统零售商在扣点费率较小时降低零售价格，当扣点费率较大时则增加零售价格。同时，协调决策增强了扣点费率对供应链定价决策的影响（p^{X^*} 随 δ 的变化率大于 p^{D^*}）。

表 5 - 1　　　　　　分散决策和协调决策下供应链定价

策略随 δ 的变化关系

δ	p_E^{D*}	p_T^{D*}	w^{D*}	p_E^{X*}	p_T^{X*}	w^{X*}
0.1	1.634	2.159	1.685	1.652	1.693	0.743
0.2	1.658	2.150	1.654	1.699	1.673	0.680
0.3	1.691	2.144	1.627	1.765	1.659	0.618
0.4	1.737	2.144	1.603	1.860	1.652	0.558
0.5	1.806	2.153	1.586	2.003	1.659	0.501
0.6	1.916	2.177	1.579	2.239	1.692	0.448
0.7	2.114	2.234	1.575	2.689	1.782	0.403

资料来源：笔者整理。

　　图 5 - 9 和图 5 - 10 分别给出了在两种决策模式下供应链局部利润和整体利润随电商平台扣点费率增大的变化关系。由图 5 - 9 可知，供应链整体利润随电商平台扣点费率的增大而先降低后增加，协调决策下的极小值点为 $\delta = 0.64$，分散决策下的极小值点为 $\delta = 0.75$。图 5 - 10 显示了随着电商平台扣点费率的增大，生产商的利润将降低，而传统零售商的利润则增加，且随着扣点费率的增大，生产商和传统零售商在两种决策模式下利润差逐渐增大。这是因为电商平台扣点费率的增加导致生产商在电子渠道的利润减少，生产商制定较高的零售价格以应对，从而降低了电子渠道的需求量，增加了传统渠道的需求量，造成传统零售商利润增加。由图 5 - 11 可知，电商平台扣点费率的增加造成生产商和零售商在两种决策模式下的利润差变大，故而在两部协调定价决策下，生产商分配利润 G

的范围将增大。这也说明，电商平台扣点费率的增大造成供应链双重边际效应越明显。这个结论验证了命题5.5。

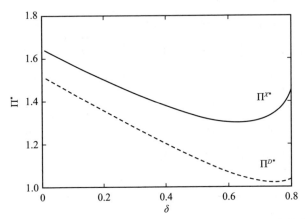

图5-9　分散决策和协调决策下供应链整体利润随δ的变化关系

资料来源：笔者绘制。

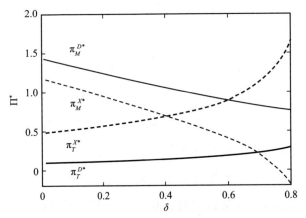

图5-10　分散决策和协调决策下供应链成员利润随δ的变化关系

资料来源：笔者绘制。

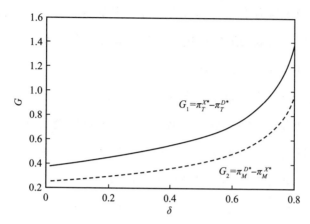

图 5 – 11　两部协调定价策略下固定费用 G 随 δ 的变化关系

资料来源：笔者绘制。

五、本 章 小 结

本章以双渠道供应链为背景，构建了基于传统零售商销售努力和电商平台扣点费率的双渠道供应链定价决策模型，分析比较了分散决策和集中决策下供应链成员的最优价格策略，并利用两部协调定价策略解决分散决策时产生的供应链双重边际效应。主要研究结论和管理学启示如下：

（1）建立分散决策、集中决策、两部协调定价决策三种决策模式下的双渠道供应链定价决策模型，求解不同决策模式下的最优定价策略，实现供应链成员利润的最大化、供应链整体利润的局部最优和全局最优化。

面对电子渠道逐步蚕食传统渠道市场份额的现象，传统零售商通过增加销售努力来提高其市场份额，本章通过构建基于销售努力和扣点费率下的双渠道供应链定价决策模型，从而获取最优的定价策略，为供应链管理者在该环境下的决策提供理论、模型和实证依据，以期实现供应链局部和整体利润的最优化。

（2）研究传统零售商销售努力对双渠道供应链定价决策及供应链成员利润的影响。研究发现，在分散决策下，传统零售商希望通过提高销售努力水平来增加自身最大化利润，这种行为造成生产商利润的次优化，最终导致供应链整体利润的次优化。

相对分散决策，两部协调定价决策减弱了销售努力水平提高对最优定价决策的影响，亦减弱了销售努力水平提高对传统零售最优利润的影响，但增强了其对生产商最优利润的影响。在实际的供应链管理中，通过两部协调定价决策，传统零售商可以适当提高销售努力水平（命题 5.4 给出了最优销售努力水平的解析解），以便实现供应链整体利润的最优化。

（3）研究电商平台扣点费率对双渠道供应链定价决策及供应链成员利润的影响。研究表明，面对电商平台提高扣点费率的情形，供应链管理者可以采用两部协调定价策略减弱扣点费率来提高对供应链整体利润的负面影响。同时，较高的扣点费率增加了消费者在电子渠道购买产品的成本，损害了供应链整体的利润。

面对电子商务的迅速发展，特别是新冠肺炎疫情对传统零售商的影响，在考虑电商平台扣点费率的前提下，本章研究了传统零售商提高销售努力水平对供应链定价决策的影响，提出两部协调定价策略协调供应链，得到最优的定价决策方案，使生产商和传统零售商均能获得最大化的利润，具有较强的理论和现实指导意义。但是，为了简化模型，本章只是将电商平台扣点费率作为一个外生变量来分析，并且供应链成员包括生产商和传统零售商，没有将电子商务平台作为一个决策者纳入供应链定价决策范畴内。因此，下一步的研究则考虑由生产商、传统零售商和电商平台组成的三元供应链的定价决策模型。

第六章

基于高铁快运的生鲜农产品
供应链的定价决策

　　我国作为农业大国，"三农"问题（即农业、农村、农民）关系到国民素质、经济发展，关系到社会稳定、国富民强。为此，从2004～2018年，中央"一号文件"连续15年锁定"三农"问题。2016年中央"一号文件"正式出台，文件体现出了习近平总书记所强调的"重农固本"的理念，将"发展新理念""农业供给侧结构性改革""农业绿色发展""产业融合作为农民收入持续较快增长手段"等内容列入文件当中。由此可见，解决"三农"问题成为全党工作的重要内容。生鲜农产品销售与流通渠道（生鲜农产品供应链）是连接城乡、将农业生产转化为农民收入的重要途径。一方面，中国农业大部分仍属于自给自足的小农经济，规模优势欠缺，农户常常抱怨产品销售困难，销售价格低廉；另一方面，生鲜农产品消费者又往往难以买到优质新鲜的产品，其主要原因在于生鲜农产品市场体制不健全，流通渠道不畅，运输和储存成本较高。而要改进这种局面，除了政府推进农业和农村经济结构的战略性调整，大力发展优质、高产、高效、生态、安全农业，提高生鲜农产品质量和竞争力以外，还应该致力于打通生鲜农产品流通渠道，推行有机衔接"产—供—销"的生鲜农产品供应链管理模式，逐步形成以市场为导向、根据市场配置资源的新型农业经济形态，从而从根本上解决"三农"问题。

随着国民经济的飞速发展，我国城镇化率快速提升，通过冷链运输的生鲜农产品数量和种类大幅度增加。2016 年，我国生鲜电商交易额达到 900 亿元，同时生鲜物流行业的市场规模达到 274.2 亿元，预计 2018 年生鲜产品市场将达到 1500 亿元。然而，我国冷链物流行业服务水平不高，运输商品的腐损率较高，整个行业发展仍属初级阶段；据相关数据统计，我国生鲜农产品：果蔬、肉类、水产品冷藏运输率仅分别为 35%、57% 和 69%，腐损率则分别高达 15%、8% 和 10%[①]。造成生鲜农产品运输腐损率居高不下的原因主要有三个方面：

（1）我国农业的供给结构问题（相关问题国家正在通过农业供给侧结构性改革解决）；

（2）生鲜农产品的冷藏运输技术水平（与当前的生产力发展水平相关）；

（3）远距离、长时间的运输问题。

因此，现阶段降低生鲜农产品冷链运输腐损率的主要措施就是降低远距离运输的运输时间问题。高铁快运业务是近几年新兴的运输业务，具有运输速度快、安全性强、稳定性高、运量大等优点（吕璞，2016）。在铁路混合所有制改革的背景下，生鲜农产品供应

---

① 仇戈，吴胜. 高铁快运背景下生鲜农产品的最优订货决策 [J]. 西南交通大学学报，2018，53（2）：392 – 399.

链对缩短运输时间的迫切需求与高铁快运混合所有制改革的有机结合，成为生鲜农产品供应链发展的必然。因此，本章研究高铁快运背景下生鲜农产品的定价决策问题。

生鲜农产品不仅对人们的日常生活至关重要，而且关系到我国"提高农民收入，建设小康社会"基本国策的实施；因此，一些学者对相关问题进行了研究（如 Blackburn & Scudder，2009；Liu & Hang，2008；Gruno & Piramuthu，2013）。例如，刘等（Liu et al.，2009）探讨了中国农民与区域农业市场相关的程度，通过调查中国从 1996～2000 年的 170 个市场的 12 个产品的价格数据，发现了零售价格和农场价格之间的紧密联系，从而为生鲜农产品的定价与订货决策提供相应的数据和理论支撑。生鲜农产品因新鲜度的差异而造成市场需求和最优定价与订货决策的差异，阿克赛等（Akçay et al.，2010）分析了产品差异化和消费者选择之间的联系，研究了同种产品不同质量等级对最优定价决策的影响，结果揭示了产品的最优价格更依赖于高质量的产品库存。考虑生鲜农产品在经过长途运输才能到达消费市场的供应链问题，蔡等（Cai et al.，2010）探讨了经销商为减缓运输过程中产品新鲜度的降低，采取相应的保鲜工作；研究了基于保险成本的生鲜农产品定价与订货决策问题。肖勇波等（2008）研究了一类涉及远距离运输的时鲜产品供应链的优化和协调问题，在讨论分权和集权供应量的最优发货量、最优批发价格、最优零售价格的基础上，设计了一种简单的成本分担机制。上述研究分别从消费者和供应商的角度考虑了生鲜农产品的定价与订货问题。

为了控制生鲜农产品流通过程中的损耗问题，一些研究者从生鲜农产品变质的角度研究生鲜农产品新鲜度随运输时间的变化关系。一般而言，生鲜农产品的变质率可以分为固定变质率（Ferguson & Ketzenberg，2006）和不确定变质率（Dye & Hsieh，2012）两种类型。相关研究则主要集中在不确定性变质率上。例如，考虑产品运输过程中的价值损耗。但斌和陈军（2008）提出了一种指数函数，以描述价值损耗的衰减规律；考虑生鲜农产品的实体损耗，陈军和但斌（2009）又提出一种新的新鲜度指数衰减函数以反映生鲜农产品新鲜度随运输时间的衰减关系。同时，一些研究者还提出了其他的模型和方法（Blackburn & Scudder，2009；Yu & Nagurney，2013；Ketzenberg et al.，2015）以刻画生鲜农产品的损耗随时间的变化关系。

近年来，我国铁路建设取得了长足进展，路网规模不断扩大，货运场站逐步完善，机辆装备水平不断提升。铁路运力条件的大幅改善，为铁路构建新型货运产品体系提供了有力支撑，为促进铁路市场化改革奠定了坚实基础。在"铁路混合所有制改革"的基本指导思想下，我国高铁快运行业蓬勃发展。将高铁快运和生鲜农产品进行有机结合，以成为生鲜农产品供应链发展新的突破点和创新点，亦是"铁路混合所有制改革"。生鲜农产品是一类具有短生命周期的易变质产品，在长时间、跨区域的运输和销售过程中，往往会造成数量的减少和质量的降低，对此可通过高铁快运运输方式减少其运输时间，减少生鲜农产品的价值损耗和数量损耗，亦避免营养流失及由产品损耗所导致的污染和社会效益损失。事实上，我国已成为冷链食品生产和消费大国，然而，我国生鲜农产品运输和保存的基础设施低下，管理水平落后，满足不了我国经济快速发展对生鲜农产品供应链管理理论的需求。因此，研究基于高铁快运的生鲜农产品供应链定价与订货决策已经成为解决"三农"问题，实现满足居民消费需求和促进农民增收，推进农业健康、可持续发展的重要课题。

上述研究，考虑不同形式下生鲜农产品供应链的相关问题，对于生鲜农产品新鲜度随运输时间的衰减规律研究得也较为全面。然后，在不同运输方式下，基于不同的单位运输费用和运输时间的生鲜农产品供应链的定价与订货决策则鲜有研究；虽然，不同渠道权利结构下供应链的相关问题（易余胤，2009；赵晓敏等，2012）研究得较多，但既考虑生鲜农产品的新鲜度衰减规律、消费者的价格敏感性，又考虑不同运输方式，不同供应链决策主体的生鲜农产品供应链定价与订货决策问题的相关研究者比较少。因此，本章在铁路混合所有制改革的国家战略背景下，研究基于高铁快运的生鲜农产品供应链定价与订货决策问题是非常有意义的。以期通过本章的研究为生鲜农产品供应链的理论和应用探索提供依据。

一、问题描述与模型假设

（一）问题描述

本章研究高铁快运背景下，供应商和零售商选择不同的运输方式远距离、长时间运输生鲜农产品，对生鲜农产品供应链的最优定价与订货决策，以及供应链最大化期望利润的影响问题。考虑生鲜农产品在远距离长时间的运输过程中，其新鲜度随时间衰减的特征，分析具有不同运输成本的高铁快运和普通运输对生鲜农产品供应链最优定价与订货决策，以及最大化期望利润的影响。

（二）　模型假设

本章假设如下两种决策模式：

（1）在供应商主导的生鲜农产品供应链系统中，供应商对生鲜农产品运输方式的选择具有决策权，并承担产品的运输费用；

（2）在零售商主导的供应链系统中，零售商对生鲜农产品运输方式的选择具有决策权，并承担产品的运输费用。

假设零售商从供应商手里订购生鲜农产品的数量为 $q(q \geqslant 0)$，单位生鲜农产品的批发价格 w，需要给运输企业支付单位产品的运输费用 $c_i(i = g, z)$（当供应链主导者选择高铁快运方式运输生鲜农产品时，运输费用为 c_g；当选择普通运输方式时，运输费用为 c_z）供应商的单位产品的生产价格为 c，并且上述成本满足 $c > c_g > c_z > 0$。

在现实生活中，生鲜农产品的新鲜度会随时间的变化而逐渐衰减，其新鲜度直接影响消费者的购买效用，农产品新鲜度越高，消费者购买效用越大，产品的市场需求量越大。因此，保证生鲜农产品在销售阶段具有较高的新鲜度，成为销售商急需解决的问题。虽然，现阶段的物流保鲜技术得到了巨大的提升，但远距离、跨区域的长时间运输不可避免地造成生鲜农产品新鲜度的降低，并且日益成为影响其新鲜度的主要因素。故而，研究生鲜农产品的新鲜度随运输时间的变化关系，并提出有效的模型进行刻画成为生鲜农产品供应链管理者亟须解决的问题。基于此，本章借鉴文献肖勇波等（2008）、但斌和陈军（2008）的论文中对生鲜农产品新鲜度随时间衰减变化关系的刻画函数，给出如下新鲜度衰减函数：

$$\gamma(t_i) = \eta e^{-\beta t_i} \qquad (6-1)$$

式（6-1）中，$\eta > 0$，表示生鲜农产品在开始运输前的新鲜度；$\beta > 0$，表示生鲜农产品在运输过程中新鲜度随时间的衰减关系，β 越大，农产品的新鲜度随时间的衰减速度越快，反之亦然。$t_i(i = g, z)$ 表示生鲜农产品的运输时间，即当供应链主导者选择高铁快运运输生鲜农产品时，运输时间为 t_g；选择普通运输方式时，运输时间为 t_p，并且满足 $t_g > t_p > 0$。

考虑产品市场需求的价格依赖，本章采用文献卡林和卡尔（Karlin & Carr，1962）、格拉诺和尹（Granot & Yin，2008）的普遍做法，使用如下乘积型需求函数：

$$d(p) = ap^{-b}\xi \qquad (6-2)$$

式（6-2）中，$a > 0$ 是对产品初始市场规模的一个度量；$b > 1$ 表示消费者的价格敏感性；ξ 表示随机环境对需求的扰动量，该变量是一个均值为 1 的随机变量，其概率分布函数和累积概率分布函数分别为 $f(\cdot)$ 和 $F(\cdot)$。考虑生鲜农产品的新鲜度对产品市场需求量的影响，借鉴肖勇波等（2008）研究中的方法，将农产品新鲜度随时间变化的函数 $\gamma(t)$ 作为一个外生变量加入到需求函数中，可得：

$$D(p, t_i) = d(p) \cdot \gamma(t_i) = \eta e^{-\beta t_i} \cdot ap^{-b}\xi \qquad (6-3)$$

式（6-3）中，$i = \{g, z\}$。

为了求解方便，本章根据莫达克和凯莱（Modak & Kelle，2019）的研究来定义生鲜农产品的库存因子：

$$\lambda = \frac{q}{D(p, t_i)\big|_{\xi=1}} = \frac{q}{a\eta e^{-\beta t_i}p^{-b}} \qquad (6-4)$$

因此，可得 $p = \sqrt[b]{\dfrac{a\lambda\eta e^{-\beta t_i}}{q}}$。

此外，本章还给出如下假设：

H6-1：生鲜农产品在运输途中可能会产生一定的数量损耗，然而，在现有的物流保鲜技术下，数量损耗的占比很小。因此，本章将数量损耗忽略，只考虑农产品的质量损耗对销售的影响。

H6-2：假设销售商在采购生鲜农产品时不会出现缺货的现象。

H6-3：为了保证最优解的存在，本章假设供应商的批发价格 $c + c_i < w < \min\left\{\dfrac{b+1}{b-1}(c+c_i), \dfrac{2p}{b+1}+c\right\}$（由定理 6.2 和定理 6.3 可得）。

H6-4：为了比较普通运输方式与高铁快运的优缺点，假设高铁快运和普通运输的单位运输费用与生鲜农产品的单位生产成本的关系为 $c_g = m_1 c$，$c_z = m_2 c$，并且 $0 < m_2 < m_1 < 1$。

二、模型构建

（一）供应商主导的生鲜农产品供应链系统

在供应商主导的供应链系统中，由供应商选择运输方式，并承担该运输方式下的运费。通过式（6-3）的分析，可知生鲜农产品零售商的期望销售量为 $E_\xi\{\min[D(p, t_i); q]\}$，因此，零售商的期望利润函数为：

$$\prod_r(p, t_i) = p \cdot E_\xi\{\min[D(p, t_i); q]\} - wq \qquad (6-5)$$

供应商的期望利润函数为：

$$\prod_s(p, t_i) = q(w - c_i - c) \qquad (6-6)$$

式（6-6）中，$i = \{g, z\}$。

在供应商主导的供应链系统中，假设供应商首先进行最优批发价格决策；然后零售商基于自身利润最大化制定最优的零售价格和订货量。故而，决策的目标函数为：

$$\max_w \prod_s(p, t_i)$$

$$\max_{p,q} \prod_r(p, t_i)$$

$$\begin{cases} \prod_r(q, t_i) = q\left\{\left[1 - \int_0^\Lambda \left(1 - \dfrac{x}{\lambda}\right)f(x)\,\mathrm{d}x\right]\sqrt[b]{\dfrac{a\lambda\eta e^{-\beta t_i}}{q}} - w\right\} \\ \prod_s(p, t_i) = q(w - c_i - c) \\ c_i + c < w, \ i = \{g, z\} \\ c > c_i > 0 \end{cases}$$

$$(6-7)$$

求解上述非线性规划问题，我们使用逆推法：

（1）基于 $\max\limits_{p,q} \prod_r(p, t_i)$ 求解零售商的零售价格 p_1 和订货量 q_1；

（2）将上述求解的 p_1^* 和 q_1^* 代入式（6-6）中，再基于 $\max\limits_w \prod_s(p, t_i)$ 求解最优的批发价格 w_1^*；

（3）将求解的 w_1^* 代入 p_1 和 q_1 中，即可获得最优的零售价格 p_1^* 和订货量 q_1^*。

引理 6.1：肖勇波等（2008）在供应商主导的生鲜农产品定价与订货决策下，如果函数 $g(x) = \dfrac{xf(x)}{F(x)}$ 关于 x 递增，并且满足 $\lim\limits_{x \to \infty} xF(x) = 0$，则存在唯一的最优库存因子 λ_0，并且最优库存因子由式（6-8）确定：

$$\int_0^\lambda (b-1)xf(x)\,\mathrm{d}x - \lambda[1 - F(\lambda)] = 0 \qquad (6-8)$$

由引理 6.1 可知，当随机需求变量 ξ 的分布函数和消费者的价格敏感系数 b 确定以后，零售商的最优库存因子 λ_0 即可确定，也即最优库存因子和订货量无关。

定理 6.1：在供应商主导的供应链系统中，零售商的利润函数 $\prod_r(q, t_i)$ 是关于订货量 q 的凹函数，并且存在最优的订货量：

$$q_1 = a\lambda\eta e^{-\beta t_i}\left[\frac{1 - F(\lambda_0)}{w}\right]^b \qquad (6-9)$$

和零售价格：

$$p_1 = \frac{w}{1 - F(\lambda_0)} \qquad (6-10)$$

使零售商期望利润最大化。

证明：对式（6-6）求解关于订货量 q 的一阶和二阶偏导数：

$$\frac{\partial \prod_r(q, t_i)}{\partial q} = \left(1 - \frac{1}{b}\right)q^{-\frac{1}{b}}(a\lambda\eta e^{-\beta t_i})^{\frac{1}{b}}\left[1 - \int_0^\lambda\left(1 - \frac{x}{\lambda}\right)f(x)\,\mathrm{d}x\right] - w$$
$$(6-11)$$

$$\frac{\partial^2 \prod_r(q, t_i)}{\partial q^2} = -\frac{1}{b}\left(1 - \frac{1}{b}\right)q^{-\frac{1}{b}}(a\lambda\eta e^{-\beta t_i})^{\frac{1}{b}}\left[1 - \int_0^\lambda\left(1 - \frac{x}{\lambda}\right)f(x)\,\mathrm{d}x\right]$$
$$(6-12)$$

因为价格敏感系数 $b > 1$，可得 $1 - \dfrac{1}{b} > 0$，并且 $1 - \displaystyle\int_0^\lambda \left(1 - \dfrac{x}{\lambda}\right) f(x)\,\mathrm{d}x > 0$，故而可得 $\dfrac{\partial^2 \prod_r(q, t_i)}{\partial^2 q} < 0$，因此，零售商的期望利润函数 $\prod_r(q, t_i)$ 是关于订货量 q 的凹函数，由 $\dfrac{\partial \prod_r(q, t_i)}{\partial q} = 0$ 可求解最优订货量为：

$$q_1 = \left[\frac{b-1}{bw}\left(1 - \int_0^\lambda \left(1 - \frac{x}{\lambda}\right) f(x)\,\mathrm{d}x\right)\right]^b a\lambda\eta e^{-\beta t_i}$$

$$= a\lambda\eta e^{-\beta t_i}\left[\frac{1 - F(\lambda_0)}{w}\right]^b \qquad (6-13)$$

将上述最优订货量代入式（6-4）中，可得零售商的最优零售价格

$$p_1 = \frac{w}{1 - F(\lambda_0)} \qquad (6-14)$$

定理 6.1 得证。

定理 6.2：当 $c + c_i < w < \dfrac{b+1}{b-1}(c + c_i)$（H6-3）时，供应商的期望利润函数 $\prod_s(p, t_i)$ 是关于批发价格 w 的凹函数，并且存在最优的批发价格：

$$w_1^* = \frac{b}{b-1}(c_i + c), \quad i = \{g, z\} \qquad (6-15)$$

使供应商期望利润最大化。

证明：将式（6-9）和式（6-10）代入式（6-7）的 $\prod_s(p, t_i)$ 中，可得：

$$\prod_s(p, t_i) = q(w - c_i - c) = a\lambda\eta e^{-\beta t_i}\left[\frac{1 - F(\lambda)}{w}\right]^b (w - c_i - c)$$

$$(6-16)$$

对上式求解关于批发价格 w 的偏导数，可得：

$$\frac{\partial \prod_s (p, t_i)}{\partial w} = a\lambda\eta e^{-\beta t_i} [1 - F(\lambda)]^b w^{-b} [(1 - b) + (c_i + c)bw^{-1}]$$

$$(6 - 17)$$

$$\frac{\partial^2 \prod_s (p, t_i)}{\partial w^2} = a\lambda\eta e^{-\beta t_i} [1 - F(\lambda)]^b w^{-b-1} b[(b - 1)$$
$$- (c_i + c)(b + 1)w^{-1}] \qquad (6 - 18)$$

当 $w < \frac{b+1}{b-1}(c + c_i)$ 时，$(b - 1) - (c_i + c)(b + 1)w^{-1} < 0$，也

即 $\frac{\partial^2 \prod_s (p, t_i)}{\partial w^2} < 0$，此时 $\prod_s (p, t_i)$ 是关于批发价格 w 的凹函

数，由 $\frac{\partial \prod_s (p, t_i)}{\partial w} = 0$ 可求解最优的批发价格 $w_1^* = \frac{b}{b-1}(c_i + c)$。

定理 6.2 得证。

将 $w_1^* = \frac{b}{b-1}(c_i + c)$ 代入到式（6-9）和式（6-10）中，即

可获得零售商的全局最优零售价格和订货量：

$$p_1^* = \frac{b}{(b-1)[1 - F(\lambda_0)]}(c_i + c)$$

$$q_1^* = a\lambda_0\eta e^{-\beta t_i} \left\{ \frac{(b-1)}{b(c + c_i)} [1 - F(\lambda_0)] \right\}^b \qquad (6 - 19)$$

定理 6.1 和定理 6.2 给出了供应商主导的供应链系统中，基于
高铁快运的生鲜农产品最优定价与订货策略。可以发现，零售商的
最优零售价格 p_1^* 和供应商的最优批发价格 w_1^* 都不受产品运输时间
的影响，都是关于产品单位运输费用 $c_i (i = g, z)$ 的单调增函数。
鉴于 $c_g > c_z$，易知基于高铁快运的生鲜农产品的最优批发价格和零

售价格都大于普通运输方式。由式（6-19）可知，零售商的最优订货是关于产品运输时间的单调减函数，亦是关于生鲜农产品单位运输费用 $c_i(i=g, z)$ 的单调减函数。由定理 6.2 可知，零售商的最优订货量受产品运输时间和单位运输费用影响，故而可得如下定理：

定理 6.3：在供应商主导的供应链系统中，当高铁快运的运输时间 $t_g < t_z - \dfrac{b}{\beta} \cdot \ln \dfrac{m_1+1}{m_2+1}$ 时，零售商的最优订货量 $q_1^*|_{i=g} > q_1^*|_{i=z}$；否则，最优订货量 $q_1^*|_{i=g} \leqslant q_1^*|_{i=z}$。

证明：由定理 6.2 可知，供应商选择高铁快运和普通运输方式两种不同的运输方式时，零售商的最优订货量分别为：

$$q_1^*|_{i=g} = a\lambda_0\eta e^{-\beta t_g}\left\{\frac{(b-1)}{b(c+c_g)}\left[1-F(\lambda_0)\right]\right\}^b \qquad (6-20)$$

$$q_1^*|_{i=z} = a\lambda_0\eta e^{-\beta t_z}\left\{\frac{(b-1)}{b(c+c_z)}\left[1-F(\lambda_0)\right]\right\}^b \qquad (6-21)$$

比较两种运输方式下的最优订货量，若 $q_1^*|_{i=g} > q_1^*|_{i=z}$，可得：

$$q_1^*|_{i=g} : q_1^*|_{i=z} = e^{-\beta(t_g-t_z)}\left(\frac{c+c_z}{c+c_g}\right)^b = e^{-\beta(t_g-t_z)}\left(\frac{m_2+1}{m_1+1}\right)^b > 1$$

故而可得 $\Delta t = t_z - t_g > \dfrac{b}{\beta} \cdot \ln \dfrac{m_1+1}{m_2+1}$。定理 6.3 得证。

定理 6.3 给出了在供应商主导的生鲜农产品供应链系统中，零售商的最优订货量在供应商选择两种不同方式时的关系。显而易见，当运输的生鲜农产品确定（也即生鲜农产品的新鲜度衰减系数 β 和消费者的价格敏感系数 b 确定）以后，零售商在两种运输方式下的最优订货量由两种运输方式的运输时间和单位运输费用综合决定。若单位运输费用确定（m_1 和 m_2 确定），运输时间差 $\Delta t > \dfrac{b}{\beta} \cdot$

$\ln\dfrac{m_1+1}{m_2+1}$ 时，零售商在高铁快运运输方式下的最优订货量较大；否则，在普通运输方式下的最优订货量最大。若两种运输方式下的运输时间确定（t_g 和 t_z 确定），若 $m_1 < (m_2+1)e^{\frac{\beta(t_z-t_g)}{b}} - 1$，则零售商高铁快运运输方式下的最优订货量较大；反之亦然。

定理 6.4：在供应商主导的供应链系统中，基于供应商期望利润最大化，当高铁快运的单位运输费用较大（也即 $m_1 > (m_2+1)$ $e^{\frac{\beta(t_z-t_g)}{b}} - 1$）时，供应商将选择普通运输方式运输生鲜农产品；当高铁快运的单位运输费用较小（也即 $m_1 < (m_2+1)e^{\frac{\beta(t_z-t_g)}{b}} - 1$）时，供应商将选择高铁快运运输方式运输生鲜农产品。

证明：在供应商主导的供应链系统中，供应商根据自身期望利润最大化选择生鲜农产品的运输方式，由式（6-15）和式（6-19）可得，供应商选择普通运输和高铁快运运输生鲜农产品时的最大化期望利润分别为：

$$\prod\nolimits_s^* \Big|_{i=z}(q_1^*, t_z) = q_1^*(w_1^* - c_z - c)$$

$$= a\lambda_0 \eta e^{-\beta t_z}\left\{\frac{(b-1)}{b(c+c_z)}[1-F(\lambda_0)]\right\}^b \frac{1}{b-1}(c_z+c)$$

$$(6-22)$$

$$\prod\nolimits_s^* \Big|_{i=g}(q_1^*, t_g) = q_1^*(w_1^* - c_g - c)$$

$$= a\lambda_0 \eta e^{-\beta t_g}\left\{\frac{(b-1)}{b(c+c_g)}[1-F(\lambda_0)]\right\}^b \frac{1}{b-1}(c_g+c)$$

$$(6-23)$$

故而可得如下比值关系：

$$\frac{\prod_s^* |_{i=z}(q_1^*, t_z)}{\prod_s^* |_{i=g}(q_1^*, t_g)} = e^{-\beta(t_z-t_g)}\left(\frac{c+c_g}{c+c_z}\right)^b = e^{-\beta(t_z-t_g)}\left(\frac{m_1+1}{m_2+1}\right)^b$$

$$(6-24)$$

当 $m_1 > (m_2+1)e^{\frac{\beta(t_z-t_g)}{b}} - 1$ 时，$\dfrac{\prod_s^* |_{i=z}(q_1^*, t_z)}{\prod_s^* |_{i=g}(q_1^*, t_g)} > 1$，故而可

得 $\prod_s^* |_{i=z}(q_1^*, t_z) > \prod_s^* |_{i=g}(q_1^*, t_g)$，也即选择普通运输方式

获得的最大化利润大于高铁快运。当 $m_1 < (m_2+1)e^{\frac{\beta(t_z-t_g)}{b}} - 1$ 时，

$\dfrac{\prod_s^* |_{i=z}(q_1^*, t_z)}{\prod_s^* |_{i=g}(q_1^*, t_g)} < 1$，故而可得 $\prod_s^* |_{i=z}(q_1^*, t_z) < \prod_s^* |_{i=g}(q_1^*,$

$t_g)$，此时供应商将选择高铁快运运输生鲜农产品。定理 6.4 得证。

在实际的应用中，虽然定理 6.4 的结论显而易见，但是定理 6.4 定量化地给出了供应商选择高铁快运还是普通运输方式运输生鲜农产品的量化标准，也即 m_1 和 $(m_2+1)e^{\frac{\beta(t_z-t_g)}{b}} - 1$ 的大小关系。随着社会经济的飞速发展，人们对产品的新鲜度要求越来越高（β 逐渐增大），对产品价格的敏感则相对减弱（b 逐渐减小），在这种情况下，$\dfrac{\beta}{b}$ 的比值逐渐增大，供应商对高铁快运高额的运输费用的敏感性则相对减弱。图 6-1 给出了随着 $\dfrac{\beta}{b}$ 的值的增大，供应商在两种运输方式下的最大期望利润的变化关系。由图 6-1 可知，随着 $\dfrac{\beta}{b}$ 的增大，供应商在高铁快运运输方式下的最大化期望利润 $\prod_s^* |_{i=g}(q_1^*, t_g)$ 逐渐增大，而在普通运输方式下的最大化期望利

润 $\prod_s^*|_{i=z}(q_1^*, t_z)$ 先减小后增大，但其增大的速度明显小于在高铁快运运输方式下。同时，两种运输方式下最大化期望利润相等的均衡点为 $\frac{\beta}{b} = \frac{1}{t_z - t_g}\ln\left(\frac{m_1 + 1}{m_2 + 1}\right)$。因此，在实际的供应链运营过程中，随着 $\frac{\beta}{b}$ 值的增大，主导供应链的供应商将选择高铁快运作为生鲜农产品运输的主要方式。

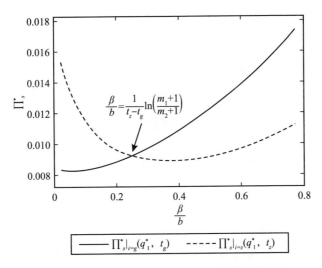

图 6 – 1 供应商在两种运输方式下的最大化期望

利润随 $\frac{\beta}{b}$ 的变化关系

资料来源：笔者绘制。

在供应商主导的供应链系统中，为了比较分析供应商和零售商之间最大期望利润的关系和影响因素，下面分别求解零售商和供应商的最大期望利润函数，由式（6 – 15）和式（6 – 19）

可得:

$$\prod_r^*(q_1^*, t_i) = \frac{1}{b-1}a\lambda_0\eta e^{-\beta t_i}F(\lambda_0)(q_1^*)^{1-\frac{1}{b}} - q_1^* w_1^*$$

$$= a\lambda_0\eta e^{-\beta t_i}\left\{\frac{b-1}{b(c+c_i)}[1-F(\lambda_0)]\right\}^{b-1}\frac{1-b[1-F(\lambda_0)]}{b-1}$$

$$(6-25)$$

$$\prod_s^*(q_1^*, t_i) = q_1^*(w_1^* - c_i - c)$$

$$= a\lambda_0\eta e^{-\beta t_i}\left\{\frac{(b-1)}{b(c+c_i)}[1-F(\lambda_0)]\right\}^{b}\frac{1}{b-1}(c_i+c)$$

$$(6-26)$$

式（6-25）、式（6-26）中，$i = g, z$；由式（6-25）和式（6-26）可知，在供应商主导的生鲜农产品供应链系统中，零售商和供应商的最大期望利润函数的比值为:

$$\prod_r^*(q_1^*, t_i) : \prod_s^*(q_1^*, t_i) = \frac{b - b^2[1-F(\lambda_0)]}{(b-1)[1-F(\lambda_0)]}$$

$$(6-27)$$

显而易见，零售商和供应商的最大期望利润比率只受消费者的价格敏感系数 b 和最优库存因子 λ_0 的影响，而 λ_0 由价格敏感系数 b 和随机需求 ξ 的分布函数所决定。

图 6-2 给出了随着消费者价格敏感的增强，零售商和供应商的最大期望利润的变化趋势。从图 6-2 中可以发现，伴随着消费者价格敏感性增强（b 增大），零售商的最大期望利润先增大后减小，供应商的利润则一直减小。故而，在供应商主导的供应链系统中，相对于供应商，零售商受消费者价格敏感系统的影响较大。

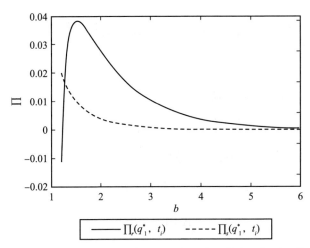

图 6 - 2　供应商主导的供应链系统中，供应链成员最大利润随 b 的变化关系

资料来源：笔者绘制。

（二）零售商主导的生鲜农产品供应链系统

在实际的生鲜农产品供应链运营过程中，一些强势零售商占据供应链的主导地位（例如，家乐福、百果园等），在这种供应链系统中，由零售商首先进行最优订货和定价决策，并决定生鲜农产品的运输方式，提供该运输方式下的运费 $c_i(i = g, z)$；然后销售商再根据零售商的策略制定最优的批发价格。故而，在零售商主导的供应链系统中，零售商的期望利润函数为：

$$\hat{\prod}_r (p, t_i) = p \cdot E_\xi \{\min[D(p, t_i); q]\} - (w + c_i)q$$

$$(6 - 28)$$

通过代入式（6 - 4）定义的库存因子，将 $\hat{\prod}_r(p, t_i)$ 转化为 $\hat{\prod}_r(q, t_i)$，可得：

$$\hat{\prod}_r(q, t_i) = q\left\{\left[1 - \int_0^\lambda \left(1 - \frac{x}{\lambda}\right)f(x)\,dx\right]\sqrt[b]{\frac{a\lambda\eta e^{-\beta t_i}}{q}} - w - c_i\right\}$$

$$(6-29)$$

供应商的期望利润函数:

$$\hat{\prod}_s(q, t_i) = q(w - c) \qquad (6-30)$$

在该供应链系统中, 决策的目标函数为:

$$\max_{p,q} \hat{\prod}_r(q, t_i)$$

$$\max_w \hat{\prod}_s(q, t_i)$$

$$\begin{cases} \hat{\prod}_r(q, t_i) = q\left\{\left[1 - \int_0^\lambda \left(1 - \frac{x}{\lambda}\right)f(x)\,dx\right]\sqrt[b]{\frac{a\lambda\eta e^{-\beta t_i}}{q}} - w - c_i\right\} \\ \hat{\prod}_s(q, t_i) = q(w - c) \\ c_i + c < w, i = \{g, z\} \\ c > c_i > 0 \end{cases}$$

$$(6-31)$$

同理, 使用逆推法求解目标函数式 (6-31):

(1) 基于 $\max_w \hat{\prod}_s(q, t_i)$ 求解供应商最优的批发价格 w_2;

(2) 将求解的 w_2 代入到式 (6-29) 中, 基于 $\max_{p,q} \hat{\prod}_r(q, t_i)$ 求解零售商最优的零售价格和订货量 p_2^* 和 q_2^*;

(3) 将 (2) 中求解的 p_2^* 和 q_2^* 代入 (1) 求解的 w_2 中, 即可获得零售商的全局最优解 w_2^*。

定理 6.5: 在零售商主导的供应链系统中, 供应商期望利润 $\hat{\prod}_s(q, t_i)$ 是关于批发价格 w 的凹函数, 并且存在最优的批发价格, 即:

$$w_2^* = \frac{(c_i + c)b}{b^2[1 - F(\lambda_0)] + 1 - b} + c \qquad (6-32)$$

使供应商期望利润最大化。同时，存在最优零售价格：

$$p_2^* = \frac{(c_i + c)b^2}{b^2[1 - F(\lambda_0)] + 1 - b} \qquad (6-33)$$

和订货量：

$$q_2^* = a\lambda_0\eta e^{-\beta t_i}\left[\frac{1 - F(\lambda_0) - \dfrac{b-1}{b^2}}{c_i + c}\right]^b \qquad (6-34)$$

使零售商期望利润最大化。

证明：为了求解最优的批发价格，根据布莱克本和斯卡德尔（Blackburn & Scudder, 2009）及刘和航（Liu & Hang, 2008）关于零售价格和批发价格的假设关系，假设零售商销售一个单位的生鲜农产品的利润为 θ，则有 $\theta = p - w$；故而，将 $p = w + \theta$ 和式（6-4）代入 $\prod_s(q, t_i)$ 中，然后对其求解关于批发价格 w 的偏导数，可得：

$$\frac{\partial \hat{\prod}_s(q, t_i)}{\partial w} = a\lambda\eta e^{-\beta t_i}p^{-b}[-bp^{-1}(w - c) + 1] \qquad (6-35)$$

$$\frac{\partial^2 \hat{\prod}_s(q, t_i)}{\partial w^2} = a\lambda\eta e^{-\beta t_i}p^{-b-1}b[(b+1)p^{-1}(w - c) - 2] \qquad (6-36)$$

当 $p > \dfrac{b+1}{2}(w - c)$ 时，$(b+1)p^{-1}(w - c) - 2 < 0$，此时 $\dfrac{\partial^2 \hat{\prod}_s(q, t_i)}{\partial w^2} < 0$，也即函数 $\hat{\prod}_s(q, t_i)$ 是关于批发价格 w 的凹函数，并且存在最优的批发价格，由 $\dfrac{\partial \hat{\prod}_s(q, t_i)}{\partial w} = 0$ 即可求解最优的

批发价格：

$$w_2 = \frac{p}{b} + c \qquad (6-37)$$

将式（6-37）求解的最优批发价格代入式（6-29），可得：

$$\hat{\prod}_r (q, t_i) = q^{1-\frac{1}{b}} (a\lambda \eta e^{-\beta t_i})^{\frac{1}{b}} \left[1 - \int_0^\lambda \left(1 - \frac{x}{\lambda} \right) f(x) \, dx \right]$$

$$- q \left[q^{-\frac{1}{b}} b^{-1} (a\lambda \eta e^{-\beta t_i})^{\frac{1}{b}} + c + c_i \right] \qquad (6-38)$$

求解 $\hat{\prod}_r (q, t_i)$ 关于零售价格 p 和订货量的偏导数：

$$\frac{\partial \hat{\prod}_r (q, t_i)}{\partial p} = a\lambda_0 \eta e^{-\beta t_i} \{ -b[1 - F(\lambda_0)] p^{-b} - b^{-1} p^{-b}$$

$$+ (pb^{-1} + c_i + c) bp^{-1-b} \} \qquad (6-39)$$

$$\frac{\partial \hat{\prod}_r (q, t_i)}{\partial q} = (a\lambda_0 \eta e^{-\beta t_i})^{\frac{1}{b}} \left[1 - F(\lambda_0) - \frac{b-1}{b^2} \right] q^{-\frac{1}{b}} - c - c_i$$

$$(6-40)$$

易知二阶条件 $\dfrac{\partial^2 \hat{\prod}_r (p, t_i)}{\partial p^2} < 0$ 和 $\dfrac{\partial^2 \hat{\prod}_r (p, t_i)}{\partial q^2} < 0$，故而由

一阶条件可得：

$$p_2^* = \frac{(c_i + c) b^2}{b^2 [1 - F(\lambda_0)] + 1 - b}$$

$$q_2^* = a\lambda_0 \eta e^{-\beta t_i} \left[\frac{1 - F(\lambda_0) - \dfrac{b-1}{b^2}}{c_i + c} \right]^b \qquad (6-41)$$

将式（6-41）求解的 p_2^* 和 q_2^* 代入 w_2 中，即可求解供应商的全局最优批发价格：

$$w_2^* = \frac{(c_i + c) b}{b^2 [1 - F(\lambda_0)] + b - 1} + c \qquad (6-42)$$

定理 6.5 得证。

相似于供应商主导的供应链系统，在零售商主导的供应链系统中，零售商的最优零售价格和供应商的最优批发价格都是关于单位运输费用 $c_i(i = g, z)$ 的单调增函数，但与不同运输方式的运输时间无关。考虑最优订货量受单位运输费用和运输时间的控制，相似于定理 6.3，当高铁快运的运输时间 $t_g < t_z - \dfrac{b}{\beta} \cdot \ln \dfrac{m_1 + 1}{m_2 + 1}$ 时，零售商在高铁快运运输方式下的最优订货量大于在普通运输方式下；反之亦然。

在零售商主导的生鲜农产品供应链系统中，基于零售商期望利润最大化，分析零售商运输方式的选择问题。定理 6.6 给出了零售商利润随运输费用参数的变化关系。

定理 6.6：在零售商主导的生鲜农产品供应链系统中，当高铁快运运输方式的运输费用参数 $m_1 < (m_2 + 1) e^{\frac{\beta}{b-1}(t_z - t_g)} - 1$ 时，零售商将选择高铁快运运输生鲜农产品；若运输费用参数 $m_1 > (m_2 + 1)$ $e^{\frac{\beta}{b-1}(t_z - t_g)} - 1$ 时，零售商将选择普通方式运输生鲜农产品。

证明：由式（6-32）~式（6-34）可得零售商在两种运输方式下的最大化期望利润分别为：

$$\hat{\prod}_r{}^*\Big|_{i=g}(q_2{}^*, t_g) = a\lambda_0 \eta e^{-\beta t_g} \left[\frac{1 - F(\lambda_0) - \dfrac{b-1}{b^2}}{c_g + c} \right]^{b-1}$$

$$\left\{ \frac{1}{b-1}[1 - F(\lambda_0)] - \frac{1}{b^2} \right\} \quad (6-43)$$

$$\hat{\prod}_r{}^*\Big|_{i=z}(q_2{}^*, t_z) = a\lambda_0 \eta e^{-\beta t_z} \left[\frac{1 - F(\lambda_0) - \dfrac{b-1}{b^2}}{c_z + c} \right]^{b-1}$$

$$\left\{\frac{1}{b-1}\left[1-F(\lambda_0)\right]-\frac{1}{b^2}\right\} \qquad (6-44)$$

比较上述利润函数可得：

$$\frac{\hat{\prod}_r^*|_{i=z}(q_2^*,t_z)}{\hat{\prod}_r^*|_{i=g}(q_2^*,t_g)} = e^{-\beta(t_z-t_g)}\left(\frac{c_g+c}{c_z+c}\right)^{b-1} = e^{-\beta(t_z-t_g)}\left(\frac{m_1+1}{m_2+1}\right)^{b-1}$$

$$(6-45)$$

因为 $t_z > t_g$，若 $\hat{\prod}_r^*|_{i=g}(q_2^*,t_g) > \hat{\prod}_r^*|_{i=z}(q_2^*,t_z)$，可得 $\left(\frac{m_1+1}{m_2+1}\right)^{b-1} < e^{\beta(t_z-t_g)}$，也即 $m_1 < (m_2+1)e^{\frac{\beta}{b-1}(t_z-t_g)}-1$，此时零售商选择高铁快运方式运输生鲜农产品；当 $\hat{\prod}_r^*|_{i=g}(q_2^*,t_g) < \hat{\prod}_r^*|_{i=z}(q_2^*,t_z)$ 时，可得函数关系式 $m_1 > (m_2+1)e^{\frac{\beta}{b-1}(t_z-t_g)}-1$，此时零售商选择普通运输方式运输生鲜农产品。定理6.6得证。

同理可知，在零售商主导的生鲜农产品供应链系统中，在高铁快运和普通运输两种运输方式的运输时间和单位运输费用确定的情况下，产品的新鲜度参数 β 和消费者的价格敏感系数 b 同样决定零售商运输方式的选择。同样，随着消费者对生鲜农产品新鲜度的要求越来越高，以及消费者价格敏感性越来越弱，$\frac{\beta}{b}$ 的比值越来越大。

图6-3给出了零售商主导下，零售商的最大期望利润随 $\frac{\beta}{b}$ 的变化关系。相似于供应商主导的供应链系统的结论，在零售商主导的供应链系统中，当零售商选择高铁快运运输生鲜农产品时，其最大期望利润随着 $\frac{\beta}{b}$ 的增加幅度大于选择普通运输方式时。这是因为消费者对产品的新鲜度更敏感而造成的对运输时间的依赖比较大。

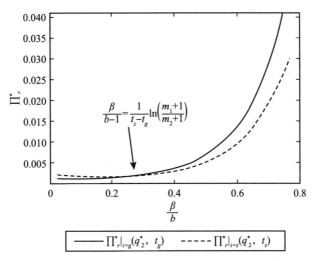

图 6 - 3　零售商在两种运输方式下的最大化期望利润随 $\dfrac{\beta}{b}$ 的变化关系

资料来源：笔者绘制。

为了比较分析在零售商主导的生鲜农产品供应链系统中，供应商和零售商的最大期望利润随相应参数的变化关系，通过式（6 - 32）~ 式（6 - 34）可得供应商和零售商的最大期望利润函数分别为：

$$\hat{\prod}_s(q_2^*, t_i) = a\lambda_0\eta e^{-\beta t_i}\left[\frac{1 - F(\lambda_0) - \dfrac{b-1}{b^2}}{c_i + c}\right]^{b-1}\frac{1}{b}$$

$$(6-46)$$

$$\hat{\prod}_r(q_2^*, t_i) = a\lambda_0\eta e^{-\beta t_i}\left[\frac{1 - F(\lambda_0) - \dfrac{b-1}{b^2}}{c_i + c}\right]^{b-1}$$

$$\left\{\frac{1}{b-1}[1 - F(\lambda_0)] - \frac{1}{b^2}\right\} \qquad (6-47)$$

式（6 - 46）、式（6 - 47）中，$i = g, z$；通过比较可知，在零售商主导的供应链系统中，零售商和供应商的最大期望利润函数的比值为：$\hat{\prod}_r^*(q_2^*, t_i) : \hat{\prod}_s^*(q_2^*, t_i) == \dfrac{b}{b-1}[1 - F(\lambda_0)] - \dfrac{1}{b}$。故

而，可得零售商和供应商的最大期望利润的比值只受消费者的价格

敏感系数的影响（最优库存因子 λ_0 确定）。图 6 - 4 给出了零售商

和供应商最大期望利润随消费者价格敏感系数 b 的变化关系。

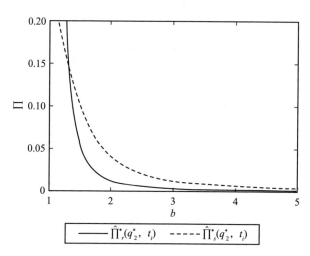

图 6 - 4   零售商主导的供应链系统中，供应链成员的

最大期望利润随 b 的变化关系

资料来源：笔者绘制。

三、两种生鲜农产品供应链系统的对比

（一）运输方式的选择

通过定理 6.4 和定理 6.6 可知，在供应商主导的供应链系统中，

供应链主导者选择高铁快运作为生鲜农产品运输的运输方式，高铁快运的单位运输费用参数 $c_g < (c_z + c) e^{\frac{\beta(t_z - t_g)}{b}} - c$；而在零售商主导的供应链系统中，供应链主导者选择高铁快运时，其单位运输费用 $c_g < (c_z + c) e^{\frac{\beta(t_z - t_g)}{b-1}} - c$。因此，相对于供应商主导的供应链系统，在零售商主导的生鲜农产品供应链中零售商对高铁快运的单位运输费用的敏感性较弱，故而可得定理 6.7。

定理 6.7：当高铁快运的单位运输费用 $c_g \in [c_z, (c_z + c) e^{\frac{\beta(t_z - t_g)}{b-1}} - c]$ 时，两种供应链系统主导者都会选择高铁快运运输生鲜农产品；当 $c_g \in [(c_z + c) e^{\frac{\beta(t_z - t_g)}{b-1}} - c, (c_z + c) e^{\frac{\beta(t_z - t_g)}{b}} - c]$ 时，供应商主导的供应链系统选择普通运输方式，零售商选择主导的供应链系统则选择高铁快运运输生鲜农产品；当 $c_g \in [(c_z + c) e^{\frac{\beta(t_z - t_g)}{b}} - c, c]$ 时，两种供应链系统主导者都选择普通运输方式运输生鲜农产品。

由定理 6.4 和定理 6.6 的结论即可获得定理 6.7，故不再详细证明。定理 6.7 给出了在供应链主导者不同时，他们选择高铁快运的成本条件。由定理 6.7 可知，在消费者价格敏感系数 b 和生鲜农产品新鲜度参数 β 确定的情况下，高铁企业若想获得生鲜农产品供应链的运输订单，必须根据两种运输方式的运输时间差（$t_z - t_g$）制定相应的最优运输费用。

（二）供应链最大期望利润比较

当生鲜农产品供应链主导者选择高铁快运作为其生鲜农产品的运输方式时，供应商和零售商主导下供应链的总利润具有较大差

别。由式（6-25）和式（6-26）可知供应商主导下生鲜农产品供
应链的最大期望利润为：

$$\prod_1 = a\lambda_0 \eta e^{-\beta t_g} \left\{ \frac{b-1}{b(c+c_g)} [1-F(\lambda_0)] \right\}^{b-1}$$

$$\left\{ \frac{1-b[1-F(\lambda_0)]}{b-1} + \frac{1-F(\lambda_0)}{b} \right\} \quad (6-48)$$

由式（6-46）和式（6-47）可得零售商主导下生鲜农产品供
应链的最大期望利润为：

$$\prod_2 = a\lambda_0 \eta e^{-\beta t_g} \left[\frac{1-F(\lambda_0)-\frac{b-1}{b^2}}{c_g+c} \right]^{b-1}$$

$$\left\{ \frac{1}{b-1} [1-F(\lambda_0)] - \frac{1}{b^2} + \frac{1}{b} \right\} \quad (6-49)$$

显而易见，在基于高铁快运的生鲜农产品供应链中，两种主导
方式下供应链的最大期望利润都是关于产品新鲜度参数 β 的单调减
函数。图6-5（a）和图6-5（b）给出了两种主导方式下供应链
最大期望利润随产品新鲜度参数 β 和消费者价格敏感系数 b 的变化
关系。可以发现 $\prod_1$ 和 $\prod_2$ 都是关于 β 和 b 的单调减函数。通过
图6-5可以发现，当消费者价格敏感系数 b 较低且产品的新鲜度参
数 β 较小时，供应商主导下的生鲜农产品供应链系统的最大期望利
润大于零售商主导的供应链系统。

在高铁快运的基础上，图6-6（a）和图6-6（b）给出了两
种供应链系统中，供应链的最大期望利润随生鲜农产品的新鲜度参
数 β 和消费者的价格敏感系数 b 的变化关系。从图6-6中可以发
现，当 b 固定以后，随着消费者对产品新鲜度要求的增加（β 的增
大）供应商和零售商主导的供应链的最大期望利润都降低，供应商

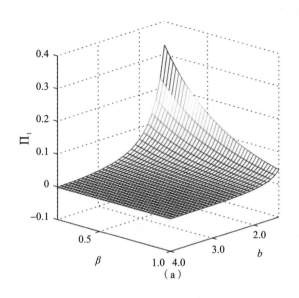

（a）

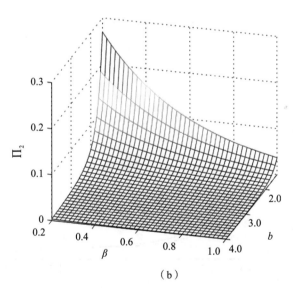

（b）

图 6 - 5　供应商主导下，供应链最大期望利润随 β 和 b 的变化关系

资料来源：笔者绘制。

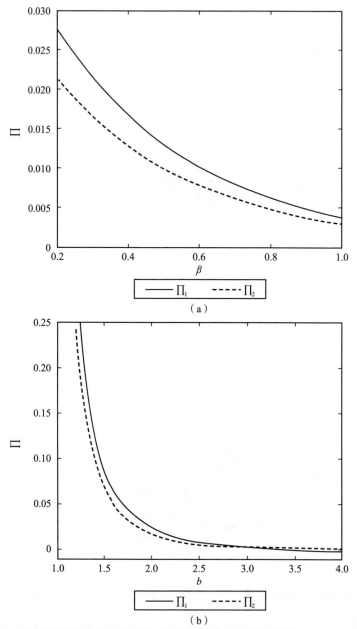

（a）

（b）

图6-6 供应商和零售商主导下生鲜农产品供应链最大化期望利润随 β 和 b 的变化关系

资料来源：笔者绘制。

主导的系统对 β 的敏感性更强，但供应商主导的供应链系统的最大期望利润始终大于零售商主导的系统。同时，当消费者对产品新鲜度要求不变（β 确定）时，供应商和零售商主导的供应链系统的最大期望利润亦都降低，然而，随着消费者价格敏感性的增强，供应商主导的供应链系统的最大期望利润将小于零售商主导的系统。相对而言，供应商主导的生鲜农产品供应链系统对产品的新鲜度较敏感，而零售商主导的生鲜农产品供应链系统对消费者的价格敏感系数应该具有较高的关注度。

四、本 章 小 结

在高铁快运蓬勃发展的大环境下，本章研究生鲜农产品供应链主导者选择不同的运输方式远距离运输生鲜农产品，对生鲜农产品的最优定价与订货决策影响的问题。为了刻画生鲜农产品的新鲜度随运输时间的衰减特性，本章建立指数衰减函数模型。根据高铁快运和普通运输在单位运输费用和运输时间上的差别，本章分析了高铁快运和普通运输对生鲜农产品供应链最优定价与订货决策的影响，以期望利润最大化为目标函数，建立了基于高铁快运的生鲜农产品定价与订货决策模型。考虑两种不同的供应链决策模式：供应商主导和零售商主导，分别构建了供应商和零售商利润函数模型，得到了对应的最优定价与订货决策，并研究了其与消费者价格敏感系数和生鲜农产品新鲜度参数之间的关系。基于供应链主导者期望利润最大化，获得了两种决策模式下，供应链主导选择高铁快运运输方式还是普通运输方式的理论依据。相关研究结论主要包括：

（1）在供应商和零售商分别主导的生鲜农产品供应链中，当高铁快运和普通运输的运输时间差较大时，零售商在高铁快运运输方式下的最优订货量大于普通运输方式；否则，其最优订货量小于普通运输方式。

（2）高铁快运的单位运输费用的高低是生鲜农产品供应链管理者选择该种运输方式的关键因素，相对于供应商主导的生鲜农产品供应链系统，在零售商主导下，供应链管理者选择高铁快运对单位运输费用的要求较低，也即相对于供应商，零售商对单位运输费用的敏感性较低。

（3）在选择高铁快运运输生鲜农产品的前提下，随着消费者对农产品新鲜度要求的提高（参数 β 的增大），供应商和零售商主导下供应链系统的最大期望利润都将降低，并且供应商主导下的最大期望利润大于零售商主导下的最大期望利润，但供应商主导下供应链的最大期望利润受产品新鲜度参数的影响较大。

（4）在选择高铁快运运输生鲜农产品的前提下，随着消费者对生鲜农产品价格敏感性的增强（参数 b 增大），供应商和零售商主导下的供应链系统最大期望利润都将降低；当 b 较小时，供应商主导的供应链系统的最大期望利润大于零售商主导的供应链系统，当 b 较大时，情况则相反。

综上所述，本章研究了在高铁快运背景下，生鲜农产品供应链基于不同运输方式的最优定价与订货策略，以及供应链主导者对选择高铁快运的运输时间和单位运输成本的要求。为生鲜农产品供应链管理者基于高铁快运制定最优的定价与订货策略提供相应的理论和模型依据；同时，也为高铁企业的铁路混合所有制改革提供相应的应用依托。然而，本章没有将高铁企业作为一个单独的决策主体考虑生鲜农产品供应链的最优定价与订货策略，在今后的研究中，我们将考虑生鲜农产品供应链系统涵盖的决策主体，如生鲜农产品供应商、零售商和高铁快运企业。

第七章

基于 HF – MULTIMOORA 群
决策方法的供应商选择研究

随着全球制造的兴起，供应商选择成为供应链管理中企业必须考虑的关键性战略因素。然而，供应商选择问题具有不确定性和模糊随机性等显著特点，研究难度较大。大量学者基于不同决策方法对其进行研究：袁宇等（2014）基于混合 VIKOR 方法研究供应商选择问题；李华等（2016）将改进的 TOPSIS 决策方法应用到供应商选择中；高宁等（2015）研究了石化项目采购决策中的供应商选择问题。基于供应商选择问题的特点，本章提出犹豫模糊全乘比例分析多目标优化（hesitant fuzzy multi-objective optimization by radio analysis，HF – MULTIMOORA）群决策方法，并将其应用于供应商选择中。

犹豫模糊集（hesitant fuzzy set，HFS）最早由托拉（Torra，2010）提出并用于表述不同决策者意见存在分歧的模糊问题。伴随着犹豫模糊集的熵是一个直觉模糊集被证明（Torra，2010），该模糊集的提出不仅扩充和丰富了模糊集系统，还从另外角度阐述了模糊集间的内在联系。作为处理不确定性问题的又一个有力工具，越来越多的学者致力于对犹豫模糊集的相关研究：夏等（Xia et al.，2011）结合直觉模糊集的性质给出了犹豫模糊元的记分函数、大小比较方法，以及运算规则等，并在此基础上提出了犹豫模糊加权集结算子（HFWA）、犹豫模糊加权几何算子（HFWG）、广义犹豫模糊加权集结算子（GHFWA）和广义犹豫模糊加权几何算子（GHF-WG）等一系列犹豫模糊集结算子。徐等（Xu et al.，2011）给出了多种形式的犹豫模糊距离和相关系数的度量公式，并针对犹豫模糊元长度不一致的情形，提出了通过添加元素补齐需度量的两个犹豫模糊元长度的思想。陈等（Chen et al.，2013）基于该思想，给出了一系列新的犹豫模糊相关系数度量公式，并将其用于软件评估分类和生意失败评估。结果表明，基于犹豫模糊信息的聚类分析能够较好地处理决策者意见存在分歧的模糊聚类问题。此外，鉴于其良好特性，学者们在对基于犹豫模糊信息的理论不断进行拓展（Zhang，2013；Xia et al.，2013；Wei，2012）的同时，也努力地将犹豫模糊信息推广到风险投资、聚类分析、人力资源评估、决策支持系统等诸多应用领域（Chen，2013；Gu，2011；Yu，2013；Zhang & Xu，2014）。

尽管针对犹豫模糊集及其应用的研究已经相当丰富，但事实上，现有研究中仍存在以下问题：

（1）由夏和徐（Xia & Xu，2011）提出的运算规则虽然能使犹豫模糊元进行相关运算，然而部分基于该运算规则的运算性质并不成立，例如，$2h \neq h \oplus h$，其中，h 为犹豫模糊元。

（2）常用的犹豫模糊元记分函数虽然易于计算，但其忽略了犹豫模糊元内部单个元素与整体的关联性。

（3）在对犹豫模糊元的距离和相关系数进行度量时，往往采用添加元素的方式使得两个犹豫模糊元具有相同的长度（Xu & Xia，2011），该方法导致了被添加元素的犹豫模糊元的信息被改变。

为此，本章针对问题（2）和问题（3），结合客观且具有高鲁棒性的 MULTIMOORA（Brauers & Zavadskas，2006；Brauers & Zavadskas，2009；Brauers & Zavadskas，2010；Brauers，2012；Brauers & Zavadskas，2011）方法，提出考虑用户需求的 HF – MULTIMOORA 群决策方法。首先，针对问题（2），本章将犹豫模糊元中各元素占总体的比重作为其权重，并以各元素的加权平均值作为该犹豫模糊元的记分函数；其次，针对问题（3），本章基于记分函数不变原则，对需要度量的犹豫模糊元进行添加补齐；再次，基于决策者的评估信息与用户需求的相关系数最大化原则客观获取决策者权重；最后，利用 MULTIMOORA 方法对各方案进行客观评价。此外，不同于传统群决策方法，本章所提出的方法以用户、决策者和方案提供者为主体，在充分考虑用户需求的前提下，结合决策者的态度，客观地对各个方案进行评价，并选出最佳方案。案例分析表明，本章提出的方法能够有效地解决供应商选择过程中带有用户需求的复杂决策问题。

一、基 础 知 识

针对不同的决策者对同一事物持有不同的观点，且均未能说服对方，造成决策结果不一致的情形，托拉（2010）对模糊集进行了

拓展，提出了犹豫模糊集；同时，

定义 7.1（Torra，2010）：设 X 为一给定集合，形如：

$$E = \{\langle x,\ h_E(x)\rangle \mid x \in X\} \qquad\qquad (7-1)$$

的二元组称为 X 上的犹豫模糊集。

式（7-1）中，$h_E(x)$ 是由 $[0,1]$ 上若干个数构成的集合，表示元素 x 隶属于集合 E 的程度的若干种可能。称 $h = h_E(x)$ 为一个犹豫模糊元（hesitant fuzzy element，HFE），并记 H 为全体犹豫模糊元构成的集合。

托拉（2010）将犹豫模糊元间的运算定义：

定义 7.2（Torra，2010）：设 h，h_1 和 h_2 为给定集合 X 上的三个犹豫模糊元，则

（1）$h^C = \bigcup_{\gamma \in h}\{1-\gamma\}$；

（2）$h_1 \cup h_2 = \bigcup_{\gamma_1 \in h_1,\gamma_2 \in h_2}\{\gamma_1 \vee \gamma_2\}$；

（3）$h_1 \cap h_2 = \bigcup_{\gamma_1 \in h_1,\gamma_2 \in h_2}\{\gamma_1 \wedge \gamma_2\}$。

此外，夏和徐（2011）提出了如下犹豫模糊元间的运算规则。

定义 7.3（Xia & Xu，2011）：h，h_1 和 h_2 为给定集合 X 上的 3 个犹豫模糊元，则：

（1）幂乘 $h^{\lambda} = \bigcup_{\gamma \in h}\{\gamma^{\lambda}\}$，$\lambda \geqslant 0$；

（2）数乘 $\lambda h = \bigcup_{\gamma \in h}\{1-(1-\gamma)^{\lambda}\}$，$\lambda \geqslant 0$；

（3）加法 $h_1 \oplus h_2 = \bigcup_{\gamma_1 \in h_1,\gamma_2 \in h_2}\{\gamma_1 + \gamma_2 - \gamma_1\gamma_2\}$；

（4）乘法 $h_1 \otimes h_2 = \bigcup_{\gamma_1 \in h_1,\gamma_2 \in h_2}\{\gamma_1\gamma_2\}$。

基于上述运算规则，夏等（2011）提出了用于集结犹豫模糊信息的犹豫模糊加权集结算子。

定义 7.4（Xia & Xu，2011）：设 $h_j(j=1,2,\cdots,n)$ 为给定

集合 X 上的一组犹豫模糊元，称 $H^n \rightarrow H$ 的映射：

$$HFWA(h_1, h_2, \cdots, h_n) = \bigoplus_{j=1}^{n} (\omega_j h_j)$$

$$= \bigcup_{\gamma_1 \in h_1, \gamma_2 \in h_2, \cdots, \gamma_n \in h_n} \left\{ 1 - \prod_{j=1}^{n} (1 - \gamma_j)^{\omega_j} \right\}$$

$$(7-2)$$

为犹豫模糊加权集结算子（hesitant fuzzy weighted averaging, HFWA）。式（7-2）中，$\boldsymbol{\omega} = (\omega_1, \omega_2, \cdots, \omega_n)^T$ 是 h_j（$j = 1$, $2, \cdots, n$）的权重向量，满足 $\omega_j \in [0, 1]$ 且 $\sum_{j=1}^{n} \omega_j = 1$。当权重向量 $\boldsymbol{\omega} = \left(\frac{1}{n}, \frac{1}{n}, \cdots, \frac{1}{n} \right)^T$ 时，HFWA 退化为犹豫模糊集结算子（hesitant fuzzy averaging, HFA）：

$$HFA(h_1, h_2, \cdots, h_n) = \bigoplus_{j=1}^{n} \left(\frac{1}{n} h_j \right)$$

$$= \bigcup_{\gamma_1 \in h_1, \gamma_2 \in h_2, \cdots, \gamma_n \in h_n} \left\{ 1 - \prod_{j=1}^{n} (1 - \gamma_j)^{\frac{1}{n}} \right\}$$

$$(7-3)$$

夏和徐（2011）还就犹豫模糊元间的排序定义了反应犹豫模糊元所蕴含信息量的记分函数。

定义 7.5（Xia & Xu, 2011）：设 h 为给定集合 X 上的一个犹豫模糊元，记

$$s(h) = \frac{\sum_{\gamma \in h} \gamma}{\delta(h)} \quad (7-4)$$

为犹豫模糊元 h 的记分函数。式（7-4）中，$\delta(h)$ 表示犹豫模糊元 h 中元素的个数。

考虑单一元素犹豫模糊集 $\langle x, h_E(x) \rangle$，其中，犹豫模糊元 $h =$

$\{0.95，0.9，0.85，0.8，0.1\}$。假设犹豫模糊元中各元素具有相同的权重，则该犹豫模糊元可理解为有 80% 的决策者认为元素 x 隶属于集合 E 的程度大于 0.8，而仅有 20% 的决策者认为其隶属于集合 E 的程度为 0.1。根据实际经验（或者少数服从多数原则），元素 x 隶属于集合 E 的程度应大于 0.8。而在同样的假设条件下，定义 7.5 可视为以犹豫模糊元中所有元素的平均值作为该犹豫模糊元的记分函数值，计算得 $s(h) = \dfrac{0.95 + 0.9 + 0.85 + 0.8 + 0.1}{5} = 0.72$。显然，该结果是不合理的。

为此，本章定义以下犹豫模糊元的记分函数。

定义 7.6：设 h 为给定集合 X 上的一个犹豫模糊元，记

$$s(h) = \sum_{\gamma \in h} \frac{\gamma}{\sum_{\gamma \in h} \gamma} \gamma = \sum_{\gamma \in h} \frac{\gamma^2}{\sum_{\gamma \in h} \gamma} = \frac{\sum_{\gamma \in h} \gamma^2}{\sum_{\gamma \in h} \gamma}$$

$$(7-5)$$

为犹豫模糊元 h 的记分函数。

在定义 7.5 的记分函数中，犹豫模糊元的每个元素都被赋予了 $\dfrac{1}{\delta(h)}$ 的权重。此种赋权方式虽然能够主观地体现每个元素的同等重要性，但其忽略了单个元素与整体的关联性。在定义 7.6 中，本章以单个元素占整体的比例作为该元素的客观权重，并将各元素进行加权集结，作为该犹豫模糊元的记分函数。基于此定义，该犹豫模糊元的记分函数为 $s(h) = 0.8569 > 0.8$。因此，此定义中的记分函数较定义 7.5 的合理。

基于此，犹豫模糊元可由定义 7.7 进行排序。

定义 7.7（Xia & Xu，2011）：设 h_1 和 h_2 为给定集合 X 上的两

个犹豫模糊元,

（1）若 $s(h_1) > s(h_2)$，则 $h_1 > h_2$;

（2）若 $s(h_1) = s(h_2)$，则 $h_1 = h_2$。

通常，任意两个犹豫模糊元 h_1 和 h_2 具有不同的元素个数,即 $\delta(h_1) \neq \delta(h_2)$。为实现犹豫模糊元间的度量,夏和徐（2011）提出了通过人为补齐两个犹豫模糊元长度的方法:首先,将犹豫模糊元内各元素按照从大到小的顺序进行排序。其次,在元素少的犹豫模糊元里添加元素,直到集合里的元素个数达到 $\delta = \max\{\delta(h_1),$ $\delta(h_2)\}$。添加的原则可以反映决策者的风险偏好,喜好风险的决策者会对预期结果有比较乐观的估计,则添加集合中值最大的元素,而厌恶风险的决策者正好相反,则添加集合中值最小的元素。

基于此,夏和徐（2011）、陈等（2013）假设决策者是厌恶风险的并定义如下犹豫模糊集的相关系数。

定义 7.8（Xu & Xia, 2011; Chen et al., 2013）:设 A 和 B 为给定集合 X 上的两个犹豫模糊集,并称

$$\rho_{HFS}(A, B) = \frac{\sum_{i=1}^{n} \left[\frac{1}{\delta_i} \sum_{j=1}^{\delta_i} h_{A\sigma(j)}(x_i) \cdot h_{B\sigma(j)}(x_i) \right]}{\sqrt{\sum_{i=1}^{n} \left[\frac{1}{\delta_{A_i}} \sum_{j=1}^{\delta_{A_i}} h_{A\sigma(j)}^2(x_i) \right]} \cdot \sqrt{\sum_{i=1}^{n} \left[\frac{1}{\delta_{B_i}} \sum_{j=1}^{\delta_{B_i}} h_{B\sigma(j)}^2(x_i) \right]}}$$

$$(7-6)$$

为 A 和 B 的相关系数。式（7-6）中, $h_{A\sigma(j)}(x_i)$ 和 $h_{B\sigma(j)}(x_i)$ 分别为 x_i 隶属于 A 和 B 的犹豫模糊元中第 j 大的数, δ_{A_i} 和 δ_{B_i} 分别为 x_i 隶属于 A 和 B 的犹豫模糊元的元素个数,且 $\delta_i = \max\{\delta_{A_i}, \delta_{B_i}\}$, $i = 1, 2, \cdots, n$。

陈等（2013）基于此方法和假设定义了如下犹豫标准化距离。

定义 7.9（Chen et al.，2013）：设 h_1 和 h_2 为给定集合 X 上的两个犹豫模糊元，称

$$d(h_1, h_2) = \frac{1}{\delta} \sum_{i=1}^{\delta} |h_1^{\sigma(i)} - h_2^{\sigma(i)}| \qquad (7-7)$$

为 h_1 和 h_2 的犹豫标准化距离。式（7-7）中，$h_1^{\sigma(i)}$ 和 $h_2^{\sigma(i)}$ 分别为 h_1 和 h_2 中第 i 大的数，并且满足 $\delta = \max\{\delta(h_1), \delta(h_2)\}$。

例 7-1：设 $h_1 = \{0.95, 0.9, 0.85, 0.8, 0.1\}$ 和 $h_2 = \{0.9, 0.85, 0.7, 0.55, 0.3, 0.2, 0.1\}$ 为给定集合 X 上的两个犹豫模糊元，若决策者为厌恶风险型，则 h_1 和 h_2 的犹豫标准化距离为：

$$d(h_1, h_2) = \frac{1}{\delta} \sum_{i=1}^{\delta} |h_1^{\sigma(i)} - h_2^{\sigma(i)}| = 0.1143$$

在计算过程中，元素个数较少的犹豫模糊元 h_1 被人为地添加为 $h_1' = \{0.95, 0.9, 0.85, 0.8, 0.1, 0.1, 0.1\}$，从而与 h_2 有相同的元素个数。在添加之前，犹豫模糊元 h_1 的记分函数为 $s(h_1) = 0.8569$，添加后，变为 $s(h_1') = 0.8171$。可以看出，通过人为补齐元素长度的方法对犹豫模糊元进行度量（如距离等），虽然能够很好地迎合相关度量公式并求得度量结果，但按此主观方法进行添加改变了参与度量的犹豫模糊元原本所蕴含的信息，即记分函数。鉴于此，本章基于记分函数不变的原则提出如下犹豫模糊元添加补齐的方法：

（1）在元素少的犹豫模糊元里添加其相应的记分函数，直到元素个数达到 $\delta = \max\{\delta(h_1), \delta(h_2)\}$；

（2）将犹豫模糊元中各元素按照从大到小的顺序进行排序。

为说明为何要添加该犹豫模糊元的记分函数，假设 $\delta(h_1) < \delta(h_2)$，那么需要向犹豫模糊元 h_1 内添加 $\delta(h_2) - \delta(h_1)$ 个元素。

不失一般地，假设需要添加元素的值为 r。为保证添加前后犹豫模糊元的记分函数不变 $s(h_1) = s(h_1')$，即

$$\frac{\sum_{\gamma_1 \in h} \gamma_1^2}{\sum_{\gamma_1 \in h_1} \gamma_1} = \sum_{\gamma_1 \in h_1} \frac{\gamma_1^2}{[\delta(h_2) - \delta(h_1)]\gamma + \sum_{\gamma_1 \in h_1} \gamma_1}$$

$$+ [\delta(h_2) - \delta(h_1)] \frac{\gamma^2}{[\delta(h_2) - \delta(h_1)]\gamma + \sum_{\gamma_1 \in h_1} \gamma_1}$$

$$= \frac{[\delta(h_2) - \delta(h_1)]\gamma^2 + \sum_{\gamma_1 \in h_1} \gamma_1^2}{[\delta(h_2) - \delta(h_1)]\gamma + \sum_{\gamma_1 \in h_1} \gamma_1} \qquad (7-8)$$

求解得，$\gamma = 0$ 或

$$\gamma = \frac{\sum_{\gamma_1 \in h} \gamma_1^2}{\sum_{\gamma_1 \in h_1} \gamma_1} = s(h_1) \qquad (7-9)$$

$\gamma = 0$ 表示不向 h_1 中添加任何元素，即 $\delta(h_1) = \delta(h_2) = \delta$，此处不考虑此种情形。对于 $\gamma = s(h_1)$，我们将从以下四点说明其合理性：

首先，从数学的角度，该结果是显然的。

在例 7-1 中，就 $h_1 = \{0.95, 0.9, 0.85, 0.8, 0.1\}$ 本身而言，由于大部分决策者认为元素 x 隶属于相应犹豫模糊集的程度大于 0.8，根据少数服从多数原则可以预测，若决策者们对元素 x 隶属于相应犹豫模糊集的程度还有异于 h_1 中各元素的结果，则该值理应大于 0.8。因而向 h_1 中添加 $\gamma = s(h_1) = 0.8814$ 是相对合理的。

其次，向 h_1 中添加 $\gamma = s(h_1) = 0.8814$ 保证了该犹豫模糊元添加前后所蕴含的信息不变，即记分函数不变，因而更为合理。

再次，计算例 7-1 中基于新添加补齐方法的两个犹豫模糊元的距离为 $d(h_1, h_2) = 0.2448$。再考虑犹豫模糊元 $h_1 = \{0.95, 0.9, 0.85, 0.8, 0.1\}$，以及通过减少 h_2 元素个数得到的犹豫模糊元 $h_3 =$

$\{0.9, 0.85, 0.7, 0.55, 0.2\}$ 间的距离。由于 $\delta(h_1) = \delta(h_3) = 5$，所以无须添加补齐而直接利用式（7 – 7）计算得到 $d(h_1, h_3) = 0.12$。比较上述 3 个距离，基于原添加补齐方法得到的 h_1 和 h_2 的距离最小，h_1 和 h_3 的距离次之，最后是基于新添加补齐方法得到的 h_1 和 h_2 的距离。由距离的定义知，距离越小，则两列向量越相似，反之亦然。因而，通过比较 3 个犹豫模糊元 h_1、h_2 和 h_3 内元素分布可知，无论是基于原添加补齐方法还是新添加补齐方法，得到的犹豫模糊元 h_1 和 h_2 的距离均应大于 h_1 和 h_3 的距离。从而，新添加补齐方法更具合理性。

最后，由于新添加补齐方法无须考虑决策者对风险的态度，减小了主观因素对结果的影响，从而更为合理。

综上所述，新添加补齐方法对犹豫模糊元间的度量较夏和徐（2011）提出的方法合理。若未作特殊说明，本章的相关度量均基于此方法进行计算。

二、考虑用户需求的 HF – MULTIMOORA 群决策方法

传统的群决策方法首先，通常是通过多个决策者对待评价方案对应于各评价属性进行打分；其次，结合主观或者客观的决策者权重，将各专家的决策信息矩阵进行集结得到综合评价矩阵；再次，再结合主观或者客观的评价属性权重，将各方案在综合评价矩阵中的值进行集结，得到各方案的综合评价值；最后，基于综合评价值

对各方案进行排序，并据此选出最优的方案。因而，此种群决策方法主要由两部分群体构成，即决策者和方案提供者。

在现实生活中，任何事物的发展都应运于社会的需求，因此，对由用户、决策者和方案提供者三部分群体组成的群决策方法的研究是很有必要的。为此，本章提出了一种由用户、决策者和方案提供者三部分群体组成的、考虑用户需求的 HF – MULTIMOORA（Hao et al.，2008；Chen et al.，2016；Li & Wu，2015；Tversky & Kahneman，1992）群决策方法。首先，用户根据需求确定决策属性并以犹豫模糊元给出对各个决策属性的期望值，以及对各决策者的权重限制，方案提供者根据需求提供方案，决策者根据经验将方案提供者所提供的方案在各决策属性下进行评价打分，并得到相应的评价矩阵。其次，结合用户对各决策者的权重限制，并基于用户对各个决策属性的期望值与决策者对各决策属性评价值的相关系数最大化原则，求得客观决策者权重。再次，利用犹豫模糊加权集结算子对决策者相对应的评价矩阵进行集结，并得到综合决策矩阵。最后，利用具有高鲁棒性的HF – MULTIMOORA 决策方法选出最满足用户需求的方案。

设参数 $M = \{1, 2, \cdots, m\}$，$N = \{1, 2, \cdots, n\}$，$S = \{1, 2, \cdots, s\}$ 分别代表相应于 m 个备选方案、n 个属性和 s 位决策者下标集合。记决策群组集合为 $DM = \{DM_1, DM_2, \cdots, DM_s\}$，其中，$DM_k$ 表示第 k 个决策者，$k \in S$，$\boldsymbol{\omega} = (\omega_1, \omega_2, \cdots, \omega_s)^{\mathrm{T}}$ 为决策者的权重向量。假定待评估方案集合为 $A = \{A_1, A_2, \cdots, A_m\}$，其中，$A_i$ 代表第 i 个备选方案，$i \in M$；待评估的属性集合为 $C = \{C_1, C_2, \cdots, C_n\}$，其中，$C_j$ 代表第 j 个属性，$j \in N$。用户以犹豫模糊元给出对各个决策属性的期望值 $\boldsymbol{\pi} = (\pi_1, \pi_2, \cdots, \pi_n)^{\mathrm{T}}$ 及对各决策

者的权重限制 $g(\boldsymbol{\omega}) \geqslant 0$，决策者 $DM_k(k \in S)$ 以犹豫模糊元 h_{ij}^k 刻画方案 $A_i(i \in M)$ 在属性 $C_j(j \in N)$ 下的评估值，并可构建犹豫模糊决策矩阵 $H^k = [h_{ij}^k]_{m \times n}(k \in S)$，要求确定最优方案。

需要说明的是，权重限制 $g(\boldsymbol{\omega}) \geqslant 0$ 是用户基于对决策者各方面能力（如经验丰富程度）的理性认知而给出用于限制决策者权重的一系列条件。此外，由于犹豫模糊元是为解决群体意见出现分歧的模糊问题而提出的，因此，本章所提及的用户和决策者均为一个群体。因此，本章考虑用户需求的 HF – MULTIMOORA 群决策方法的流程图如图 7 – 1 所示，其具体决策步骤如下：

步骤 1　确定犹豫模糊决策矩阵。

步骤 1 – 1　用户以犹豫模糊元给出对各个决策属性的期望值 $\boldsymbol{\pi} = (\pi_1, \pi_2, \cdots, \pi_n)^T$。

步骤 1 – 2　决策者以 HFEs 表征对各方案不同准则的评估信息，由此可以确定 s 个犹豫模糊决策矩阵：

$$H^1 = [h_{ij}^1]_{m \times n}, \ H^2 = [h_{ij}^2]_{m \times n}, \ \cdots, \ H^s = [h_{ij}^s]_{m \times n}(i \in M, j \in N)$$

$$(7 – 10)$$

式（7 – 10）中，h_{ij}^k 表示决策者 $DM_k(k \in S)$ 对方案 $A_i(i \in M)$ 在属性 $C_j(j \in N)$ 下的评估值。

步骤 2　由于用户对各个决策属性的期望值 $\boldsymbol{\pi} = (\pi_1, \pi_2, \cdots, \pi_n)^T$ 和决策者 $DM_k(k \in S)$ 对方案 $A_i(i \in M)$ 在各个属性下的评估值 $\boldsymbol{H}_i^k = (h_{i1}^k, h_{i2}^k, \cdots, h_{in}^k)^T$ 均可视为犹豫模糊集，利用式（7 – 6）度量其相关系数，并得到 s 个相关系数向量

$$\boldsymbol{\rho}^1 = (\rho_1^1, \rho_2^1, \cdots, \rho_m^1), \ \boldsymbol{\rho}^2 = (\rho_1^2, \rho_2^2, \cdots, \rho_m^2), \ \cdots, \ \boldsymbol{\rho}^s = (\rho_1^s, \rho_2^s, \cdots, \rho_m^s)_{\circ}$$

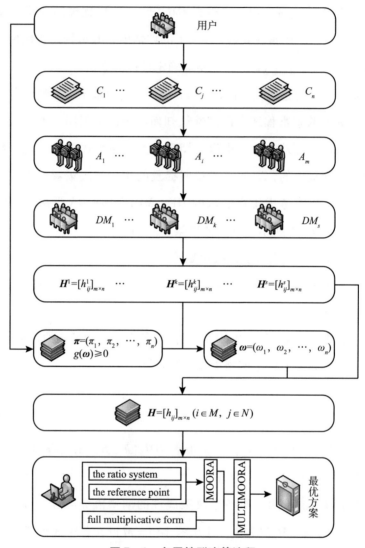

图 7 – 1　多属性群决策流程

资料来源：笔者绘制。

步骤 3　综合各决策者的意见是为了使决策结果更为合理，与此同时，当用户对决策结果有要求时，决策方法应选出最贴近用户需求的方案。基于此，决策者的权重应使各方案的总相关系数最大化，即模型：

$$\max f_i(\boldsymbol{\omega}) = \sum_{k=1}^{s} \omega_k \rho_i^k$$

$$\text{s. t. } g(\boldsymbol{\omega}) \geqslant 0 \tag{7-11}$$

$$\sum_{k=1}^{s} \omega_k = 1, \ \omega_k \in [0, 1], \ k \in S$$

式（7 – 11）中，$i \in M$。由于方案提供者是公平竞争，各方案不存在偏好关系，因此可以将多目标模型（7 – 11）转化为如下单目标模型：

$$\max f(\boldsymbol{\omega}) = \sum_{i=1}^{m} \sum_{k=1}^{s} \omega_k \rho_i^k$$

$$\text{s. t. } g(\boldsymbol{\omega}) \geqslant 0 \tag{7-12}$$

$$\sum_{k=1}^{s} \omega_k = 1, \ \omega_k \in [0, 1], \ k \in S$$

求解模型（7 – 12）即可得到决策者权重向量：

$$\boldsymbol{\omega} = (\omega_1, \ \omega_2, \ \cdots, \ \omega_s)^T$$

步骤 4　利用式（7 – 2）定义的犹豫模糊加权集结算子，将相应于各个决策者的方案 $A_i(i \in M)$ 在属性 $C_j(j \in N)$ 下的评估值 $h_{ij}^k(k = 1, 2, 3)$ 进行集结，并得到犹豫模糊综合评价矩阵：

$$\boldsymbol{H} = [h_{ij}]_{m \times n} \ (i \in M, j \in N) \tag{7-13}$$

式（7 – 13）中，$h_{ij} = HFWA(h_{ij}^1, h_{ij}^2, \cdots, h_{ij}^s)$，$i \in M$，$j \in N$。

由于各属性所对应的值之间不存在量纲差异，因此，无需对犹豫模糊综合评价矩阵进行标准化处理。以下将基于犹豫模糊 MULTIMOORA 决策方法对犹豫模糊综合评价矩阵 $\boldsymbol{H}$ 所对应的各方案进行排序，并选取最佳方案。

步骤 5　利用比率模型（ratio system）对各方案的综合评估值进行排序。

步骤 5 - 1　基于犹豫模糊元的加法运算和式（7 - 5）定义的记分函数，计算备选方案 $A_i(i \in M)$ 的综合比率值：

$$HS_i = s\left(\bigoplus_{j=1}^{g} h_{ij}\right) - s\left(\bigoplus_{j=g+1}^{n} h_{ij}\right) \qquad (7-14)$$

式（7 - 14）中，$g \in [1, n]$ 表示效益型属性的个数。

步骤 5 - 2　结合定义 7.5 对各备选方案进行排序。显然，$HS_i(i \in M)$ 越大，则方案 A_i 越优。

步骤 6　利用参照点法（reference point）对各方案的综合评估值进行排序。

步骤 6 - 1　利用定义 7.5 选择综合参照点 $\boldsymbol{r} = (r_1, r_2, \cdots, r_j, \cdots, r_n)^T$，选择原则为：①若 $C_j(j \in N)$ 为效益型属性，则 $r_j = \max\limits_{i \in M}\{h_{ij}\}$，$j \in N$；②若 $C_j(j \in N)$ 为成本型属性，则 $r_j = \min\limits_{i \in M}\{h_{ij}\}$，$j \in N$。

步骤 6 - 2　结合犹豫模糊元的距离公式，计算备选方案 $A_i(i \in M)$ 的综合评估值到综合参照点的标准化距离：

$$HD_i = \sum_{j=1}^{n} d(h_{ij}, r_j) \qquad (7-15)$$

步骤 6 - 3　对各备选方案进行排序。显然，$HD_i(i \in M)$ 越小，则方案 A_i 越优。

步骤 7　利用全乘模型（full multiplicative form）对各方案的综合评估值进行排序。

步骤 7 - 1　基于犹豫模糊元的乘法运算和记分函数，计算备选方案 $A_i(i \in M)$ 的综合效用值：

$$HU_i = \frac{s(U_i^+)}{s(U_i^-)} \tag{7-16}$$

式（7 – 16）中，$U_i^+ = \overset{g}{\underset{j=1}{\otimes}} h_{ij}$，$U_i^- = \overset{n}{\underset{j=g+1}{\otimes}} h_{ij}$，$i = 1$，2，$\cdots$，$m$，$g \in [1, n]$ 表示效益型属性的个数。

步骤 7 – 2 结合定义 7.5 对各备选方案进行排序。显然，$HU_i(i \in M)$ 越大，则方案 A_i 越优。

步骤 8 基于占优理论（Brauers，2012；Brauers & Zavadskas，2011）将上述 3 种模型所得到的结果进行综合排序，并作为最终排序。

三、HF – MULTIMOORA 群决策
方法在供应商选择中的应用

实施供应链管理可以有效地提高企业的整体竞争力，使其能够面对巨大的挑战。而供应商的选择则是构筑供应链的第一步，也是关键的一步（袁宇等，2014；李华等，2016；高宁等，2015；钱芝网，2015）。考虑某新兴企业为谋求发展需选择一个合适的供应商。由于初入市场，对需求的供应商了解甚少，所以依托于 3 个该行业经验丰富的策划公司（决策者）$D_k(k=1$，2，3）为其辅助选择。着眼于自身利益，该企业要求策划公司重点考察供应商的以下 4 个属性：C_1，服务能力；C_2，产品质量；C_3，创新与发展能力；C_4，开发成本（钱芝网，2011）。显然，$C_1 \sim C_3$ 均为效益型属性，C_4 为成本型属性。与此同时，该企业经过内部讨论以犹豫模糊元给出了

对供应商相应属性的期望值 $\boldsymbol{\pi} = (\{0.8,\ 0.7,\ 0.6\},\ \{0.9,$ $0.8\})$，权重限制 $g(\boldsymbol{\omega}) = \{0.7\omega_2 - \omega_3 \geq 0;\ \omega_3 - 0.8\omega_1 \geq 0\}$。从期望值可知，企业对供应商所供应的产品质量 C_2 要求最高，而对供应产品的开发成本 C_4 要求最低。当供应商需求信息通过正式渠道（公平竞争）发布后，符合条件的 4 个供应商（方案提供者）根据需求提交方案 $A_i(i=1,\ 2,\ 3,\ 4)$。策划公司基于供应商所提供的方案以犹豫模糊元分别给出了各个方案在各个属性下的评价值，并构建了 3 个犹豫模糊评价矩阵 $\boldsymbol{H}^k = (h_{ij}^k)(k=1,\ 2,\ 3)$，如表 7-1 ~ 表 7-3 所示。

表 7-1 策划公司 DM_1 的犹豫模糊评价矩阵 $\boldsymbol{H}^1$

方案	C_1	C_2	C_3	C_4
A_1	$\{0.6,\ 0.5,\ 0.3\}$	$\{0.3,\ 0.2\}$	$\{0.5\}$	$\{0.6\}$
A_2	$\{0.7,\ 0.4,\ 0.3\}$	$\{0.7\}$	$\{0.6,\ 0.5\}$	$\{0.7,\ 0.5\}$
A_3	$\{0.5,\ 0.4\}$	$\{0.9,\ 0.8,\ 0.7\}$	$\{0.8\}$	$\{0.8,\ 0.7\}$
A_4	$\{0.8\}$	$\{0.5,\ 0.4,\ 0.3\}$	$\{0.9,\ 0.8\}$	$\{0.8,\ 0.7,\ 0.6\}$

资料来源：笔者整理。

表 7-2 策划公司 DM_2 的犹豫模糊评价矩阵 $\boldsymbol{H}^2$

方案	C_1	C_2	C_3	C_4
A_1	$\{0.7,\ 0.6\}$	$\{0.4,\ 0.3\}$	$\{0.9,\ 0.7\}$	$\{0.7,\ 0.6,\ 0.5\}$
A_2	$\{0.5,\ 0.3,\ 0.2\}$	$\{0.4,\ 0.3,\ 0.2\}$	$\{0.6\}$	$\{0.6,\ 0.5\}$
A_3	$\{0.9,\ 0.8\}$	$\{0.2,\ 0.1\}$	$\{0.4,\ 0.3\}$	$\{0.8,\ 0.6\}$
A_4	$\{0.6\}$	$\{0.9,\ 0.8\}$	$\{0.5,\ 0.3\}$	$\{0.9\}$

资料来源：笔者整理。

表 7 - 3　　　　　策划公司 DM_3 的犹豫模糊评价矩阵 H^3

方案	C_1	C_2	C_3	C_4
A_1	{0.5, 0.4}	{0.4, 0.3, 0.2}	{0.8, 0.7, 0.6}	{0.7, 0.6, 0.5}
A_2	{0.8}	{0.7}	{0.3, 0.2}	{0.5, 0.4}
A_3	{0.6, 0.4}	{0.5, 0.3}	{0.7, 0.5}	{0.9, 0.8, 0.7}
A_4	{0.7, 0.5}	{0.8, 0.7}	{0.9}	{0.8, 0.6}

资料来源：笔者整理。

以下，我们将考虑基于用户需求的 HF - MULTIMOORA 群决策方法为该企业选择一个最合适的供应商。

步骤 1　由于企业对各个属性的期望值 $\boldsymbol{\pi}$ 和策划公司 $DM_k(k = 1，2，3)$ 对方案 $A_i(i = 1，2，3，4)$ 在各个属性下的评估值 $\boldsymbol{H}_i^k = (h_{i1}^k, h_{i2}^k, h_{i3}^k, h_{i4}^k)$ 均可视为犹豫模糊集，利用式（7 - 6）计算其相关系数，并得到 3 个相关系数向量，如表 7 - 4 所示。

表 7 - 4　　　　　　　　期望值与评估值的相关系数

方案	DM_1	DM_2	DM_3
A_1	0.8151	0.8461	0.8109
A_2	0.9329	0.8072	0.9642
A_3	0.8996	0.7610	0.8081
A_4	0.8545	0.9041	0.9135

资料来源：笔者整理。

步骤 2　求解单目标优化模型（7 - 12）得到策划公司的权重向量 $\boldsymbol{\omega} = (0.3398，0.3883，0.2719)^T$。

步骤3 利用犹豫模糊加权集结算子将相应于各个策划公司的方案 $A_i(i=1,2,3,4)$ 在属性 $C_j(j=1,2,3,4)$ 下的评估值 $h_{ij}^k(k=1,2,3)$ 进行集结，并得到犹豫模糊综合评价矩阵 H，如表7-5所示。

表7-5　　　　　　　　　犹豫模糊综合评价矩阵 H

方案	C_1	C_2	C_3	C_4
A_1	{0.6199, 0.6006, 0.5750, 0.5534, 0.5900, 0.5691, 0.5415, 0.5182, 0.5403, 0.5169, 0.4860, 0.4598}	{0.3677, 0.3407, 0.3163, 0.3287, 0.3000, 0.2741, 0.3384, 0.3101, 0.2846, 0.2976, 0.2675, 0.2404}	{0.7914, 0.7671, 0.7481, 0.6804, 0.6431, 0.6141}	{0.6692, 0.6423, 0.6199, 0.6301, 0.6000, 0.5750, 0.5966, 0.5638, 0.5365}
A_2	{0.6724, 0.6266, 0.6068, 0.5854, 0.5275, 0.5023, 0.5631, 0.5021, 0.4756}	{0.6073, 0.5831, 0.5609}	{0.5343, 0.5170, 0.4976, 0.4790}	{0.6146, 0.5950, 0.5797, 0.5583, 0.5415, 0.5182, 0.5000, 0.4746}
A_3	{0.7481, 0.7188, 0.7067, 0.6703, 0.6319, 0.6161, 0.7320, 0.7008, 0.6880, 0.6492, 0.6084, 0.5916}	{0.6527, 0.6194, 0.6364, 0.6016, 0.5604, 0.5183, 0.5399, 0.4958, 0.4955, 0.4472, 0.4719, 0.4213}	{0.6579, 0.6069, 0.6368, 0.5827}	{0.8344, 0.8000, 0.7767, 0.7832, 0.7382, 0.7077, 0.8099, 0.7705, 0.7437, 0.7512, 0.6996, 0.6645}
A_4	{0.7077, 0.6642}	{0.7914, 0.7671, 0.7269, 0.6951, 0.7780, 0.7522, 0.7095, 0.6756, 0.7661, 0.7388, 0.6939, 0.6582}	{0.8132, 0.7871, 0.7636, 0.7306}	{0.8472, 0.8155, 0.8246, 0.7882, 0.8066, 0.7665}

资料来源：笔者整理。

步骤4 基于犹豫模糊综合评价矩阵 H，分别计算各方案的正综合比率值和负综合比率值为：

方案 A_1：$s(\overset{3}{\underset{j=1}{\oplus}}h_{1j})=0.9086$，$s(h_{14})=0.6062$；

方案 A_2：$s(\overset{3}{\underset{j=1}{\oplus}}h_{2j})=0.9104$，$s(h_{24})=0.5515$；

方案 A_3：$s(\overset{3}{\underset{j=1}{\oplus}}h_{3j})=0.9428$，$s(h_{34})=0.7596$；

方案 A_4：$s(\overset{3}{\underset{j=1}{\oplus}}h_{4j})=0.9808$，$s(h_{44})=0.8089$。

计算综合比率值：

$HS_1=0.3024$，$HS_2=0.3589$，$HS_3=0.1832$，$HS_4=0.1719$。

为此，备选方案的排序为 $A_4<A_3<A_1<A_2$。其中，$a<b$ 表示方案 b 犹豫方案 a。

步骤 5　在犹豫模糊综合评价矩阵 $\boldsymbol{H}$ 中选取综合参照点 $\boldsymbol{r}=(r_1$，r_2，r_3，$r_4)$，其中，

$r_1=\{0.7077，0.6642\}$；

$r_2=\{0.7914，0.7671，0.7269，0.6951，0.7780，0.7522，0.7095，0.6756，0.7661，0.7388，0.6939，0.6582\}$；

$r_3=\{0.8132，0.7871，0.7636，0.7306\}$；

$r_4=\{0.6146，0.5950，0.5797，0.5583，0.5415，0.5182，0.5000，0.4746\}$。

计算备选方案的综合评估值到综合参照点的标准化距离为：$HD_1=0.6851$，$HD_2=0.5359$，$HD_3=0.5915$，$HD_4=0.2606$。

为此，备选方案的排序为 $A_1<A_3<A_2<A_4$。

步骤 6　基于犹豫模糊综合评价矩阵 $\boldsymbol{H}$ 分别计算各方案的综合正效用值和综合负效用值。

步骤 6-1　方案：

方案 A_1：$s(U_1^+)=0.1217$，$s(U_1^-)=0.6062$；

方案 A_2：$s(U_2^+) = 0.1689$，$s(U_2^-) = 0.5515$；

方案 A_3：$s(U_3^+) = 0.2305$，$s(U_3^-) = 0.7596$；

方案 A_4：$s(U_4^+) = 0.3893$，$s(U_4^-) = 0.8089$。

步骤 6 - 2 计算综合效用值：$HU_1 = 0.2007$，$HU_2 = 0.3064$，$HU_3 = 0.3035$，$HU_4 = 0.4812$。

为此，备选方案的排序为 $A_1 < A_3 < A_2 < A_4$。

步骤 7 基于占优理论（Brauers，2012；Brauers & Zavadskas，2011）将上述 3 种模型所得到的结果进行综合排序。

如表 7 - 6 所示，最终方案排序结果为 $A_1 < A_3 < A_4 < A_2$。方案 A_2 为最优方案，其所对应的供应商为该企业应选择合作的供应商。事实上，该案例同时也验证了本章所提出的方法对于解决考虑用户需求的复杂决策问题是可行的。相对于传统的群决策方法而言，本章所提出的决策方法具有以下四个优势：

表 7 - 6 各模型排序结果

方案	比率模型	参照点法	全乘模型	MULTIMOORA 方法（最终排序）
A_1	2	4	4	4
A_2	1	2	2	1
A_3	3	3	3	3
A_4	4	1	1	2

资料来源：笔者整理。

（1）结合实际，充分考虑用户的需求，使其更易被推广和应用。

（2）围绕需求建立模型，客观获取决策者权重，最大限度地规避人为因素的干扰。

（3）基于新定义的记分函数和添加补齐方法进行运算，合理化计算过程和决策结果。

（4）结合高鲁棒性的 MULTIMOORA 方法处理综合决策信息，既能规避权重对决策结果的影响，又能提升决策过程的合理性。

因此，该方法能够合理地用于解决带有用户需求的复杂决策问题。

四、结　　论

本章旨在研究基于用户需求的犹豫模糊 MULTIMOORA 群决策方法，并将其应用于供应商选择中。由于一般的记分函数仅考虑了 HFE 本身所蕴含的数值信息，而未能考虑其内部的数据特点，因而本章提出一种新的犹豫模糊元记分函数并给出相应计算公式。同时，为解决通过添加最大或最小元素补齐犹豫模糊元长度，而导致犹豫模糊元添加前后记分函数发生变化的问题，本章提出一种基于记分函数不变原则的犹豫模糊元添加补齐方法，并通过算例对比分析其合理性。特别地，决策者权重确定过程充分利用既有需求和数据信息而非人为给出，避免了信息的再次提供以及人为因素的干扰。此外，基于高鲁棒性的 MULTIMOORA 决策方法可以确保决策结果合理且可行。在以 HFE 为信息输入的复杂系统框架内，本章提出考虑用户需求的 HF – MULTIMOORA 群决策方法，为解决用户对决策属性和决策者权重均有需求的 MCGDM 问题提供了一类新的思路。

　　在后续研究中，我们将重点把证据理论、灰色理论、前景理论和不确定理论等理论结合到本决策方法中，并试图将其运用于医学诊断、图像识别以及控制器设计等各个领域，以分析其合理性与可行性。

第八章

基于关联模糊随机 MAGDM
方法的供应商选择问题研究

故障模式与影响分析（failure mode and effects analysis，FMEA）发源于美国航空业，已广泛应用于航空航天、机械制造、医疗设备等各个领域，在提升产品可靠性方面发挥着前瞻性作用，效果显著（张夏和周伟国，2013）。关于 FMEA 项目的供应商风险评估是典型的多属性群决策（multiple attribute group decision making，MAGDM）问题（Chin et al.，2009）。事实上，复杂 FMEA 项目供应商选择问题难以避免处理属性为多重型变量的 MAGDM 问题，模糊随机变量（fuzzy random variable，FRV）架构于模糊性与随机性信息的特征融合之上，更加符合多重繁冗不确定性环境。但现有研究针对不同故障模式下发生度（occurrence，O）、严重度（severity，S）、难检度（detection，D）等供应商选择的风险因子评估值为 FRV 的 MAGDM问题尚需深入的分析研究，主要表现在以下六个方面：（1）FRV 拥有多类表达形式，鉴于随机环境的复杂不确定性，通常获取的 FRV信息具有混合概率分布特征；（2）基于模糊随机的群体多属性决策（fuzzy random multi-attribute group decision making，FRMAGDM）问题的多维复杂性，不同故障模式下，供应商选择的风险因子间往往存在冗余、互补、偏好等关联关系，是否予以充分考虑将对决策结论产生巨大影响；（3）各类型 FRV 的相关性质未得到细致探讨，缺乏相关性质的定义及证明辅助 FRV 信息的集结，更缺少基于各类型 FRV 的集结算子构造；（4）涉及 FRMAGDM 的决策环境往往存在信息过载，单个专家限于自身学识、经验及既有信息等难以完成决策结论匹配，因此，需考虑群体决策中多角度信息的综合，以解决 FRMAGDM 问题，进而提升 FRMAGDM 的鲁棒性；（5）风险因子权重及专家权重的确定方法众多，需寻求适用于 FRV 信息提取及融合的有效性确定模型；（6）基于传统期望效用理论的专家行为解释被越来越多的学者证实与专家的有限理性行为特征不符，专家通常具备参考点依赖、损失厌恶、边际效用递减、概率判断扭曲等特征（樊治平等，2012），基于前景理论（prospect theory，PT）的专家行为特征描述能有效刻画专家的异化风险态度及敏感性（张晓和樊治平，2012）。

自夸克纳克（Kwakernaak，1978）首次提出 FRV 的概念以来，后续关于 FRV 的相关性质及应用研究的探索成果颇丰。目前，已有众多学者将模糊随机变量运用于工程、管理等实际问题的处理中（Liu，2003）。然而，针对属性值为模糊随机变量的 FRMAGDM 问题的研究较少，虽然针对模糊多属性决策及随机多属性决策方法已有众多相关研究（徐泽水，2004），且相关学者研究了其在系统安全评价等领域的应用（范英等，2014；程映雪，1995；韩利等，2004），但基于 FRMAGDM 的方法仍有待发掘。王坚强和龚岚（2009）针对准则权重已知且准则值区间概率模糊随机变量（interval probability fuzzy random variable，IPFRV）的多准则决策问题，提出基于 IPFRV 的期望值—混合熵（expectation-hybrid entropy，EHE）的决策方法，通过建立基于 EHE 度量的优化模型，获取各方案的 EHE 区间，进而采用可能度方法获取方案排序。刘等（Liu et al.，2005）利用模糊测度及模糊积分理论，通过 Choquet 积分集结 FRV 的几种平均概率期望值算子，进而提出一类模糊随机风险最小化的优化问题，通过设计集成模糊随机模拟（fuzzy random simulations，FRS）、遗传算法，以及神经网络的智能混合算法求解该优化问题模型。

为此，本章针对供应商选择中目标供应商属性值为 TFRV 且属性权重及专家权重均未知的情形，考虑专家行为特征的前景理论解释的合理性，提出混合概率分布下基于前景理论的关联 FRMAGDM 方法，并将其应用于某企业新款车型外部照明设备供应商的 FMEA 风险评估问题中，以验证其可行性及有效性。本章重点研究了 TFRV 期望及方差的相关性质，指出 n 维 TFRV 的联合期望满足可加性而联合方差满足非可加性。针对专家参考点依赖特征，定义 TFRV 相应于收益及损失不同情形的前景效应、前景价值函数及前景价值，基于 n 维 TFRV 联合期望的可加性集成边际前景期望信息；针对联合方差的非可加性，定义三角模糊随机变量加权算术平均（triangular fuzzy random variable weighted arithmetic averaging，TFRVWAA）算子集结离散边际方差信息；针对 FMEA 中风险因子权重未知的问题，利用基于灰关联深度系数的客观属性权重极大熵模型予以求解，可较好克服经典客观属性权重极大熵模型易引致决策偏差的缺陷；针对专家权重未知的问题，引入决策群组意见一致

度的专家权重确定模型。本章所提出的方法有利于通过 FMEA 方法
识别具有多维复杂性的系统、设计、过程、服务中已知或潜在的供
应商设备的故障，以选择设备故障风险最低的供应商。

一、三角模糊随机变量及其性质

（一）模糊变量及模糊随机变量

定义 8.1：设 ξ 为一个从可信性空间（Θ，$\mathcal{P}(\Theta)$，Cr）到实数
集的函数，则称 ξ 为一个模糊变量。

定义 8.2（Wang et al.，2009）：假定 ξ 是任意一个模糊变量，
那么 ξ 的期望值定义为

$$E[\xi] = \int_0^\infty Cr\{\xi(\omega) \geq r\} dr - \int_{-\infty}^0 Cr\{\xi(\omega) \leq r\} dr \quad (8-1)$$

式中两个积分至少一个有限。

定义 8.3（Wang et al.，2009）：假定（Ω，$\sum$，Pr）是一个概
率空间，$\mathcal{F}_v$ 是定义在概率空间（Ω，$\sum$，Pr）上的一组模糊变量，
有映射 ξ：$\Omega \rightarrow \mathcal{F}_v$ 使得任意 Borel 集 $\Re$ 的子集 B，如果对于任意 ω，
函数 $\xi^*(B)(\omega) = Pos\{\gamma \in \Gamma | \xi(\omega)(\gamma) \in B\}$ 是可测的，那么称 ξ 为
一个模糊随机变量。

定义 8.4（Wang et al.，2009）：假定 ξ 为一个模糊随机变量，
那么 ξ 的期望值定义为：

$$E[\xi] = \int_{\Omega} \left[\int_0^{\infty} \mathrm{Cr}\{\xi(\omega) \geqslant r\} \, dr - \int_{-\infty}^0 \mathrm{Cr}\{\xi(\omega) \leqslant r\} \, dr \right] \mathrm{Pr}(d\omega)$$

$$(8-2)$$

（二）三角模糊随机变量及其性质

定义 8.5（Hao et al.，2008）：如果对于任意的 ω，$\xi(\omega) = [X(\omega) - c, X(\omega), X(\omega) + d]$ 为一个三角模糊变量，且该三角模糊变量的隶属度函数满足：

$$\mu_{\xi(\omega)}(x) = \begin{cases} \dfrac{x - X(\omega) + c}{c}, & X(\omega) - c \leqslant x \leqslant X(\omega); \\[2mm] \dfrac{-x + X(\omega) + d}{d}, & X(\omega) \leqslant x \leqslant X(\omega) + d; \\[2mm] 0, & \text{otherwise.} \end{cases} \quad (8-3)$$

那么，称 ξ 为一个三角模糊随机变量，其中，$c > 0$、$d > 0$，X 为一个实值随机变量。

定义 8.6（Hao et al.，2008）：设 $\xi(\omega)$ 为一个三角模糊变量，称

$$E[\xi(\omega)] = \frac{4X(\omega) - c + d}{4} \qquad (8-4)$$

为三角模糊变量 $\xi(\omega)$ 的期望。

定义 8.7（Hao et al.，2008）：设 ξ 为一个三角模糊随机变量，称

$$E[\xi] = \frac{4E(X) - c + d}{4} \qquad (8-5)$$

为三角模糊随机变量 ξ 的期望。

定义 8.8（Hao et al.，2008）：设 ξ 为定义在概率空间（Ω，$\sum$，Pr）上的一个三角模糊随机变量，其期望值 $E[\xi]$ 有限，称

$$V[\xi] = E\left[(\xi - E[\xi])^2 \right] \qquad (8-6)$$

为三角模糊随机变量 ξ 的方差。

对于一个三角模糊随机变量 ξ，郝等（Hao et al.，2008）针对实值随机变量 X 服从均匀分布、指数分布、正态分布的三类情形，分别推导了各类概率分布下 TFRV 的期望和方差，陈等（Chen et al.，2016）进一步给出了精确化的期望和方差计算公式，其显性表达式过于复杂，本章略去叙述。因而，在获取 TFRV 的期望和方差的基础上，依据期望—方差准则，可定义 TFRV 的一种序关系。

定义 8.9：设 ξ、ζ 为任意的两个三角模糊随机变量，则：

（1）若 $E(\xi) < E(\zeta)$，$\xi < \zeta$；

（2）若 $E(\xi) = E(\zeta)$，则当 $V[\xi] = V[\zeta]$ 时，$\xi = \zeta$；当 $V[\xi] < V[\zeta]$ 时，$\xi > \zeta$；当 $V[\xi] > V[\zeta]$ 时，$\xi < \zeta$。

目前，针对 TFRV 的期望性质的相关研究尚未见报道，然而，在关联 FRMAGDM 问题中，一旦涉及应用 TFRV 的期望及方差进行序关系判定以利于决策实施的情形，有效利用其性质开展判断决策信息融合后的序关系判定的可行性及适用性便不可避免。为此，以下给出 TFRV 期望的部分性质。

性质 8.1：设 ξ 为一个三角模糊随机变量，则对于任意的常数 e，$E[\xi + e] = E[\xi] + e$。

性质 8.2：设 ξ 为一个三角模糊随机变量，则对于任意的常数 a，$E[a\xi] = aE[\xi]$。

性质 8.3：设 $(\xi_1, \xi_2, \cdots, \xi_n)$ 为 n 维三角模糊随机变量，对于任意的 $\omega_1, \omega_2, \cdots, \omega_n$，$\xi_i(\omega_i) = [X_i(\omega_i) - c_i, X_i(\omega_i), X_i(\omega_i) + d_i] (i = 1, 2, \cdots, n)$ 为 n 个三角模糊变量，$(X_1, X_2, \cdots, X_n)$ 为 n 维实值随机变量，且其联合分布列为 $P(X_1 = x_1, X_2 = x_2, \cdots,$

$X_n = x_n$）或联合密度函数为 $p(x_1, x_2, \cdots, x_n)$，则有

$$E(\xi_1 \oplus \xi_2 \oplus \cdots \oplus \xi_i \oplus \cdots \oplus \xi_n) = E(\xi_1) + E(\xi_2) + \cdots$$
$$+ E(\xi_i) + \cdots + E(\xi_n) \qquad (8-7)$$

然而，n 维三角模糊随机变量的联合方差并不满足可加性，下面以推论 8.1 的形式说明。

推论 8.1：设（ξ_1，ξ_2，$\cdots$，ξ_n）为 n 维三角模糊随机变量，对于任意的 ω_1，ω_2，$\cdots$，ω_n，$\xi_i(\omega_i) = [X_i(\omega_i) - c_i, X_i(\omega_i), X_i(\omega_i) + d_i]$（$i = 1, 2, \cdots, n$）为 n 个三角模糊变量，（X_1，X_2，$\cdots$，X_n）为 n 维实值随机变量且 X_i 之间相互独立，则有 $\forall i$，

$$E(\xi_1 \otimes \xi_2 \otimes \cdots \otimes \xi_n) = E[\xi_1] E[\xi_2] \cdots E[\xi_n] \qquad (8-8)$$

及

$$V(\xi_1 \oplus \xi_2 \oplus \cdots \oplus \xi_n) = V(\xi_1) + V(\xi_2) + \cdots + V(\xi_n) \qquad (8-9)$$

非恒成立。

由推论 8.1 可知，n 维 TFRV 联合方差的可加性并不成立，因而其计算需首先利用其运算规则集结 n 个 TFRV，并依据实际问题中赋予相应的集结权重。为此，首先定义三角模糊随机变量加权算术平均（triangular fuzzy random variable weighted arithmetic averaging，TFRVWAA）算子。

定义 8.10：设 $\xi_i(i = 1, 2, \cdots, n)$ 为一组三角模糊随机变量，对于任意的 $\omega_i(i = 1, 2, \cdots, n)$，$\xi_i(\omega_i) = [X_i(\omega_i) - c_i, X_i(\omega_i), X_i(\omega_i) + d_i]$ 为 n 个三角模糊变量，且设 TFRVWAA：$\Omega^n \rightarrow \Omega$，若

$$\text{TFRVWAA}_\omega[\xi_1(\omega_1), \xi_2(\omega_2), \cdots, \xi_n(\omega_n)] = \omega_1 \xi_1(\omega_1) \oplus \omega_2 \xi_2(\omega_2)$$
$$\oplus \cdots \oplus \omega_n \xi_n(\omega_n)$$

$$(8-10)$$

其中，$\omega = (\omega_1, \omega_2, \cdots, \omega_n)^T$ 为 $\xi_1, \xi_2, \cdots, \xi_n$ 的加权向量，$\omega_i \geq 0 (i = 1, 2, \cdots, n)$，$\sum_{i=1}^{n} \omega_i = 1$，则称函数 TFRVWAA 为三角模糊随机变量加权算术平均算子。特别地，若 $\omega = \left(\dfrac{1}{n}, \dfrac{1}{n}, \cdots, \dfrac{1}{n}\right)^T$，则相应的 TFRVWAA 算子退化为三角模糊随机变量算术平均（triangular fuzzy random variable arithmetic averaging，TFRVAA）算子，即

$$TFRVAA[\xi_1(\omega_1), \xi_2(\omega_2), \cdots, \xi_n(\omega_n)] = \frac{\xi_1(\omega_1) \oplus \xi_2(\omega_2) \oplus \cdots \oplus \xi_n(\omega_n)}{n}$$

$$(8-11)$$

二、基于前景理论的关联 FRMAGDM 方法

在实际设备供应商故障模式评估过程中，专家在不确定决策环境下给出的供应商设备的评估信息不仅是模糊的，通常还具备一定的随机性。而 FRV 是刻画模糊性与随机性并存的评估信息的有效工具，可较好反馈复杂决策问题评估过程受外界随机因素干扰而存在的波动特征。一般而言，由于具有三角模糊数形式的随机变量具备良好的性质，采用各类决策方法的可行性及适用性得到保证，并且 FMEA 问题本质上也属于 FRMAGDM 问题，因此，这里着重考虑专家利用 TFRV 表征评估信息的 FRMAGDM 问题。

然而，针对该类 FRMAGDM 问题的解决依然有待得到进一步解释，主要表现在几个方面：（1）专家的决策行为并非完全理性，基于预期效用理论的效用最大化解释不适用于多数决策环境；（2）专

家针对各备选方案下属性的模糊随机评估量度往往并不统一，实际决策环境造成属性评估存在差异；（3）属性间通常存在一定的关联性，属性独立的要求过于苛刻。为此，考虑 PT 描述不确定条件下个体选择行为有限理性的决策模式（Li & Wu，2015；Tversky，1992），将其引入构建专家行为特征数学模型，以克服传统预期效用理论的缺陷；针对各备选方案下的异化属性评估信息，利用各属性值 TFRV 的实值随机变量服从均匀分布（此类 TFRV 简称为均匀 TFRV）、指数分布（此类 TFRV 简称为指数 TFRV）及正态分布（此类 TFRV 简称为正态 TFRV）三类情形反映属性间评估信息的差异；属性间存在关联性在实际决策环境中难以避免。因此，可利用多维关联的属性的联合期望及联合方差的不同性质予以解决。

（一）　问题的描述

考虑专家具备有限理性行为特征并给出心理预期信息的关联 FRMAGDM 问题，设 $H = \{1, 2, \cdots, h\}$，$M = \{1, 2, \cdots, m\}$，$N = \{1, 2, \cdots, n\}$ 为下标集合。并记决策群组集合为 $D = \{D_1, D_2, \cdots, D_h\}$，其中，$D_l$ 表示第 l 个专家，$l \in H$；$\boldsymbol{\sigma} = \{\sigma_1, \sigma_2, \cdots, \sigma_h\}$ 代表专家的权重向量，σ_l 为专家 D_l 的权重，满足 $\sigma_l \geq 0$ 且 $\sum_{l=1}^{h} \sigma_l = 1$，$l \in H$。假设有 m 个备选方案 $A = \{A_1, A_2, \cdots, A_m\}$，其中，$A_i$ 表示第 i 个备选方案，$i \in M$；n 个属性 $C = \{C_1, C_2, \cdots, C_n\}$，其中，$C_j$ 表示第 j 个属性，$j \in N$，各属性之间存在一定的关联性；$\boldsymbol{\kappa}^l = \{\kappa_1^l, \kappa_2^l, \cdots, \kappa_n^l\}$ 代表针对专家 D_l 的属性权重向量，κ_j^l 为相应于专家 D_l 的属性 C_j 的权重，满足 $\kappa_j^l \geq 0$ 且 $\sum_{j=1}^{n} \kappa_j^l = 1$，

$j \in N$，$l \in H$。一般地，较为常见的属性类型可区分为属性值越大越好的效益型与属性值越小越好的成本型两类，在此利用 N^u 和 N^c 分别代表效益型属性和成本型属性的下标集合，满足 $N^u \cup N^c = N$ 且 $N^u \cap N^c = \varnothing$。设专家 D_l 利用三角模糊随机变量 $\xi_{ij}^l (i \in M,\ j \in N,\ l \in H)$ 评估各备选方案 $A_i \in A(i \in M)$ 下的各属性 $C_j \in C(j \in N)$，获取三角模糊随机决策矩阵 $\boldsymbol{\xi}^l = [\xi_{ij}^l]_{m \times n}$。为了便于叙述，不失一般性，令 C^U、C^E 和 C^N 分别代表各属性值三角模糊随机变量的实值随机变量 X_{ij}^l 服从均匀分布（即 $X_{ij}^l \sim U(a_{ij}^l,\ b_{ij}^l)$）、指数分布（即 $X_{ij}^l \sim Exp(\lambda_{ij}^l)$）及正态分布（即 $X_{ij}^l \sim N(\mu_{ij}^l,\ (\sigma_{ij}^l)^2)$）的属性子集合，其中，$C^U = \{C_1,\ C_2,\ \cdots,\ C_{j_1}\}$、$C^E = \{C_{j_1+1},\ C_{j_1+2},\ \cdots,\ C_{j_2}\}$、$C^N = \{C_{j_2+1},\ C_{j_2+2},\ \cdots,\ C_n\}$；$N^U$、$N^E$ 和 N^N 分别为属性子集合 C^U、C^E 和 C^N 的下标集合，且 $N^U = \{1,\ 2,\ \cdots,\ j_1\}$、$N^E = \{j_1+1,\ j_1+2,\ \cdots,\ j_2\}$，$N^N = \{j_2+1,\ j_2+2,\ \cdots,\ n\}$，$N^U \cup N^E \cup N^N = N$。试确定方案的排序并择优。

为解决上述问题，本章提出基于前景理论的关联 FRMAGDM 方法，该方法的基本思想是通过提取混合概率分布下不同三角模糊随机评估信息的期望、方差等统计特征，构建期望—方差二元决策矩阵；进而将专家针对各方案不同属性的期望作为参照点，定义 TFRV 相应于收益及损失不同情形的前景期望效应（prospect expectation effect，PEE）、前景期望价值函数（prospect expectation value function，PEVF）及前景期望价值（prospect expectation value，PEV），获得基于前景期望收益（损失）价值的前景价值决策矩阵；集结相应于各备选方案不同属性的边际前景期望信息；针对联合方差的非可加性，定义 TFRVWAA 算子集结离散边际方差信息，进而获取相应于各方案的综合前景价值决策矩阵。依据定义 8.8、定义 8.9 即可确定方案排序。

为便于后续给出本章决策方法的步骤描述，对于初始决策矩阵中的任一 TFRV（其实值随机变量可服从任意分布，依据定义 8.4 即可推导相应 TFRV 的期望及方差计算公式，本章主要考虑均匀分布、指数分布及正态分布），下面首先给出其相应于收益及损失不同情形的 PEE、PEVF、PEV 的相关定义，对于实值随机变量服从任意分布的 TFRV，下述定义具有普遍意义。

定义 8.11：设 $\xi_{ij}^l (i \in M, j \in N, l \in H)$ 为关联 FRMAGDM 问题初始决策矩阵中的任一三角模糊随机变量，对于任意的 ω_{ij}^l，$\xi_{ij}^l (\omega_{ij}^l) = \left[X_{ij}^l(\omega_{ij}^l) - c_{ij}^l, \ X_{ij}^l(\omega_{ij}^l), \ X_{ij}^l(\omega_{ij}^l) + d_{ij}^l \right]$ 为一个三角模糊变量，假定相应于 $\xi_{ij}^l(\omega_{ij}^l)$ 的属性参照点为一个清晰数 γ_j^l，则称：

$$\Delta \xi_{ij}^l = \begin{cases} \Delta \xi_{ij}^{l+} = \begin{cases} E(\xi_{ij}^l) > \gamma_j^l, \\ E(\xi_{ij}^l) - \gamma_j^l, \quad i \in M, \ j \in N^u, \ l \in H; \\ \gamma_j^l - E(\xi_{ij}^l), \quad E(\xi_{ij}^l) < \gamma_j^l, \\ \qquad\qquad\qquad\quad i \in M, \ j \in N^c, \ l \in H; \end{cases} \\ \Delta \xi_{ij}^{l-} = \begin{cases} E(\xi_{ij}^l) < \gamma_j^l, \\ E(\xi_{ij}^l) - \gamma_j^l, \quad i \in M, \ j \in N^u, \ l \in H; \\ \gamma_j^l - E(\xi_{ij}^l), \quad E(\xi_{ij}^l) > \gamma_j^l, \\ \qquad\qquad\qquad\quad i \in M, \ j \in N^c, \ l \in H; \end{cases} \\ 0, \qquad\qquad\qquad \begin{aligned} & E(\xi_{ij}^l) = \gamma_j^l, \\ & i \in M, \ j \in N, \ l \in H \end{aligned} \end{cases} \qquad (8-12)$$

为 ξ_{ij}^l 的前景期望效应，并称 $\Delta \xi_{ij}^{l+}$ 为 ξ_{ij}^l 的前景期望收益效应，$\Delta \xi_{ij}^{l-}$ 为 ξ_{ij}^l 的前景期望损失效应。

定义 8.12：设 $\xi_{ij}^l (i \in M, j \in N, l \in H)$ 为关联 FRMAGDM 问题

初始决策矩阵中的任一三角模糊随机变量，$\Delta\xi_{ij}^l$ 为 ξ_{ij}^l 的前景期望效应，$\Delta\xi_{ij}^{l+}$ 为 ξ_{ij}^l 的前景期望收益效应，$\Delta\xi_{ij}^{l-}$ 为 ξ_{ij}^l 的前景期望损失效应，则称：

$$
v(\Delta\xi_{ij}^l) = \begin{cases} v(\Delta\xi_{ij}^{l+}) = \begin{cases} [E(\xi_{ij}^l) - \gamma_j^l]^\alpha, & \begin{aligned} & E(\xi_{ij}^l) > \gamma_j^l, \ i \in M, \\ & j \in N^u, \ l \in H, \ \alpha \in [0,1]; \end{aligned} \\ [\gamma_j^l - E(\xi_{ij}^l)]^\alpha, & \begin{aligned} & E(\xi_{ij}^l) < \gamma_j^l, \ i \in M, \\ & j \in N^c, \ l \in H, \ \alpha \in [0,1]; \end{aligned} \end{cases} \\[2em] v(\Delta\xi_{ij}^{l-}) = \begin{cases} -\psi[\gamma_j^l - E(\xi_{ij}^l)]^\beta, & \begin{aligned} & E(\xi_{ij}^l) < \gamma_j^l, \ i \in M, \\ & j \in N^u, \ l \in H, \ \beta \in [0,1]; \end{aligned} \\ -\psi[E(\xi_{ij}^l) - \gamma_j^l]^\beta, & \begin{aligned} & E(\xi_{ij}^l) > \gamma_j^l, \ i \in M, \\ & j \in N^c, \ l \in H, \ \beta \in [0,1]; \end{aligned} \end{cases} \\[2em] 0, & \begin{aligned} & E(\xi_{ij}^l) = \gamma_j^l, \ i \in M, \\ & j \in N, \ l \in H \end{aligned} \end{cases}
$$

$$(8-13)$$

为 ξ_{ij}^l 的前景期望价值函数，并称 $v(\Delta\xi_{ij}^{l+})$ 为 ξ_{ij}^l 的前景期望收益价值函数，$v(\Delta\xi_{ij}^{l-})$ 为 ξ_{ij}^l 的前景期望损失价值函数。需要说明的是：$\Delta\xi_{ij}^{l+}$、$\Delta\xi_{ij}^{l-}$ 即为 $E(\xi_{ij}^l)$ 偏离参考点 γ_j^l 的程度，区分为表面价值的收益与损失；参数 α 和 β 分别为收益和损失区域价值幂函数曲线的凹凸程度，α，$\beta \in [0,1]$ 意味着专家敏感性呈递减趋势；ψ 刻画风险厌恶程度，由于专家对损失敏感性要强于收益，因此需满足 $\psi > 1$。

（二）基于前景理论的关联 FRMAGDM 方法

基于上述分析，本章提出混合概率分布下基于前景理论的关联

FRMAGDM 方法，在其实现步骤中，关于混合概率分布下的 TFRV 的方差计算较为复杂，笔者编制了相应的 Matlab 程序辅助计算。

步骤 1 获取群体专家对备选供应商设备的评估信息，构建混合三角模糊随机决策矩阵：

$$\xi^l = \left[\xi_{ij}^l\right]_{m \times n} \tag{8-14}$$

其中，对于任意的 ω_{ij}^l 有：

$$
\xi_{ij}^l(\omega_{ij}^l) =
\begin{cases}
\left[X_{ij}^l(\omega_{ij}^l) - c_{ij}^l,\ X_{ij}^l(\omega_{ij}^l),\ X_{ij}^l(\omega_{ij}^l) + d_{ij}^l\right] \\
\quad X_{ij}^l \sim U(a_{ij}^l,\ b_{ij}^l),\ i \in M,\ j \in N^U,\ l \in H; \\
\left[X_{ij}^l(\omega_{ij}^l) - c_{ij}^l,\ X_{ij}^l(\omega_{ij}^l),\ X_{ij}^l(\omega_{ij}^l) + d_{ij}^l\right] \\
\quad X_{ij}^l \sim Exp(\lambda_{ij}^l),\ i \in M,\ j \in N^E,\ l \in H; \\
\left[X_{ij}^l(\omega_{ij}^l) - c_{ij}^l,\ X_{ij}^l(\omega_{ij}^l),\ X_{ij}^l(\omega_{ij}^l) + d_{ij}^l\right], \\
\quad X_{ij}^l \sim N\left[\mu_{ij}^l,\ (\sigma_{ij}^l)^2\right],\ i \in M,\ j \in N^N,\ l \in H
\end{cases}
$$

步骤 2 依据定义 8.7、定义 8.8，利用 TFRV 期望与方差的显性计算公式（Chen et al.，2016）可分别求得混合概率分布下 ξ_{ij}^l 的期望 $E[\xi_{ij}^l]$ 与方差 $V[\xi_{ij}^l]$，进而可构建期望—方差二元决策矩阵：

$$\boldsymbol{EV}^l = \left[\left\langle E[\xi_{ij}^l],\ V[\xi_{ij}^l]\right\rangle_{ij}\right]_{m \times n},\ i \in M,\ j \in N,\ l \in H \tag{8-15}$$

在期望—方差二元决策矩阵中，期望信息与方差信息通常分开处理，因此定义：

$$\boldsymbol{E}^l = \left[E[\xi_{ij}^l]\right]_{m \times n},\ i \in M,\ j \in N,\ l \in H \tag{8-16}$$

$$\boldsymbol{V}^l = \left[V[\xi_{ij}^l]\right]_{m \times n},\ i \in M,\ j \in N,\ l \in H \tag{8-17}$$

式（8-16）和式（8-17）分别为边际期望决策矩阵、边际方差决策矩阵。

步骤 3 合理确定属性权重至关重要，考虑属性间具有关联性，本章采用基于灰关联深度系数的客观权重的极大熵模型（汪群峰

等，2013）求解，首先计算

$$\overline{E}_i^l = \frac{1}{n} \sum_{j=1}^{n} E[\xi_{ij}^l], \ i \in M, \ l \in H \qquad (8-18)$$

则灰色关联深度系数为：

$$q_i^l(j) = \frac{\varphi_{ij}^l}{\sum\limits_{i=1}^{m} \varphi_{ij}^l} \qquad (8-19)$$

式（8-19）中，

$$\varphi_{ij}^l = \frac{\min\limits_i |E_{ij}^l - \overline{E}_i^l| + \tau \max\limits_i |E_{ij}^l - \overline{E}_i^l|}{|E_{ij}^l - \overline{E}_i^l| + \tau \max\limits_i |E_{ij}^l - \overline{E}_i^l|}, \ i \in M, \ j \in N, \ l \in H$$

$$(8-20)$$

由此可获得灰色关联深度系数矩阵 Q^l。考虑权重变动及波动约束，可构建针对第 l 位专家 D_l 的客观权重的极大熵模型：

$$\max F = -\sum_{j=1}^{n} \kappa_j^l \ln \kappa_j^l \qquad (8-21)$$

$$s.t. \begin{cases} \sum\limits_{j=1}^{n} \kappa_j^l = 1, \ \kappa_j^l \in (0,1); \\[2mm] \dfrac{1}{n} \sum\limits_{j=1}^{n} \left(\kappa_j^l - \dfrac{1}{n} \right)^2 \in \{ \min[D^l(j)], \ \max[D^l(j)] \}; \\[2mm] \kappa_j^l \in \{ \min[q_i^l(j)], \ \max[q_i^l(j)] \}; \\[2mm] D^l(j) = \dfrac{1}{m} \sum\limits_{i=1}^{m} \left[q_i^l(j) - \dfrac{1}{m} \right]^2; \\[2mm] q_i^l(j) = \dfrac{\varphi_{ij}^l}{\sum\limits_{i=1}^{m} \varphi_{ij}^l}; \\[2mm] \varphi_{ij}^l = \dfrac{\min\limits_i |E_{ij}^l - \overline{E}_i^l| + \tau \max\limits_i |E_{ij}^l - \overline{E}_i^l|}{|E_{ij}^l - \overline{E}_i^l| + \tau \max\limits_i |E_{ij}^l - \overline{E}_i^l|} \end{cases}$$

式（8-21）中，$i \in M$，$j \in N$，$l \in H$；$q_i^l(j)$ 为第 j 个属性关于第 i 个备选方案的灰关联深度系数；$D^l(j)$ 为专家 D_l 的决策矩阵中第 j 个属性的灰关联深度系数的方差大小。一般地，取分辨系数 $\tau = 0.5$，求解上述模型即可获得相应于专家 D_l 的属性权重向量 $\boldsymbol{\kappa}^l = \{\kappa_1^l, \kappa_2^l, \cdots, \kappa_n^l\}$。

步骤 4　在获取属性权重之后，构建基于决策群组意见一致度的专家权重确定模型，首先获取专家 D_l 关于第 i 个方案的综合边际期望值为：

$$CE_i^l = \sum_{j=1}^{n} \kappa_j^l E[\xi_{ij}^l] \qquad (8-22)$$

进而计算决策群组关于第 i 个方案的综合前景边际期望均值为：

$$\overline{CE_i^l} = \sum_{j=1}^{n} \kappa_j^l \left(\frac{\sum_{l=1}^{h} E[\xi_{ij}^l]}{h} \right) \qquad (8-23)$$

考虑决策的有效性，需顾及多数专家的意见，为此，依据考虑集结专家权重之后各方案的综合前景期望值与决策群组的综合前景期望均值偏差最小化原则，建立专家权重的求解模型为：

$$\min G = \sum_{i=1}^{m} \sum_{l=1}^{h} \left\{ \sigma_l \left[\sum_{j=1}^{n} \kappa_j^l E[\xi_{ij}^l] - \sum_{j=1}^{n} \kappa_j^l \left(\frac{\sum_{l=1}^{h} E[\xi_{ij}^l]}{h} \right) \right] \right\}^2 \qquad (8-24)$$

$$\text{s. t.} \sum_{l=1}^{h} \sigma_l = 1, \sigma_l \geq \varepsilon, l \in H$$

式（8-24）中，$\sigma_l \geq \varepsilon$ 保证了各专家均有效参与决策，一般 $\varepsilon > 0$ 表示临界值，其设定可参见王嚣华等（2018）的研究。由此，可确定专家的权重向量 $\boldsymbol{\sigma} = \{\sigma_1, \sigma_2, \cdots, \sigma_h\}$。

步骤 5　根据专家既有的信息及对未来的预期，针对备选方案的不同属性 $C = \{C_1, C_2, \cdots, C_n\}$，给出不同的属性参考点，可得

属性期望向量 $\boldsymbol{\gamma}^l = \{\gamma_1^l,\ \gamma_2^l,\ \cdots,\ \gamma_n^l\}$，进而依据定义 8.11 和定义 8.12 可得到前景期望—方差决策矩阵：

$$\boldsymbol{P}^l = [\langle v(\Delta\xi_{ij}^l),\ V[\xi_{ij}^l]\rangle_{ij}]_{m\times n},\ i\in M,\ j\in N,\ l\in H \qquad (8-25)$$

进而可得到边际前景期望决策矩阵为：

$$\boldsymbol{PE}^l = [v(\Delta\xi_{ij}^l)]_{m\times n},\ i\in M,\ j\in N,\ l\in H \qquad (8-26)$$

通过集结各专家关于各方案的前景期望信息，依据步骤 4 所确定的专家权重向量 $\boldsymbol{\sigma} = \{\sigma_1,\ \sigma_2,\ \cdots,\ \sigma_h\}$，可得综合边际前景期望决策矩阵为：

$$\boldsymbol{CPE} = [\sum_{l=1}^{h}\sigma_l\sum_{j=1}^{n}v(\Delta\xi_{ij}^l)]_{m\times 1},\ i\in M \qquad (8-27)$$

步骤 6 由推论 8-1 可知，联合方差的可加性并不成立，因而处理边际方差决策矩阵 $\boldsymbol{V}^l$ 需直接计算 $V_i^l(\overset{n}{\underset{j=1}{\oplus}}\xi_{ij}^l)$，对于任意的 ω_{ij}^l，$\xi_{ij}^l(\omega_{ij}^l) = [X_{ij}^l(\omega_{ij}^l) - c_{ij}^l,\ X_{ij}^l(\omega_{ij}^l),\ X_{ij}^l(\omega_{ij}^l) + d_{ij}^l]$ 为一个三角模糊变量，依据步骤 3 所确定的专家的权重向量 $\boldsymbol{\kappa}^l = \{\kappa_1^l,\ \kappa_2^l,\ \cdots,\ \kappa_n^l\}$，由 TFRVWAA 算子有：

$$\mathrm{TFRVWAA}_{ki}^l[\xi_{i1}^l(\omega_{i1}^l),\ \xi_{i2}^l(\omega_{i2}^l),\ \cdots,\ \xi_{in}^l(\omega_{in}^l)]$$

$$= \kappa_1^l\xi_{i1}^l(\omega_{i1}^l) \oplus \kappa_2^l\xi_{i2}^l(\omega_{i2}^l) \oplus \cdots \oplus \kappa_n^l\xi_{in}^l(\omega_{in}^l)$$

$$= [\sum_{j=1}^{n}\kappa_j^lX_{ij}^l(\omega_{ij}^l) - \sum_{j=1}^{n}\kappa_j^lc_{ij}^l,\ \sum_{j=1}^{n}\kappa_j^lX_{ij}^l(\omega_{ij}^l),\ \sum_{j=1}^{n}\kappa_j^lX_{ij}^l(\omega_{ij}^l) + \sum_{j=1}^{n}\kappa_j^ld_{ij}^l]$$

$$(8-28)$$

然而，TFRVWAA 算子中的混合随机变量 $\sum_{j=1}^{n}\kappa_j^lX_{ij}^l(\omega_{ij}^l)$ 所服从的分布类型未知，依据 TFRV 的三角模糊数构型及其隶属度函数特征，设定混合随机变量 $\sum_{j=1}^{n}\kappa_j^lX_{ij}^l(\omega_{ij}^l)$ 服从正态分布 $N[\mu_i^l,\ (\sigma_i^l)^2]$，其中，参数 μ_i^l、$(\sigma_i^l)^2$ 分别为：

$$\mu_i^l = \frac{4\sum_{j=1}^{n}\kappa_j^l E(X_{ij}^l) - \sum_{j=1}^{n}\kappa_j^l c_{ij}^l + \sum_{j=1}^{n}\kappa_j^l d_{ij}^l}{4}$$

$$(\sigma_i^l)^2 = \sum_{j=1}^{n}\kappa_j^l V[\xi_{ij}^l] \tag{8-29}$$

进而依据 TFRV 的方差计算公式（Chen et al.，2016）即可得

到 $V_i^l(\oplus_{j=1}^{n}\kappa_j^l\xi_{ij}^l)$，鉴于其计算显式过于复杂，且与 c_{ij}^l、d_{ij}^l 的取值情况

相关，在此未给出显式计算结果。

针对各专家的边际方差信息，集结各方案下的属性边际方差，

可得综合边际方差决策矩阵为：

$$\boldsymbol{CV} = [\sum_{l=1}^{h}\sigma_l V_i^l(\oplus_{j=1}^{n}\kappa_j^l\xi_{ij}^l)]_{m\times1},\ i\in M \tag{8-30}$$

步骤 7　结合步骤 5、步骤 6 即可获得综合前景期望—方差决策

矩阵：

$$\boldsymbol{CPEV} = [\langle\sum_{l=1}^{h}\sum_{j=1}^{n}\sigma_l v(\Delta\xi_{1j}^l),\ \sum_{l=1}^{h}\sigma_l V_1^l(\oplus_{j=1}^{n}\kappa_j^l\xi_{1j}^l)\rangle,\cdots,$$

$$\langle\sum_{l=1}^{h}\sigma_l\sum_{j=1}^{n}v(\Delta\xi_{mj}^l),\ \sum_{l=1}^{h}\sigma_l V_m^l(\sum_{j=1}^{n}\kappa_j^l\xi_{mj}^l)\rangle]^T,\ i\in M$$

$$\tag{8-31}$$

式（8-31）中，$\langle\sum_{l=1}^{h}\sum_{j=1}^{n}\sigma_l v(\Delta\xi_{ij}^l),\ \sum_{l=1}^{h}\sigma_l V_i^l(\oplus_{j=1}^{n}\kappa_j^l\xi_{ij}^l)\rangle$ 为对应

于备选方案 A_i 的综合前景决策值。

最后，依据定义 8.9 的序关系，可确定最优方案。

三、供应商设备故障模式风险分析

传统供应商设备 FMEA 模式存在以下缺陷：

（1）专家在历次开展评估决策方面往往累积不少相应的专业知识及经验等，因而在给出不同故障模式下发生度（occurrence，O）、严重度（severity，S）、难检度（detection，D）这3个风险因子（$N = \{1, 2, 3\}$）的评估信息时，对于某一供应商的设备发生故障的可能性、发生故障的严重程度，以及检出与否的难易程度均存在经验型预期，传统的效用理论在解释此类专家的行为模式时并不合理。

（2）常用的风险评估所采用的风险优先数（risk priority number，RPN）法要求专家给出供应商设备故障模式下 $O(C_1)$、$S(C_2)$、$D(C_3)$ 的精确评估信息，然而，尤其是对于精密集成仪器的故障分析，专家评定的模糊性及随机性导致精确性评估十分困难。

（3）O、S、D 通常被假定为相对权重一致，即便考虑异化相对权重，仍鲜有学者关注各风险因子可能存在一定的关联作用，此外，专家权重的确定往往掺杂了较多主观性信息，缺少有效引入客观权重的确定方法，以充分利用既有信息。

因此，为较大程度上弥补上述不足，将混合概率下基于前景理论的关联 MAGDM 方法引入 FMEA 的模糊随机环境下的风险评估，针对某企业新款车型的外部照明设备的4个供应商对应的4个（$M = \{1, 2, 3, 4\}$）潜在故障模式分别为：①投射镜抖动（A_1）；②内套松动（A_2）；③调光困难（A_3）；④灯具与灯壳存在不均匀间隙（A_4）展开分析，邀请2位专家（D_l；$l \in H = \{1, 2\}$）对4个供应商进行评估，并给出评判信息，其具体实现步骤如下：

步骤1　群体模糊随机评估信息的获取较为复杂，基于 TFRV 的专家评定方式，在决策周期内，以决策实际环境及背景确定子周期提供决策信息，给出关于各故障模式下各风险因子的评估信息样本，进而依据格里纹科定理对总体的分布函数进行统计推断。基于所获取的密度函数信息，考虑均匀分布、指数分布及正态分布的统计特征，推断混合概率分布下的均匀总体、指数总体及正态总体的参数取值，并进行模糊化处理，即可确定混合概率分布下的 TFRV 评估值信息，该步骤需由企业专业调研部门辅助完成。

此外，初始混合三角模糊随机决策矩阵的各评估值的分布特征具有不确定性，为便于分析，本章假定各专家给出评估值分布特征呈现一定规律，令 $N^U = \{1\}$、$N^E = \{2\}$，$N^N = \{3\}$，因而可获取相应于专家 D_l 混合三角模糊随机决策矩阵，具体为：

$$
\xi^l = \begin{array}{ccc} C_1 & C_2 & C_3 \end{array} \\
\begin{bmatrix}
\xi_{11}^l & \xi_{12}^l & \xi_{13}^l \\
\xi_{21}^l & \xi_{22}^l & \xi_{23}^l \\
\xi_{31}^l & \xi_{32}^l & \xi_{33}^l \\
\xi_{41}^l & \xi_{42}^l & \xi_{43}^l
\end{bmatrix}
\begin{array}{c} A_1 \\ A_2 \\ A_3 \\ A_4 \end{array}
\tag{8-32}
$$

式（8-32）中，

$$
\xi_{ij}^l(\omega_{ij}^l) = \begin{cases}
[X_{ij}^l(\omega_{ij}^l) - c_{ij}^l,\ X_{ij}^l(\omega_{ij}^l),\ X_{ij}^l(\omega_{ij}^l) + d_{ij}^l], \\
X_{ij}^l \sim U(a_{ij}^l,\ b_{ij}^l),\ i \in M,\ j \in N^U,\ l \in H; \\
[X_{ij}^l(\omega_{ij}^l) - c_{ij}^l,\ X_{ij}^l(\omega_{ij}^l),\ X_{ij}^l(\omega_{ij}^l) + d_{ij}^l], \\
X_{ij}^l \sim Exp(\lambda_{ij}^l),\ i \in M,\ j \in N^E,\ l \in H; \\
[X_{ij}^l(\omega_{ij}^l) - c_{ij}^l,\ X_{ij}^l(\omega_{ij}^l),\ X_{ij}^l(\omega_{ij}^l) + d_{ij}^l], \\
X_{ij}^l \sim N[\mu_{ij}^l,\ (\sigma_{ij}^l)^2],\ i \in M,\ j \in N^N,\ l \in H
\end{cases}
\tag{8-33}
$$

步骤 2　计算 $\xi_{ij}^{l}(i \in M,\ j \in N^{U},\ l \in H)$、$\xi_{ij}^{l}(i \in M,\ j \in N^{E},$ $l \in H)$、$\xi_{ij}^{l}(i \in M,\ j \in N^{N},\ l \in H)$ 的期望 $E[\xi_{ij}^{l}]$ 与方差 $V[\xi_{ij}^{l}]$，构建相应于专家 D_1、D_2 的期望—方差二元决策矩阵（见表 8 - 1、表 8 - 2）分别为：

$$EV^{1} = \begin{bmatrix} \langle 0.758,\ 0.003 \rangle & \langle 0.778,\ 4.061 \rangle & \langle 0.843,\ 0.009 \rangle \\ \langle 0.828,\ 0.001 \rangle & \langle 0.650,\ 3.108 \rangle & \langle 0.765,\ 0.017 \rangle \\ \langle 0.625,\ 0.001 \rangle & \langle 0.733,\ 3.067 \rangle & \langle 0.710,\ 0.023 \rangle \\ \langle 0.728,\ 0.003 \rangle & \langle 0.770,\ 2.584 \rangle & \langle 0.763,\ 0.012 \rangle \end{bmatrix}$$

$$EV^{2} = \begin{bmatrix} \langle 0.853,\ 0.002 \rangle & \langle 0.782,\ 3.730 \rangle & \langle 0.828,\ 0.014 \rangle \\ \langle 0.778,\ 0.003 \rangle & \langle 0.707,\ 2.460 \rangle & \langle 0.790,\ 0.012 \rangle \\ \langle 0.660,\ 0.005 \rangle & \langle 0.728,\ 2.671 \rangle & \langle 0.793,\ 0.014 \rangle \\ \langle 0.793,\ 0.001 \rangle & \langle 0.795,\ 4.709 \rangle & \langle 0.688,\ 0.018 \rangle \end{bmatrix}$$

$$(8 - 34)$$

进而可获得边际期望决策矩阵为：

$$E^{1} = \begin{bmatrix} 0.758 & 0.778 & 0.843 \\ 0.828 & 0.650 & 0.765 \\ 0.625 & 0.733 & 0.710 \\ 0.728 & 0.770 & 0.763 \end{bmatrix},\ E^{2} = \begin{bmatrix} 0.853 & 0.782 & 0.828 \\ 0.778 & 0.707 & 0.790 \\ 0.660 & 0.728 & 0.793 \\ 0.793 & 0.795 & 0.688 \end{bmatrix}$$

$$(8 - 35)$$

而边际方差决策矩阵为：

$$V^{1} = \begin{bmatrix} 0.003 & 4.061 & 0.009 \\ 0.001 & 3.108 & 0.017 \\ 0.001 & 3.067 & 0.023 \\ 0.003 & 2.584 & 0.012 \end{bmatrix},\ V^{2} = \begin{bmatrix} 0.002 & 3.730 & 0.014 \\ 0.003 & 2.460 & 0.012 \\ 0.005 & 2.671 & 0.014 \\ 0.001 & 4.709 & 0.018 \end{bmatrix}$$

$$(8 - 36)$$

表 8 – 1　　相应于专家 D_1 决策矩阵变量 ξ_{ij}^1 的参数取值情况

评估值	均匀 TFRV				评估值	指数 TFRV			评估值	正态 TFRV			
	a_{i1}^1	b_{i1}^1	c_{i1}^1	d_{i1}^1		λ_{i2}^1	c_{i2}^1	d_{i2}^1		μ_{i3}^1	$(\sigma_{i3}^1)^2$	c_{i3}^1	d_{i3}^1
ξ_{11}^1	0.71	0.82	0.11	0.08	ξ_{12}^1	1.25	0.15	0.06	ξ_{13}^1	0.83	0.02	0.07	0.11
ξ_{21}^1	0.81	0.91	0.16	0.03	ξ_{22}^1	1.52	0.14	0.11	ξ_{23}^1	0.73	0.01	0.15	0.15
ξ_{31}^1	0.59	0.67	0.07	0.05	ξ_{32}^1	1.36	0.09	0.08	ξ_{33}^1	0.68	0.04	0.16	0.22
ξ_{41}^1	0.69	0.78	0.09	0.10	ξ_{42}^1	1.32	0.07	0.12	ξ_{43}^1	0.75	0.03	0.08	0.16

资料来源：笔者整理。

表 8 – 2　　相应于专家 D_2 决策矩阵变量 ξ_{ij}^2 的参数取值情况

评估值	均匀 TFRV				评估值	指数 TFRV			评估值	正态 TFRV			
	a_{i1}^2	b_{i1}^2	c_{i1}^2	d_{i1}^2		λ_{i2}^2	c_{i2}^2	d_{i2}^2		μ_{i3}^2	$(\sigma_{i3}^2)^2$	c_{i3}^2	d_{i3}^2
ξ_{11}^2	0.81	0.89	0.08	0.09	ξ_{12}^2	1.27	0.13	0.11	ξ_{13}^2	0.85	0.03	0.14	0.05
ξ_{21}^2	0.74	0.85	0.13	0.06	ξ_{22}^2	1.43	0.06	0.09	ξ_{23}^2	0.77	0.03	0.08	0.16
ξ_{31}^2	0.61	0.73	0.15	0.11	ξ_{32}^2	1.35	0.17	0.12	ξ_{33}^2	0.81	0.01	0.14	0.07
ξ_{41}^2	0.76	0.82	0.06	0.07	ξ_{42}^2	1.25	0.09	0.07	ξ_{43}^2	0.69	0.03	0.15	0.14

资料来源：笔者整理。

步骤 3　采用基于灰色关联深度系数的客观权重的极大熵模型（汪群峰等，2013）求解，首先，计算灰色关联深度系数矩阵：

$$Q^1 = \begin{bmatrix} 0.342 & 0.329 & 0.329 \\ 0.354 & 0.321 & 0.326 \\ 0.339 & 0.335 & 0.326 \\ 0.344 & 0.332 & 0.325 \end{bmatrix}, \quad Q^2 = \begin{bmatrix} 0.338 & 0.331 & 0.331 \\ 0.337 & 0.330 & 0.333 \\ 0.329 & 0.335 & 0.337 \\ 0.338 & 0.338 & 0.324 \end{bmatrix}$$

$$(8 - 37)$$

其次，可获得相应于专家 D_1、D_2 的决策矩阵中各属性的灰色关联深度系数的方差大小分别为：

$$D^1(1) = 0.0001594, \quad D^1(2) = 0.0000467,$$

$$D^1(3) = 0.0000502, \quad D^2(1) = 0.0000200,$$

$$D^2(2) = 0.0000108, \quad D^2(3) = 0.0000270$$

再次，可构建如下求解客观属性权重的极大熵模型如下：

$$\max F = -\sum_{j=1}^{3} \kappa_j^1 \ln \kappa_j^1 - \sum_{j=1}^{3} \kappa_j^2 \ln \kappa_j^2$$

$$\text{s. t.} \begin{cases} \kappa_1^1 + \kappa_2^1 + \kappa_3^1 = 1; \\ \kappa_1^2 + \kappa_2^2 + \kappa_3^2 = 1; \\ \kappa_1^1 \in (0.339, 0.354), \ \kappa_2^1 \in (0.321, 0.335), \\ \kappa_3^1 \in (0.325, 0.329); \\ \kappa_1^2 \in (0.329, 0.338), \ \kappa_2^2 \in (0.330, 0.338), \\ \kappa_3^2 \in (0.324, 0.337); \\ \frac{1}{3}\sum_{j=1}^{3} \left(\kappa_j^1 - \frac{1}{3}\right)^2 \subset (0.0000467, 0.0001594), \\ \frac{1}{3}\sum_{j=1}^{3} \left(\kappa_j^2 - \frac{1}{3}\right)^2 \subset (0.0000108, 0.0000200) \end{cases}$$

$$(8-38)$$

最后，求解模型（8-38）即可得到相应于专家 D_1、D_2 的属性权重向量为：$\kappa^1 = (0.351, 0.321, 0.328)$，$\kappa^2 = (0.337, 0.336, 0.327)$。

步骤4 基于步骤3所确定的属性权重信息，构建基于决策群组意见一致度的专家权重确定模型，首先获取专家 D_1、D_2 关于第 $i(i \in M)$ 个方案的综合期望值为：

$$CE_1^1 = 0.792, \quad CE_2^1 = 0.750,$$

$$CE_3^1 = 0.687, \quad CE_4^1 = 0.756;$$

$$CE_1^2 = 0.821, \quad CE_2^2 = 0.758,$$

$$CE_3^2 = 0.726, \quad CE_4^2 = 0.759;$$

$$\overline{CE_1^1} = 0.849, \quad \overline{CE_2^1} = 0.793,$$

$$\overline{CE_3^1} = 0.746, \quad \overline{CE_4^1} = 0.798;$$

$$\overline{CE_1^2} = 0.960, \quad \overline{CE_2^2} = 0.904,$$

$$\overline{CE_3^2} = 0.857, \quad \overline{CE_4^2} = 0.835。$$

为此，参考王嚣华（2013）的研究，设定临界值 $\varepsilon = 0.25$，可建立专家权重的求解模型如下：

$$\min G = (0.010\sigma_1^2 + 0.064\sigma_2^2)$$

$$\text{s. t.} \begin{cases} \sigma_1 + \sigma_2 = 1 \\ \sigma_1, \ \sigma_2 \geqslant 0.25 \end{cases} \qquad (8-39)$$

求解以上模型即可得到专家权重向量：$\boldsymbol{\sigma} = \{0.432, \ 0.568\}$。

步骤 5　根据专家既有的信息及对未来的预期，设定相应于专家 D_1、D_2 的期望—方差二元决策矩阵 $\boldsymbol{EV}^1$、$\boldsymbol{EV}^2$ 的属性参考点，分别为：$\boldsymbol{\gamma}^1 = \{0.737, \ 0.733, \ 0.770\}$，$\boldsymbol{\gamma}^2 = \{0.771, \ 0.753, \ 0.774\}$。

为获取 ξ_{ij}^l 的前景期望价值函数 $v(\Delta \xi_{ij}^l)$，依据张晓和樊治平（2012）；陈等（Chen et al.，2016）的研究，各参数取值情况分别为：$\alpha = 0.85$，$\beta = 0.92$，$\psi = 2.25$。

由于不同故障模式下 O、S、D 均为越小越好的成本型属性，依据定义 8.11 和定义 8.12 可计算其前景期望价值，进而得到前景期望—方差决策矩阵：

$$\boldsymbol{P}^1 = \begin{bmatrix} \langle -0.023, 0.003 \rangle & \langle -0.044, 4.061 \rangle & \langle -0.070, 0.009 \rangle \\ \langle -0.089, 0.001 \rangle & \langle 0.036, 3.108 \rangle & \langle 0.003, 0.017 \rangle \\ \langle 0.049, 0.001 \rangle & \langle 0.000, 3.067 \rangle & \langle 0.027, 0.023 \rangle \\ \langle -0.001, 0.003 \rangle & \langle -0.037, 2.584 \rangle & \langle 0.004, 0.012 \rangle \end{bmatrix},$$

$$\boldsymbol{P}^2 = \begin{bmatrix} \langle -0.079, 0.002 \rangle & \langle -0.031, 3.730 \rangle & \langle -0.052, 0.014 \rangle \\ \langle -0.008, 0.003 \rangle & \langle 0.022, 2.460 \rangle & \langle -0.017, 0.012 \rangle \\ \langle 0.048, 0.005 \rangle & \langle 0.013, 2.671 \rangle & \langle -0.019, 0.014 \rangle \\ \langle -0.024, 0.001 \rangle & \langle -0.043, 4.709 \rangle & \langle 0.038, 0.018 \rangle \end{bmatrix}$$

$$(8-40)$$

进而可获取边际前景期望决策矩阵：

$$\boldsymbol{PE}^1 = \begin{bmatrix} -0.023 & -0.044 & -0.070 \\ -0.089 & 0.036 & 0.003 \\ 0.049 & 0.000 & 0.027 \\ -0.001 & -0.037 & 0.004 \end{bmatrix},$$

$$\boldsymbol{PE}^2 = \begin{bmatrix} -0.079 & -0.031 & -0.052 \\ -0.008 & 0.022 & -0.017 \\ 0.048 & 0.013 & -0.019 \\ -0.024 & -0.043 & 0.038 \end{bmatrix} \quad (8-41)$$

依据步骤 4 所确定的专家的权重向量 $\boldsymbol{\sigma} = \{0.432, 0.568\}$，可得综合边际前景期望决策矩阵为：

$$\boldsymbol{CPE} = \begin{bmatrix} -0.151 & -0.024 & 0.056 & -0.031 \end{bmatrix}^T \quad (8-42)$$

步骤 6　依据步骤 3 所确定的专家的权重向量 $\boldsymbol{\kappa}^1$、$\boldsymbol{\kappa}^2$ 及步骤 1～步骤 5 的相关结论，计算相应于专家 D_1、D_2 的 TFRVWAA 算子 $\text{TFRVWAA}_{ki}^l [\xi_{i1}^l(\omega_{i1}^l), \xi_{i2}^l(\omega_{i2}^l), \cdots, \xi_{in}^l(\omega_{in}^l)] (l \in H)$，其中，混

合随机变量 $\sum\limits_{j=1}^{3}\kappa_j^l X_{ij}^l(\omega_{ij}^l) \sim N[\mu_i^l,(\sigma_i^l)^2]$ ，$\mathrm{TFRVWAA}_{ki}^l$ 的各参数取值情况如表 8-3 所示。

表 8-3 **相应于专家 D_1、D_2 的 TFRVWAA 算子的混合**

随机变量 $\sum\limits_{j=1}^{3}\kappa_j^l X_{ij}^l(\omega_{ij}^l)$ 参数取值情况

评估值	正态 TFRVWAA 算子				评估值	正态 TFRVWAA 算子			
	μ_i^1	$(\sigma_i^1)^2$	$\sum\limits_{j=1}^{3}\kappa_j^1 c_{ij}^1$	$\sum\limits_{j=1}^{3}\kappa_j^1 d_{ij}^1$		μ_i^2	$(\sigma_i^2)^2$	$\sum\limits_{j=1}^{3}\kappa_j^2 c_{ij}^2$	$\sum\limits_{j=1}^{3}\kappa_j^2 d_{ij}^2$
$\sum\limits_{j=1}^{3}\kappa_j^1$ $X_{1j}^1(\omega_{1j}^1)$	0.785	1.308	0.110	0.083	$\sum\limits_{j=1}^{3}\kappa_j^2$ $X_{1j}^2(\omega_{1j}^2)$	0.813	1.259	0.116	0.084
$\sum\limits_{j=1}^{3}\kappa_j^1$ $X_{2j}^1(\omega_{2j}^1)$	0.736	1.004	0.150	0.095	$\sum\limits_{j=1}^{3}\kappa_j^2$ $X_{2j}^2(\omega_{2j}^2)$	0.761	0.831	0.090	0.103
$\sum\limits_{j=1}^{3}\kappa_j^1$ $X_{3j}^1(\omega_{3j}^1)$	0.690	0.993	0.106	0.115	$\sum\limits_{j=1}^{3}\kappa_j^2$ $X_{3j}^2(\omega_{3j}^2)$	0.713	0.904	0.153	0.100
$\sum\limits_{j=1}^{3}\kappa_j^1$ $X_{4j}^1(\omega_{4j}^1)$	0.768	0.834	0.080	0.126	$\sum\limits_{j=1}^{3}\kappa_j^2$ $X_{4j}^2(\omega_{4j}^2)$	0.757	1.589	0.100	0.093

因此，可以计算得到：

$V_1^1(\bigoplus\limits_{j=1}^{3}\kappa_j^1\xi_{1j}^1)=1.726$，$V_2^1(\bigoplus\limits_{j=1}^{3}\kappa_j^1\xi_{2j}^1)=1.029$，$V_3^1(\bigoplus\limits_{j=1}^{3}\kappa_j^1\xi_{3j}^1)=$

1.002，$V_4^1(\bigoplus\limits_{j=1}^{3}\kappa_j^1\xi_{4j}^1)=0.710$；

$V_1^2(\bigoplus\limits_{j=1}^{3}\kappa_j^2\xi_{1j}^2)=1.601$，$V_2^2(\bigoplus\limits_{j=1}^{3}\kappa_j^2\xi_{2j}^2)=0.705$，$V_3^2(\bigoplus\limits_{j=1}^{3}\kappa_j^2\xi_{3j}^2)=$

0.839，$V_4^2(\bigoplus\limits_{j=1}^{3}\kappa_j^2\xi_{4j}^2)=2.540$。

集结各方案下的属性边际方差，可得综合边际方差决策矩阵为：

$$\boldsymbol{CV}=[1.655\quad 0.845\quad 0.909\quad 1.749]^T。 \qquad (8-43)$$

步骤 7　结合步骤 5、步骤 6 构建综合前景期望—方差决策矩阵：

$$\boldsymbol{CPEV} = [\langle -0.151, 1.655 \rangle, \langle -0.024, 0.845 \rangle,$$
$$\langle 0.056, 0.909 \rangle, \langle -0.031, 1.749 \rangle]^T \quad (8-44)$$

显然，依据定义 8.9 可以获取各供应商方案的风险排序为：

$$A_3 > A_2 > A_4 > A_1$$

因此，可确定供应商③的设备风险最大，供应商①的设备风险最小，企业应优先选择供应商①的设备。

四、本 章 小 结

供应商设备 FMEA 作为一类定量化的可靠性分析方法，通常具有模糊性和随机性并存的多重特征，FRV 作为专家表征评估信息的一种合理量度，有别于灰色随机变量与二型模糊集系统，为解决本质为 FRMAGDM 问题的 FMEA 方法提供了一类崭新的研究途径。本章提出混合概率分布下基于前景理论的关联 FRMAGDM 方法，并将其应用于供应商设备 FMEA 过程中，主要贡献包括如下三个方面：

（1）考虑专家对于某一设备发生故障的可能性、发生故障的严重程度，以及检出与否的难易程度均存在经验型预期，引入前景理论解释此类专家的行为模式，有效规避了利用传统的效用理论在阐释此类问题时的缺陷；

（2）利用 TFRV 表征专家评估信息，给出了群体模糊随机评估信息的获取方法。解决了 RPN 法在风险评估过程中要求专家给出不同故障模式的精确评估信息方面的问题。

（3）RPN 法往往假定 O、S、D 相对权重一致，即便考虑异化相对权重，仍鲜有学者关注各风险因子可能存在一定的关联作用。本章采用基于灰色关联深度系数的客观属性权重极大熵模型及基于决策群组意见一致度的专家权重确定模型，能更为准确地确定各供应商的风险因子及专家权重，较大程度上提升 FMEA 方法所获取的结论的合理性及可信性。

特别地，本章综合考虑了专家行为有限理性行为特征、专家评估信息的多重混合型表示、不同供应商风险因子间的关联性作用及群体决策鲁棒性提升等关键因素，不仅增强了模糊随机环境下供应商故障模式的风险优先次序获取的可靠性，也将有助于相关技术人员通过架构于 TFRV 上的 RPN 法而建立的 FMEA 评估体系制定更为精细化的风险管理决策策略，为基于设备故障模式的供应商选择研究提供有效的方法理论和应用依据。

第九章

结论与展望

一、研究结论

本书考虑供应链定价决策、多决策理论（期望效用理论、后悔理论、前景理论）、多方法（HF – MULTIMOORA 群决策方法、关联模糊随机 MAGDM 方法等），研究基于多属性（不同决策理论、销售契约、销售渠道、高铁快运、复杂需求环境等）供应链定价决策与供应商选择问题。主要结论如下：

1. 基于期望效用理论与后悔理论供应链定价决策问题研究

在实际定价决策过程中，零售商不总是以期望利润最大化为目标制定最优的零售价格，考虑到零售商决策时后悔情绪的影响，本章根据已有的后悔理论，使用最优最劣方案的线性组合表示后悔效用参考点，基于后悔效用参考点，运用幂函数量化欣喜和后悔对决策者的影响，提出了新的后悔效用函数。结合期望效用理论和本章提出的后悔效用理论，提出了基于期望效用理论和后悔理论的双目标最优定价模型。灵敏度分析反映了消费者价格敏感系数、零售商悲观系数，以及不同理论框架对零售商最优定价策略和最大效用值的影响。因此，本书第四章的主要贡献是提出了新的后悔效用函数，并结合期望效用理论，建立了基于期望效用理论和后悔理论的双目标定价模型。该模型能够有效地量化零售商决策时后悔情绪的影响，为零售商制定最优定价策略提供可靠、有效的理论依据。

2. 基于两部协调定价机制的双渠道供应链定价决策

面对电子商务的迅速发展，特别是新冠肺炎疫情对传统零售商的影响，在考虑电商平台扣点费率的前提下，本书第五章研究了传统零售商提高销售努力水平对供应链定价决策的影响，提出两部协调定价策略协调供应链，得到最优的定价决策方案，使生产商和传统零售商均能获得最大化的利润，具有较强的理论和现实指导意义。

3. 基于高铁快运的生鲜农产品供应链的定价决策

本书第六章研究了在高铁快运背景下，生鲜农产品供应链基于不同运输方式的最优定价与订货策略，以及供应链主导者选择高铁快运的运输时间和单位运输成本要求。为生鲜农产品供应链管理者基于高铁快运制定最优的定价与订货策略提供相应的理论和模型依据；同时，也为高铁企业的铁路混合所有制改革提供相应的应用依托。

4. 基于 HF – MULTIMOORA 群决策方法的供应商选择问题研究

本书第七章旨在研究基于用户需求的犹豫模糊 MULTIMOORA 群决策方法，并将其应用于供应商选择中。由于一般的记分函数仅考虑了 HFE 本身所蕴含的数值信息，而未能考虑其内部的数据特点，因而本章提出一种新的犹豫模糊元记分函数，并给出相应计算公式。同时，为解决通过添加最大或最小元素补齐犹豫模糊元长度而导致犹豫模糊元添加前后记分函数发生变化的问题，提出一种基于记分函数不变原则的犹豫模糊元添加补齐方法，并通过算例对比分析其合理性。特别地，决策者权重确定过程充分利用既有需求和数据信息而非人为给出，避免了信息的再次提供及人为因素的干扰。此外，基于高鲁棒性的 MULTIMOORA 决策方法可以确保决策结果合理且可行。在以 HFE 为信息输入的复杂系统框架内，本书第七章提出考虑用户需求的 HF – MULTIMOORA 群决策方法，为解决用户对决策属性和决策者权重均有需求的 MCGDM 问题提供了一类新的思路。

5. 基于关联模糊随机 MAGDM 方法的供应商选择问题

供应商选择问题一直是供应链管理者关注的焦点问题，供应商设备 FMEA 作为一类定量化的可靠性分析方法，通常具有模糊性和随机性并存的多重特征，FRV 作为专家表征评估信息的一种合理量度，有别于灰色随机变量与二型模糊集系统，为解决本质为 FRMA-GDM 问题的 FMEA 方法提供了一类崭新的研究途径。本书第八章提出混合概率分布下基于前景理论的关联 FRMAGDM 方法，并将其应用于供应商设备 FMEA 过程中，主要贡献包括如下三个方面：

（1）考虑专家对于某一设备发生故障的可能性、发生故障的严重程度，以及能否检出的难易程度均存在经验型预期，引入前景理论解释此类专家的行为模式，有效规避了利用传统的效用理论在阐释此类问题时的缺陷。

（2）利用 TFRV 表征专家评估信息，给出了群体模糊随机评估信息的获取方法。解决了 RPN 法在风险评估过程中要求专家给出不同故障模式的精确评估信息方面的问题。

（3）RPN 法往往假定 O、S、D 相对权重一致，即便考虑异化相对权重，仍鲜有学者关注各风险因子可能存在一定的关联作用。本章采用基于灰色关联深度系数的客观属性权重极大熵模型及基于决策群组意见一致度的专家权重确定模型，能更为准确地确定各供应商的风险因子及专家权重，较大程度上提升了 FMEA 方法所获取的结论的合理性及可信性。

特别地，本书第八章综合考虑了专家行为有限理性行为特征、专家评估信息的多重混合型表示、不同供应商风险因子间的关联性作用及群体决策鲁棒性提升等关键因素，不仅增强了模糊随机环境下供应商故障模式的风险优先次序获取的可靠性，也将有助于相关技术人员通过架构于 TFRV 上的 RPN 法而建立的 FMEA 评估体系制定更为精细化的风险管理决策策略，为基于设备故障模式的供应商选择研究提供有效的方法理论和应用依据。

二、研 究 展 望

本书研究基于多属性的供应链定价决策与供应商选择问题，考虑不同决策理论、销售契约、销售渠道、高铁快运、复杂需求环境等。

对于供应链定价决策的研究，未来可以考虑一个零售商同时出售多个有竞争性的替代产品,也考虑不同零售商出售同一种互相替代的产品,同时,消费者要关注不同产品的价格(或不同零售商的价格)。一个可行的方法就是在现在的模型中引入顾客选择模型,但是顾客不仅基于当期价格的选择,还要关注历史价格和未来价格的选择。

对于电商环境下的供应链定价决策研究,本书只是将电商平台扣点费率作为一个外生变量来分析,并且供应链成员包括生产商和传统零售商,没有将电子商务平台作为一个决策者纳入供应链定价决策范畴内。因此,下一步的研究则考虑由生产商、传统零售商和电商平台组成的三元供应链的定价决策模型。

针对高铁快运背景下生鲜农产品供应链的定价问题研究,本书没有将高铁企业作为一个单独的决策主体来考虑生鲜农产品供应链的最优定价与订货策略。在今后的研究中,我们将考虑的生鲜农产品供应链系统涵盖的决策主体有生鲜农产品供应商、零售商和高铁快运企业。

针对供应商选择问题,在后续研究中,我们将重点把证据理论、灰色理论、前景理论和不确定理论等理论结合到本决策方法中,并试图将其运用于医学诊断、图像识别,以及控制器设计等各个领域,以分析其合理性与可行性。

参 考 文 献

[1] 蔡津，张正华. 基于博弈论的电子商务零售商与传统零售商的价格竞争模型 [J]. 上海理工大学学报，2001，23（1）：71-74.

[2] 陈军，但斌，张旭梅. 多级价格折扣下基于损耗控制的生鲜农产品 EOQ 模型 [J]. 系统工程理论与实践，2009，29（7）：43-54.

[3] 陈磊，谢颖. 基于双参考点前景理论求解策略的 DEA 交叉效率评价方法 [J]. 电子科技大学学报（社科版），2021，23（6）：76-81.

[4] 陈云，王浣尘，沈惠璋. 互联网环境下双渠道零售商的定价策略研究 [J]. 管理工程学报，2008，22（1）：34-40.

[5] 陈振颂，李延来. 基于 IITFN 输入的复杂系统关联 MAGDM 方法 [J]. 自动化学报，2014，40（7）：1442-1471.

[6] 陈振颂，李延来. 基于 ITFN 信息关联输入的改进群体 MULTIMOORA 决策方法 [J]. 系统工程理论与实践，2014，34（12）：3138-3156.

[7] 陈振颂，李延来. 基于前景 ITFNCI 算子的群体 MULTIMOORA 决策方法 [J]. 控制与决策，2014，29（6）：1053-1063.

[8] 陈志旺，王小飞，邵玉杰，张子振，李国强．三参数区间数多属性决策的后悔理论方法 [J]．控制理论与应用，2016，33 (9)：1214 - 1224.

[9] 程映雪，向衍荪，周长春．系统安全评价方法分析 [J]．中国安全科学学报，1995 (S2)：42 - 47.

[10] 代文锋，仲秋雁，齐春泽．基于前景理论和三角模糊 MULTIMOORA 的多阶段决策方法 [J]．运筹与管理，2018，27 (3)：74 - 81.

[11] 代文锋，仲秋雁．基于前景理论和区间二元语义 MULTI-MOORA 的多属性决策方法 [J]．系统管理学报，2019，28 (2)：222 - 230.

[12] 单娅军，曹洁，黄健青．基于期望效用理论的 P2P 网络借贷市场散标投资者出资偏好实证分析 [J]．上海立信会计金融学院学报，2018 (2)：25 - 35.

[13] 但斌，陈军．基于价值损耗的生鲜农产品供应链协调 [J]．中国管理科学，2008，16 (5)：42 - 49.

[14] 刁姝杰，匡海波，孟斌，石宝峰．基于前景理论的 LSSC 服务质量管控策略的演化博弈分析 [J]．中国管理科学，2021，29 (7)：33 - 45.

[15] 刁姝杰，匡海波，孟斌，汤霞．基于后悔理论的港口存货融资质押率与物流服务努力水平联合决策 [J]．系统工程理论与实践，2021，41 (12)：3304 - 3320.

[16] 丁海鹰，马飞，张兆芬．理解期望效用视角的私家车停车收费定价模型 [J]．交通运输系统工程与信息，2016，16 (4)：

206 - 210，216.

[17] 丁小东，庄河，徐菱，蒋葛夫，黄修莉．前景理论对报童决策偏差的适用性 [J]．控制与决策，2016，31（5）：853 - 862.

[18] 董乾东，李敏．考虑不同碳排放处理模式的动态供应商选择及采购批量问题研究 [J/OL]．中国管理科学，2021：1 - 11 [2022 - 03 - 18]．https：//ds. cnki. net/kmobile/Journal/detail/SSKJ/ZGGK20210512007.

[19] 樊治平，陈发动，张晓．基于累积前景理论的混合型多属性决策方法 [J]．系统工程学报，2012，27（3）：295 - 301.

[20] 樊治平，刘洋，沈荣鉴．基于前景理论的突发事件应急响应的风险决策方法 [J]．系统工程理论与实践，2012，32（5）：977 - 984.

[21] 范英，李辰，晋民杰，等．三角模糊数和层次分析法在风险评价中的应用研究 [J]．中国安全科学学报，2014，24（7）：70 - 74.

[22] 高举红，李梦梦，霍帧．市场细分下考虑消费者支付意愿差异的闭环供应链定价决策 [J]．系统工程理论与实践，2018，38（12）：3071 - 3084.

[23] 高梦博，简迎辉．基于前景理论的 PPP 项目股权结构多属性决策研究 [J]．工程管理学报：2022，36（1）：76 - 81.

[24] 高宁，高秋菊，王康平，等．评价波动对石化项目采购决策的影响 [J]．计算机仿真，2015，32（5）：234 - 238.

[25] 耿凯平，徐渝，贾涛．商业信用下两阶段可变腐败率商

品库存决策问题研究 [J]. 运筹与管理, 2009, 18 (4): 31 - 37.

[26] 顾波军, 张祥, 李艳玲. 前景理论、心理账户与报童趋中效应 [J]. 系统管理学报, 2020, 29 (3): 549 - 560.

[27] 郭斌, 信小涛, 宋禹均, 李杨. 前景理论视角下社会资本参与老旧小区增设电梯路径研究 [J]. 工程管理学报, 2021, 35 (1): 83 - 88.

[28] 郭三党, 刘思峰, 方志耕. 基于后悔理论的多目标灰靶决策方法 [J]. 控制与决策, 2015, 30 (9): 1635 - 1640.

[29] 韩菁, 叶顺心, 柴建, 黎建强. 基于后悔理论的混合型多属性案例决策方法 [J]. 中国管理科学, 2016, 24 (12): 108 - 116.

[30] 韩利, 梅强, 陆玉梅, 等. AHP - 模糊综合评价方法的分析与研究 [J]. 中国安全科学学报, 2004, 14 (7): 86 - 89.

[31] 郝晶晶, 朱建军, 刘思峰. 基于前景理论的多阶段随机多准则决策方法 [J]. 中国管理科学, 2015, 23 (1): 73 - 81.

[32] 胡祥, 张连增. 基于期望效用函数最大化的最优再保险策略 [J]. 统计与决策, 2017 (8): 50 - 52.

[33] 黄金波, 李仲飞, 周鸿涛. 期望效用视角下的风险对冲效率 [J]. 中国管理科学, 2016, 24 (3): 9 - 17.

[34] 金卫健, 徐浩, 黄传峰, 蒋诚智. 基于前景理论的大规模传染疫情应急管理决策研究 [J]. 中国管理科学: 2022, 29 (10): 1 - 13.

[35] 冷志杰. 集成化大宗农产品供应链模型及其应用 [M]. 北京, 中国农业出版社, 2006.

［36］李海军，徐富明，相鹏，等．基于预期理论的参照依赖
［J］．心理科学进展，2013，2（21）：317－325．

［37］李贺，江登英．基于改进符号距离的犹豫模糊前景理论
决策方法［J］．系统工程与电子技术，2019，41（12）：2820－
2826．

［38］李华，何正柯，李群，等．改进的 TOPSIS 决策方法在供
应商选择中的应用［J］．数学的实践与认识，2016（16）：93－
101．

［39］李美娟，卢锦呈．基于一种新得分函数和累积前景理论
的毕达哥拉斯模糊 TOPSIS 法［J］．控制与决策，2022，37（2）：
483－492．

［40］李清水，李登峰，李辉，余高锋．基于前景理论的区域
绿色经济发展水平多指标评价［J］．运筹与管理，2021，30（6）：
118－123．

［41］梁喜，梁伦海．网络零售商双渠道销售下的混合渠道供
应链定价决策［J］．系统工程学报，2021，36（1）：30－44．

［42］廖吉林，张瑞丹．基于 AHP－TOPSIS 方法的造纸企业绿
色供应商评价与选择研究［J］．物流工程与管理，2020，42（2）：
91－93，84．

［43］林美燕，马利军，汪岚，苏晓仪．供应不确定环境下考
虑消费者思考行为的供应链订货定价决策研究［J］．管理工程学报，
2022，36（5）：247－256．

［44］林原，战仁军，吴虎胜．基于混合改进 TOPSIS 的装备供
应商选择方法［J］．工业工程与管理，2021，26（2）：75－82．

[45] 刘灿，但斌，张旭梅，徐广业．存在展厅效应的双渠道供应链协调策略研究 [J]．计算机集成制造系统，2018，24（4）：1017 - 1023．

[46] 刘超，汤国林，刘培德．基于模糊测度与累积前景理论的区间二型模糊多准则决策方法 [J]．运筹与管理，2020，29（9）：70 - 81．

[47] 刘丁瑞，李登峰，郑小雪．公平关切下考虑服务水平的供应链产品定价决策研究 [J]．南开管理评论，2020，23（1）：98 - 106，199．

[48] 刘广东，杨天剑，张雪梅．生产成本扰动下的风险规避双渠道供应链定价决策 [J]．计算机集成制造系统，2020，26（2）：551 - 564．

[49] 刘森，张迎迎，张焰，杨俊艾．整合 AHP 和 TOPSIS 评价模型的绿色供应商选择研究 [J]．物流工程与管理，2017，39（5）：1 - 4，11．

[50] 刘舒逸，方玺．基于多灰色模型对比的累计前景理论的铁路路线方案优选 [J]．铁道科学与工程学报，2021，18（8）：2029 - 2037．

[51] 刘威志，李娟，张迪，陈炜．公平感对供应链成员定价决策影响的研究 [J]．管理科学学报，2017，20（7）：115 - 126．

[52] 刘小弟，朱建军，张世涛，刘思峰．基于后悔理论与群体满意度的犹豫模糊随机多属性决策方法 [J]．中国管理科学，2017，25（10）：171 - 178．

[53] 刘子倩，夏志杰，王诣铭．基于前景理论的品牌类网络

谣言企业应对策略演化博弈研究 [J]. 科学与管理, 2021, 41 (4): 48 - 55.

[54] 吕璞, 胡祥培, 马永峰. 高铁快递的契约与零售双市场定价决策模型 [J]. 计算机集成制造系统, 2016, 22 (7): 1759 - 1767.

[55] 罗世华, 刘俊. 改进排序的梯形直觉模糊 Choquet Bonferroni 算子的多属性群决策方法 [J]. 中国管理科学, 2020, 28 (1): 134 - 143.

[56] 毛照昉, 刘鹭, 李辉. 考虑售后服务合作的双渠道营销定价决策研究 [J]. 管理科学学报, 2019, 22 (5): 47 - 56.

[57] 牟能冶, 常建鹏, 陈振颂. 基于 PD - HFLTS 与群决策理论的可持续供应商选择 [J]. 计算机集成制造系统, 2018, 24 (5): 1261 - 1278.

[58] 潘晓宏, 王应明. 区间二型模糊前景理论方法及其在多属性决策中的应用 [J]. 系统科学与数学, 2021, 41 (6): 1533 - 1547.

[59] 齐春泽. 基于梯形模糊 MULTIMOORA 的混合多属性群决策方法 [J]. 统计与决策, 2019, 35 (5): 41 - 45.

[60] 钱丽丽, 刘思峰, 方志耕. 基于后悔理论的灰色应急决策方案动态调整方法 [J]. 运筹与管理, 2020, 29 (8): 73 - 78, 88.

[61] 钱芝网. BP 神经网络及其在供应商选择评价中的应用 [J]. 工业工程与管理, 2011, 16 (3): 1 - 7.

[62] 秦进, 黎熙琼, 杨康, 徐光明, 屈文萱. 基于前景理论的高铁差异化定价优化方法 [J]. 铁道科学与工程学报: 2022, 4:

1 – 10.

[63] 阙翠平，王应明，蓝以信. 基于累积前景理论的属性关联犹豫模糊 TOPSIS 方法 [J]. 统计与决策，2018，34（4）：43 – 48.

[64] 沈艳军，彭俊杰. 基于后悔理论的多目标电网优化调度 [J]. 武汉大学学报（工学版），2021，54（9）：842 – 851.

[65] 舒彤，曾佳茜，陈收，兰舒琳. 考虑零售商销售努力的 CSR 闭环供应链定价决策 [J]. 管理评论，2021，33（12）：303 – 315.

[66] 隋大鹏，张应语，张玉忠. 前景理论及其价值函数与权重函数研究述评 [J]. 商业时代，2011（31）：73 – 75.

[67] 孙秉珍，张淑，杨佳楠. 基于前景理论和 BWM 的深基坑支护方案综合评价 [J]. 安全与环境学报，2021，21（1）：70 – 77.

[68] 孙炳利，宋晓，龚光红. 基于供应商画像与马尔可夫蒙特卡罗仿真的供应商选择（英文）[J]. 系统仿真学报，2021，33（11）：2720 – 2732.

[69] 谭春桥，张晓丹. 基于后悔理论的不确定风险型多属性决策 VIKOR 方法 [J]. 统计与决策，2019，35（1）：47 – 51.

[70] 田丽君，杨茜，黄海军，吕成锐. 基于累积前景理论的出行方式选择模型及实证 [J]. 系统工程理论与实践，2016，36（7）：1778 – 1785.

[71] 童玉珍，王应明. 基于后悔理论及 EDAS 法的概率语言多属性群决策方法 [J]. 计算机应用，2020，40（11）：3152 – 3158.

[72] 汪和平，严啸宸，赵丹，李艳. 考虑风险规避和搭便车的双渠道供应链定价决策研究 [J]. 运筹与管理，2022（3）：1 – 8.

[73] 汪群峰，金佳佳，米传民，等．基于灰关联深度系数的评价指标客观权重极大熵配置模型［J］．控制与决策，2013，28（2）：235－240．

[74] 汪新凡，周浪，朱远芳，等．基于后悔理论的概率犹豫模糊双边匹配决策方法［J］．控制与决策，2022（3）：1－9．

[75] 王东志，吴立云．基于直觉模糊AWD方法的供应商选择［J］．数学的实践与认识，2019，49（15）：85－95．

[76] 王翯华，朱建军，方志耕．基于灰色关联度的多阶段语言评价信息集结方法［J］．控制与决策，2013，28（1）：109－114．

[77] 王坚强，龚岚．基于期望值－混合熵的区间概率模糊随机多准则决策方法［J］．控制与决策，2009，24（7）：1065－1069．

[78] 王娟，金智新，邓存宝，方博．基于前景理论的三角犹豫模糊多属性决策方法［J］．运筹与管理，2019，28（7）：26－33．

[79] 王倩，周晶，徐薇．基于累积前景理论考虑路网通行能力退化的用户均衡模型［J］．系统工程理论与实践，2013，33（6）：1563－1569．

[80] 王铁旦，汤淼，彭定洪，覃朝春．基于投影的单值中智集MAGDM一致性合成方法［J］．模糊系统与数学，2019，33（2）：84－94．

[81] 王一雷，朱庆华，夏西强．基于模糊AHP－GP的低碳供应商选择模型［J］．运筹与管理，2020，29（11）：121－128．

[82] 王泽林，王应明．基于后悔理论的考虑属性期望的随机多属性决策方法［J］．系统工程学报，2020，35（1）：48－59．

[83] 王增强，陈振颂，蒲云．基于累积前景理论的无人机传

感器产品概念方案开发决策 [J]. 计算机集成制造系统, 2021 (3): 1 – 22.

[84] 危小超, 李岩峰, 聂规划, 陈冬林. 基于后悔理论与多 Agent 模拟的新产品扩散消费者决策互动行为研究 [J]. 中国管理科学, 2017, 25 (11): 66 – 75.

[85] 翁鸣. 基于后悔规避效用函数的报童投资组合模型 [J]. 广西财经学院学报, 2012, 3 (25): 63 – 69.

[86] 吴辉, 昂胜, 杨锋. 基于前景理论的两阶段 DEA 交叉效率评价模型 [J]. 运筹与管理, 2021, 30 (11): 53 – 59.

[87] 吴胜, 陈振颂, 李延来, Kwai – Sang Chin. 竞争环境下基于零售商信用的供应链定价决策与销售渠道选择 [J]. 计算机集成制造系统, 2017, 23 (6): 1341 – 1351.

[88] 吴胜, 李延来, 陈振颂. 群决策方法及其在供应商选择中的应用 [J]. 计算机仿真, 2018, 35 (3): 184 – 189.

[89] 吴胜, 杨强, 李延来, 钱桂生. 三角模糊随机 MAGDM 方法及其在 FMEA 中的应用 [J]. 中国安全科学学报, 2016, 26 (12): 140 – 145.

[90] 肖勇波, 陈剑, 徐小林. 到岸价格商务模式下涉及远距离运输的时鲜产品供应链协调 [J]. 系统工程理论与实践, 2008, 28 (2): 19 – 25.

[91] 徐广业, 但斌, 肖剑. 基于改进收益共享契约的双渠道供应链协调研究 [J]. 中国管理科学, 2010, 18 (6): 59 – 64.

[92] 徐泽水. 不确定多属性决策方法及应用 [M]. 北京: 清华大学出版社, 2004.

[93] 许成磊，段万春. 混合非结构 MAGDM 的决策导向一致性检验方法 [J]. 计算机工程与应用，2015，51（23）：17-22，37.

[94] 许民利，聂晓哲，简惠云. 不同风险偏好下双渠道供应链定价决策 [J]. 控制与决策，2016，31（1）：91-98.

[95] 闫燕，潘安成，李占丞. 交货量不确定下装备制造企业绿色供应商选择 [J]. 工业工程与管理，2019，24（5）：9-15.

[96] 闫祯祯，刘锴，王晓光. 基于后悔理论的交通信息感知价值 [J]. 交通运输系统工程与信息，2013，4（13）：76-83.

[97] 阎曼婷，张全，姜渴鑫. 基于前景理论的多属性决策方法研究 [J]. 电脑知识与技术，2020，16（16）：1-2，8.

[98] 杨继平，石晨晓，Daniel Chiew，Judy Qiu，Sirimon Tree-pongkaruna. 基于期望效用-熵模型的基金评级方法及其在中国基金评级中的应用 [J]. 中国管理科学，2019，27（12）：1-10.

[99] 姚锋敏，王悦，滕春贤. 考虑 CSR 的闭环供应链销售努力与定价决策 [J]. 计算机集成制造系统，2020，26（3）：839-848.

[100] 易余胤. 具竞争零售商的再制造闭环供应链模型研究 [J]. 管理科学学报，2009，12（6）：45-54.

[101] 于晓娟，邹正兴，张千帆. 基于后悔理论的拼车决策问题研究 [J]. 运筹与管理，2022，31（2）：1-7.

[102] 袁宇，关涛，闫相斌，等. 基于混合 VIKOR 方法的供应商选择决策模型 [J]. 控制与决策，2014，29（3）：551-560.

[103] 张发明，王伟明. 基于后悔理论和 DEMATEL 的语言型多属性决策方法 [J]. 中国管理科学，2020，28（6）：201-210.

[104] 张国峥, 刘婧. 基于后悔理论的区间犹豫模糊风险型决策方法 [J/OL]. 系统工程, 2022: 1 - 11 [2022 - 03 - 12]. http: // kns. cnki. net/kcms/detail/43. 1115. N. 20220107. 1657. 005. html.

[105] 张健. 基于 HTFWGBM 算子的供应商选择模型研究 [J]. 中国管理科学, 2019, 27 (3): 137 - 143.

[106] 张伸, 孟庆春, 安国政. 电商平台扣点率影响下的双渠道供应链协调定价研究 [J]. 中国管理科学, 2019, 27 (10): 44 - 55.

[107] 张世涛, 朱建军, 刘小弟. 方案对多维偏好信息下基于后悔理论的群决策方法 [J]. 中国管理科学, 2014, 22 (S1): 33 - 41.

[108] 张顺明, 叶军. 后悔理论述评 [J]. 系统工程, 2009, 27 (2): 45 - 50.

[109] 张伟, 秦艳辉, 凌静, 陈宁, 杜习周, 孙谊媜, 高丙团. 基于期望效用 - 熵的风电交易风险控制方法 [J]. 中国电力, 2020, 53 (2): 29 - 35, 82.

[110] 张文宇, 刘思洋, 张茜. 基于犹豫概率模糊语言集的改进 MULTIMOORA 决策方法 [J]. 统计与决策, 2020, 36 (6): 25 - 30. DOI: 10. 13546/j. cnki. tjyjc. 2020. 06. 005.

[111] 张夏, 周伟国. 基于相关算子的城市燃气输配系统 FMEA 研究 [J]. 中国安全科学学报, 2013, 23 (7): 139 - 143.

[112] 张晓, 樊治平, 陈发动. 基于后悔理论的风险型多属性决策方法 [J]. 系统工程理论与实践, 2013, 33 (9): 2313 - 2320.

［113］张晓，樊治平．基于前景理论的风险型混合多属性决策方法［J］．系统工程学报，2012，27（6）：772 - 781．

［114］张旭辉．鲜活农产品物流与供应链，理论与实践［M］．成都：西南财经大学出版社，2008．

［115］张永政，叶春明，耿秀丽，王世磊．基于犹豫模糊广义Choquet 积分的风险型供应商选择方法［J］．工业工程与管理，2019，24（4）：47 - 54．

［116］章恒全，涂俊玮．基于后悔理论的模糊多准则群决策方法［J］．统计与决策，2018，34（7）：46 - 50．

［117］赵晓敏，林英晖，苏承明．不同渠道权利结构下的 S - M 两级闭环供应链绩效分析［J］．中国管理科学，2012，2（20）：78 - 86．

［118］郑本荣，李芯怡，黄燕婷．考虑在线评论的双渠道供应链定价与服务决策［J］．管理学报，2022，19（2）：289 - 298．

［119］周晓辉，姚俭，孙文浩，袁清华．区间直觉模糊几何Bonferroni 平均算子及其应用［J］．计算机工程与应用，2016，52（3）：12 - 16，54．

［120］周晓阳，王黎琴，冯平平，扈衷权，温浩宇．WSR 方法论视角下基于信任关系、前景理论和犹豫模糊偏好的群决策研究［J］．管理评论，2020，32（7）：66 - 75．

［121］朱亚辉，高涵．基于 Hamacher 范数的广义概率犹豫模糊 MULTIMOORA 决策方法［J］．西北工业大学学报，2020，38（6）：1361 - 1369．

[122] Abdellaoui M, Bleichrodt H, Kammoun H. Do financial professionals behave according to prospect theory? An experimental study [J]. Theory and Decision, 2013, 74 (3): 411 –429.

[123] Abdellaoui M, Bleichrodt H, Paraschiv C. Loss aversion under prospect theory: A parameter-free measurement [J]. Management Science, 2007, 53 (10): 1659 –1674.

[124] Abellan – Perpinan J M, Bleichrodt H, Pinto – Prades J L. The predictive validity of prospect theory versus expected utility in health utility measurement [J]. Journal of Health Economics, 2009, 28 (6): 1039 –1047.

[125] Ahumada O, Villalobos J R. Application of planning models in the agri-food supply chain: A review [J]. European Journal of Operational Research, 2009, 196 (1): 1 –20.

[126] Akçay Y, Natarajan H P, Xu S H. Joint dynamic pricing of multiple perishable products under consumer choice [J]. Management Science, 2010, 56 (8): 1345 –1361.

[127] Allais M. Le comportement de l'homme rationnel devant le risque: Critique des postulats et axiomes de l'école américaine [J]. Econometrica: Journal of the Econometric Society, 1953: 503 –546.

[128] Arrow K J. Alternative approaches to the theory of choice in risk-taking situations [J]. Econometrica: 1951, 19 (4): 404 –437.

[129] Attema A E, Brouwer W B F, l'Haridon O, et al. An elicitation of utility for quality of life under prospect theory [J]. Journal of health economics, 2016, 48: 121 –134.

[130] Attema A E, Brouwer W B F, l'Haridon O. Prospect theory in the health domain: A quantitative assessment [J]. Journal of health economics, 2013, 32 (6): 1057 –1065.

[131] Aust G, Buscher U. Vertical cooperative advertising and pricing decisions in a manufacturer-retailer supply chain: A game-theoretic approach [J]. European journal of operational research, 2012, 223 (2): 473 –482.

[132] Baležentis A, Baležentis T, Brauers W K M. Personnel selection based on computing with words and fuzzy MULTIMOORA [J]. Expert Systems with Applications, 2012, 39 (9): 7961 –7967.

[133] Baležentis A, Baležentis T, Valkauskas R. Evaluating situation of Lithuania in the European Union: Structural indicators and MULTIMOORA method [J]. Technological and Economic Development of Economy, 2010, 16 (4): 578 –602.

[134] Barberis N, Huang M, Santos T. Prospect theory and asset prices [J]. The quarterly journal of economics, 2001, 116 (1): 1 –53.

[135] Barberis N, Huang M, Thaler R H. Individual preferences, monetary gambles, and stock market participation: A case for narrow framing [J]. American economic review, 2006, 96 (4): 1069 – 1090.

[136] Bateman I, Day B, Loomes G, et al. Can ranking techniques elicit robust values? [J]. Journal of Risk and Uncertainty, 2007, 34 (1): 49 –66.

[137] Battalio R C, Kagel J H, Jiranyakul K. Testing between al-

ternative models of choice under uncertainty: Some initial results [J]. Journal of risk and uncertainty, 1990, 3 (1): 25 - 50.

[138] Baucells M, Heukamp F H. Stochastic dominance and cumulative prospect theory [J]. Management Science, 2006, 52 (9): 1409 - 1423.

[139] Bayrak M Y, Celebi N, Taşkin H. A fuzzy approach method for supplier selection [J]. Production Planning and Control, 2007, 18 (1): 54 - 63.

[140] Bell D E. Disappointment in decision making under uncertainty [J]. Operations research, 1985, 33 (1): 1 - 27.

[141] Bell D E. Regret in decision making under uncertainty [J]. Operations research, 1982, 30 (5): 961 - 981.

[142] Bikhchandani S, Segal U. Transitive regret [J]. Theoretical Economics, 2011, 6 (1): 95 - 108.

[143] Birnbaum M H. New paradoxes of risky decision making [J]. Psychological review, 2008, 115 (2): 463.

[144] Blackburn J, Scudder G. Supply chain strategies for perishable products: The case of fresh produce [J]. Production and Operations Management, 2009, 18 (2): 129 - 137.

[145] Bleichrodt H, Cillo A, Diecidue E. A quantitative measurement of regret theory [J]. Management Science, 2010, 56 (1): 161 - 175.

[146] Bleichrodt H, Wakker P P. Regret theory: A bold alternative to the alternatives [J]. The Economic Journal, 2015, 125 (583):

493 – 532.

[147] Boeri M, Scarpa R, Chorus C G. Stated choices and benefit estimates in the context of traffic calming schemes: Utility maximization, regret minimization, or both? [J]. Transportation research part A: Policy and practice, 2014, 61: 121 – 135.

[148] Bordalo P, Gennaioli N, Shleifer A. Salience theory of choice under risk [J]. The Quarterly Journal of Economics, 2012, 127 (3): 1243 – 1285.

[149] Bourgeois – Gironde S. Regret and the rationality of choices [J]. Philosophical Transactions of the Royal Society B: Biological Sciences, 2010, 365 (1538): 249 – 257.

[150] Bouyssou D, Pirlot M. Nontransitive decomposable conjoint measurement [J]. Journal of Mathematical Psychology, 2002, 46 (6): 677 – 703.

[151] Brauers W K M, Zavadskas E K. Project management by MULTIMOORA as an instrument for transition economies [J]. Technological and Economic Development of Economy, 2010, 16 (1): 5 – 24.

[152] Brauers W K M, Ginevičius R. Robustness in regional development studies. The case of Lithuania [J]. Journal of Business Economics and management, 2009, 10 (2): 121 – 140.

[153] Brauers W K M, Zavadskas E K. MULTIMOORA optimization used to decide on a bank loan to buy property [J]. Technological and Economic Development of Economy, 2011, 17 (1): 174 – 188.

[154] Brauers W K M, Zavadskas E K. Robustness of MULTIMO-

ORA: A method for multi-objective optimization [J]. Informatica, 2012, 23 (1): 1 – 25.

[155] Brauers W K M. Project Management for a Country with Multiple Objectives [J]. Czech Economic Review. 2012, 6: 80 – 101.

[156] Brauers W K, Zavadskas E K. The MOORA method and its application to privatization in a transition economy [J]. Control and cybernetics, 2006, 35 (2): 445 – 469.

[157] Braun M, Muermann A. The impact of regret on the demand for insurance [J]. Journal of Risk and Insurance, 2004, 71 (4): 737 – 767.

[158] Broekmeulen R. van Donselaar K H. A heuristic to manage perishable inventory with batch ordering, positive lead-times, and time-varying demand [J]. Computers & Operations Research, 2009, 36 (11): 3013 – 3018.

[159] Bromiley P. Looking at prospect theory [J]. Strategic Management Journal, 2010, 31 (12): 1357 – 1370.

[160] Budescu D V, Weiss W. Reflection of transitive and intransitive preferences: A test of prospect theory [J]. Organizational Behavior and Human Decision Processes, 1987, 39 (2): 184 – 202.

[161] Cai X Q, Chen J, Xiao Y B, et al. Optimization and coordination of fresh product supply chains with freshness-keeping effort [J]. Production and Operations Management, 2010, 19 (3): 261 – 278.

[162] Camille N, Coricelli G, Sallet J, et al. The involvement of the orbitofrontal cortex in the experience of regret [J]. Science, 2004,

304 (5674): 1167 –1170.

[163] Chan F T S, Kumar N, Tiwari M K, et al. Global supplier selection: A fuzzy – AHP approach [J]. International Journal of production research, 2008, 46 (14): 3825 –3857.

[164] Chateauneuf A, Wakker P. An axiomatization of cumulative prospect theory for decision under risk [J]. Journal of Risk and Uncertainty, 1999, 18 (2): 137 –145.

[165] Chen J, Fan T, Pan F. Urban delivery of fresh products with total deterioration value [J]. International Journal of Production Research, 2021, 59 (7): 2218 –2228.

[166] Chen J. An inventory model for ameliorating and deteriorating fresh agricultural items with ripeness and price dependent demand [C] //2011 International Conference of Information Technology, Computer Engineering and Management Sciences. IEEE, 2011, 4: 228 – 231.

[167] Chen N, Xu Z, Xia M. Correlation coefficients of hesitant fuzzy sets and their applications to clustering analysis [J]. Applied Mathematical Modelling, 2013, 37 (4): 2197 –2211.

[168] Chen Y J. Structured methodology for supplier selection and evaluation in a supply chain [J]. Information Sciences, 2011, 181 (9): 1651 –1670.

[169] Chen Z S, Chin K S, Li Y L. A framework for triangular fuzzy random multiple-criteria decision making [J]. International Journal of Fuzzy Systems, 2016, 18 (2): 227 –247.

[170] Chen Z, Yang W. An MAGDM based on constrained FAHP and FTOPSIS and its application to supplier selection [J]. Mathematical and Computer Modelling, 2011, 54 (11 – 12): 2802 – 2815.

[171] Chin K S, Wang Y M, Poon G K K, et al. Failure mode and effects analysis by data envelopment analysis [J]. Decision Support Systems, 2009, 48 (1): 246 – 256.

[172] Chorus C, van Cranenburgh S, Dekker T. Random regret minimization for consumer choice modeling: Assessment of empirical evidence [J]. Journal of Business Research, 2014, 67 (11): 2428 – 2436.

[173] Chun S K, Kim J C. Pricing strategies in B2C electronic commerce: analytical and empirical approaches [J]. Decision Support Systems, 2005, 40 (2): 375 – 388.

[174] Cubitt R P, Sugden R. The selection of preferences through imitation [J]. The Review of Economic Studies, 1998, 65 (4): 761 – 771.

[175] Day B, Loomes G. Conflicting violations of transitivity and where they may lead us [J]. Theory and decision, 2010, 68 (1): 233 – 242.

[176] De Boer L, Labro E, Morlacchi P. A review of methods supporting supplier selection [J]. European journal of purchasing & supply management, 2001, 7 (2): 75 – 89.

[177] Delquié P, Cillo A. Disappointment without prior expectation: a unifying perspective on decision under risk [J]. Journal of Risk and Uncertainty, 2006, 33 (3): 197 – 215.

［178］ Dickson G W. An analysis of vendor selection systems and decisions ［J］. Journal of purchasing, 1966, 2 (1): 5 – 17.

［179］ Diecidue E, Somasundaram J. Regret theory: A new foundation ［J］. Journal of Economic Theory, 2017, 172: 88 – 119.

［180］ Do Hwang I. Prospect theory and insurance demand: Empirical evidence on the role of loss aversion ［J］. Journal of Behavioral and Experimental Economics, 2021, 95 (2): 1 – 16.

［181］ Dong Y, Zhang H, Herrera – Viedma E. Consensus reaching model in the complex and dynamic MAGDM problem ［J］. Knowledge – Based Systems, 2016, 106: 206 – 219.

［182］ Dulmin R, Mininno V. Supplier selection using a multi-criteria decision aid method ［J］. Journal of purchasing and supply management, 2003, 9 (4): 177 – 187.

［183］ Durmić E. Evaluation of criteria for sustainable supplier selection using FUCOM method ［J］. Operational Research in Engineering Sciences: Theory and Applications, 2019, 2 (1): 91 – 107.

［184］ Dye C Y, Hsieh T P. An optimal replenishment policy for deteriorating items with effective investment in preservation technology ［J］. European Journal of Operational Research, 2012, 218 (1): 106 – 112.

［185］ Dye C Y, Ouyang L Y, Hsieh T P. Deterministic inventory model for deteriorating items with capacity constraint and time-proportional backlogging rate ［J］. European Journal of Operational Research, 2007, 178 (3): 789 – 807.

[186] Edwards K D. Prospect theory: A literature review [J]. International review of financial analysis, 1996, 5 (1): 19 – 38.

[187] Engelbrecht – Wiggans R, Katok E. Regret and feedback information in first-price sealed-bid auctions [J]. Management Science, 2008, 54 (4): 808 – 819.

[188] Fennema H, Wakker P. Original and cumulative prospect theory: A discussion of empirical differences [J]. Journal of Behavioral Decision Making, 1997, 10 (1): 53 – 64.

[189] Ferguson M, Ketzenberg M E. Information sharing to improve retail product freshness of perishables [J]. Production and Operations Management, 2006, 15 (1): 57 – 73.

[190] Filiz – Ozbay E, Ozbay E Y. Auctions with anticipated regret: Theory and experiment [J]. American Economic Review, 2007, 97 (4): 1407 – 1418.

[191] Fishburn P C. Expected utility: An anniversary and a new era [J]. Journal of Risk and Uncertainty, 1988, 1 (3): 267 – 283.

[192] Fishburn P C. Nontransitive measurable utility [J]. Journal of Mathematical Psychology, 1982, 26 (1): 31 – 67.

[193] Fisher M A, Raman A. Reducing the cost of demand uncertainty through accurate response to early sales [J]. Operations Research, 1998, 44 (1): 87 – 99.

[194] Gao K, Sun L, Yang Y, et al. Cumulative prospect theory coupled with multi-attribute decision making for modeling travel behavior [J]. Transportation research part A: policy and practice, 2021, 148:

1 – 21.

[195] Giorgetta C, Grecucci A, Bonini N, et al. Waves of regret: A meg study of emotion and decision-making [J]. Neuropsychologia, 2013, 51 (1): 38 – 51.

[196] Glöckner A, Betsch T. Do people make decisions under risk based on ignorance? An empirical test of the priority heuristic against cumulative prospect theory [J]. Organizational Behavior and Human Decision Processes, 2008, 107 (1): 75 – 95.

[197] Granot D, Yin S. Price and Order Postponement in a Decentralized Newsvendor Model with Multiplicative and Price – Dependent Demand [J]. Operations Research, 2008, 56 (1): 121 – 139.

[198] Grether D M, Plott C R. Economic theory of choice and the preference reversal phenomenon [J]. The American Economic Review, 1979, 69 (4): 623 – 638.

[199] Grinblatt M, Han B. Prospect theory, mental accounting, and momentum [J]. Journal of financial economics, 2005, 78 (2): 311 – 339.

[200] Grunow M, Piramuthu S. RFID in highly perishable food supply chains – Remaining shelf life to supplant expiry date? [J]. International Journal of Production Economics, 2013, 146 (2): 717 – 727.

[201] Gu X, Wang Y, Yang B. A method for hesitant fuzzy multiple attribute decision making and its application to risk investment [J]. Journal of Convergence Information Technology, 2011, 6 (6): 282 – 287.

[202] Gupta R, Biswas I, Kumar S. Pricing decisions for three-echelon supply chain with advertising and quality effort-dependent fuzzy demand [J]. International Journal of Production Research, 2019, 57 (9): 2715 – 2731.

[203] Gurel O, Acar A Z, Onden I, et al. Determinants of the green supplier selection [J]. Procedia-social and behavioral sciences, 2015, 181: 131 – 139.

[204] Hafezalkotob A, Hafezalkotob A, Liao H, et al. An overview of MULTIMOORA for multi-criteria decision-making: Theory, developments, applications, and challenges [J]. Information Fusion, 2019, 51: 145 – 177.

[205] Hansson H, Lagerkvist C J. Decision Making for Animal Health and Welfare: Integrating Risk – Benefit Analysis with Prospect Theory [J]. Risk Analysis, 2014, 34 (6): 1149 – 1159.

[206] Hao F F, Liu Y K, Wang S. The variance formulas for triangular fuzzy random variables [J]. Proceedings of the Seventh Int Conference on Machine Learning and Cybernetics, 2008.

[207] Harless D W. Actions versus prospects: The effect of problem representation on regret [J]. The American Economic Review, 1992, 82 (3): 634 – 649.

[208] Harrington N G, Kerr A M. Rethinking risk: Prospect theory application in health message framing research [J]. Health Communication, 2017, 32 (2): 131 – 141.

[209] Hayashi T. Regret aversion and opportunity dependence [J].

Journal of economic theory, 2008, 139（1）: 242 – 268.

［210］He X D, Zhou X Y. Portfolio choice under cumulative prospect theory: An analytical treatment ［J］. Management Science, 2011, 57（2）: 315 – 331.

［211］Holmes Jr R M, Bromiley P, Devers C E, et al. Management theory applications of prospect theory: Accomplishments, challenges, and opportunities ［J］. Journal of Management, 2011, 37（4）: 1069 – 1107.

［212］Hong C S. A generalization of the quasilinear mean with applications to the measurement of income inequality and decision theory resolving the Allais paradox ［J］. Econometrica: Journal of the Econometric Society, 1983, 51（4）: 1065 – 1092.

［213］Hong G H, Park S C, Jang D S, et al. An effective supplier selection method for constructing a competitive supply-relationship ［J］. Expert Systems with Applications, 2005, 28（4）: 629 – 639.

［214］Howard R A, Matheson J E, North D W. The Decision to Seed Hurricanes: On the basis of present information, the probability of severe damage is less if a hurricane is seeded ［J］. Science, 1972, 176（4040）: 1191 – 1202.

［215］Huang S H, Keskar H. Comprehensive and configurable metrics for supplier selection ［J］. International journal of production economics, 2007, 105（2）: 510 – 523.

［216］Huang Y, Lin R, Chen X. An enhancement EDAS method based on prospect theory ［J］. Technological and Economic Development of Economy, 2021, 27 (5): 1019 – 1038.

[217] Humphrey S J. Feedback-conditional regret theory and testing regret-aversion in risky choice [J]. Journal of Economic Psychology, 2004, 25 (6): 839 – 857.

[218] Humphrey S J. Regret aversion or event-splitting effects? More evidence under risk and uncertainty [J]. Journal of risk and uncertainty, 1995, 11 (3): 263 – 274.

[219] Iverson G, Falmagne J C. Statistical issues in measurement [J]. Mathematical Social Sciences, 1985, 10 (2): 131 – 153.

[220] Jiang Y, Liu L, Lim A. Optimal pricing decisions for an omni-channel supply chain with retail service [J]. International Transactions in Operational Research, 2020, 27 (6): 2927 – 2948.

[221] Kahneman D, Tversky A. Prospect theory: An analysis of decision under risk [J]. Econometrica, 1979, 7: 263 – 291.

[222] Kahneman D. New challenges to the rationality assumption [J]. Journal of Institutional and Theoretical Economics, 1994, 150 (1): 18 – 36.

[223] Karlin S, Carr C R. Prices and Optimal Inventory Policy [J]. Arrow Karlin & Scarf Studies in Applied Probability & Management Science, 1962: 159 – 172.

[224] Ketzenberg M, Bloemhof J, Gaukler G. Managing perishables with time and temperature history [J]. Production and Operations Management, 2015, 24 (1): 54 – 70.

[225] Kuo R J, Wang Y C, Tien F C. Integration of artificial neu-

ral network and MADA methods for green supplier selection [J]. Journal of cleaner production, 2010, 18 (12): 1161 – 1170.

[226] Kwakernaak H. Fuzzy random variables-I: Definitions and theorems [J]. Information Sciences, 1978, 15 (1): 1 – 29.

[227] Laciana C E, Weber E U. Correcting expected utility for comparisons between alternative outcomes: A unified parameterization of regret and disappointment [J]. Journal of Risk and Uncertainty, 2008, 36 (1): 1 – 17.

[228] Lavalle I H, Fishburn P C. Decision analysis under states-additive SSB preference [J]. Operations Research, 1987, 35: 722 – 735.

[229] Law S T, Wee H M. An integrated production-inventory model for ameliorating and deteriorating items taking account of time discounting [J]. Mathematical and Computer Modelling, 2006, 43 (5 – 6): 673 – 685.

[230] Lee A H I, Kang H Y, Hsu C F, et al. A green supplier selection model for high-tech industry [J]. Expert systems with applications, 2009, 36 (4): 7917 – 7927.

[231] Lee A H I. A fuzzy supplier selection model with the consideration of benefits, opportunities, costs and risks [J]. Expert systems with applications, 2009, 36 (2): 2879 – 2893.

[232] Lee Y P, Dye C Y. An inventory model for deteriorating items under stock-dependent demand and controllable deterioration rate [J]. Computers & Industrial Engineering, 2012, 63 (2): 474 – 482.

[233] Leland J W. Similarity judgments in choice under uncertainty: A reinterpretation of the prediction of regret theory [J]. Management Science, 1998, 44 (5): 659 – 672.

[234] Levy M, Levy H. Prospect theory: Much ado about nothing? [J]. Management Science, 2002, 48 (10): 1334 – 1349.

[235] Li B, Chen P, Li Q, et al. Dual-channel supply chain pricing decisions with a risk-averse retailer [J]. International Journal of Production Research, 2014, 52 (23): 7132 – 7147.

[236] Li G, Li L, Sun J. Pricing and service effort strategy in a dual-channel supply chain with showrooming effect [J]. Transportation Research Part E: Logistics and Transportation Review, 2019, 7 (126): 32 – 48.

[237] Li Y L, Wu S. Prospect Theory: A Novel Probability Weighting Function Model [C] // ICLEM 2014 @ System Planning, Supply Chain Management, and Safety. ASCE, 2015: 940 – 946.

[238] Li Y Z, Lim A, Rodrigues B. Pricing and inventory control for a perishable product [J]. Manufacturing & Service Operations Management, 2009, 11 (3): 538 – 542.

[239] Lichtenstein S, Slovic P. Reversals of preference between bids and choices in gambling decisions [J]. Journal of Experimental Psychology, 1971, 89 (1): 46 – 55.

[240] Lindman H R, Lyons J. Stimulus complexity and choice inconsistency among gambles [J]. Organizational Behavior and Human Performance, 1978, 21 (2): 146 – 159.

[241] Lindman H. R. Inconsistent preferences among gambles [J]. Journal of Experimental Psychology, 1971, 89 (1): 390 - 397.

[242] List J A. Neoclassical theory versus prospect theory: Evidence from the marketplace [J]. Econometrica, 2004, 72 (2): 615 - 625.

[243] Liu B, Keyzer M, Boom B V D, et al. How connected are Chinese farmers to retail markets? New evidence of price transmission [J]. China Economic Review, 2009, 20 (3): 34 - 46.

[244] Liu P, Gao H, Ma J. Novel green supplier selection method by combining quality function deployment with partitioned Bonferroni mean operator in interval type - 2 fuzzy environment [J]. Information Sciences, 2019, 490: 292 - 316.

[245] Liu Q, Zhang S, Zhao Y. Online-retailer pricing and order strategies based on the quality of fresh agricultural products and distribution preference of consumers [J]. International Journal of Internet Manufacturing and Services, 2017, 4 (3): 222 - 237.

[246] Liu Y K, Liu B D. On minimum-risk problems in fuzzy random decision systems [J]. Computers & Operations Research, 2005, 32 (2): 257 - 283.

[247] Liu Y K. Fuzzy Random Variables: A Scalar Expected Value Operator [J]. Fuzzy Optimization and Decision Making, 2003, 2 (2): 143 - 160.

[248] Liu Y, Fan Z P, Zhang Y. Risk decision analysis in emergency response: A method based on cumulative prospect theory [J].

Computers & Operations Research, 2014, 42: 75 - 82.

[249] Loewenstein G F, Ubel P A. Hedonic adaptation and the role of decision and experience utility in public policy [J]. Journal of Public Economics, 2008, 92 (8 - 9): 1795 - 1810.

[250] Loomes G, Starmer C, Sugden R. Preference reversal: Information-processing effect or rational non-transitive choice? [J] . The Economic Journal, 1989, 99 (395): 140 - 151.

[251] Loomes G, Sugden R. Regret theory: An alternative theory of rational choice under uncertainty [J]. The Economic Journal, 1982, 92 (368): 805 - 824.

[252] Loomes G, Sugden R. Some implications of a more general form of regret theory [J]. Journal of Economic Theory, 1987, 41 (2): 270 - 287.

[253] Loomes G, Sugden R. Testing different stochastic specifications of risky choice [J]. Economica, 1998, 65 (260): 581 - 598.

[254] Loomes G, Sugden R. Testing for regret and disappointment in choice under uncertainty [J]. The Economic Journal, 1987, 97: 118 - 129.

[255] Loomes G, Taylor C. Non-transitive preferences over gains and losses [J] . The Economic Journal, 1992, 102 (411): 357 - 365.

[256] Loomes G, Sugden R. Regret theory: An alternative theory of rational choice under uncertainty [J] . Economic Journal, 1982, 92 (368): 805 - 824.

[257] Loomes G, Starmer C, Sugden R F. Are preferences mono-tonic: Testing some implications of regret theory [J]. Economica, 1992, 59 (233): 17 – 33.

[258] Loomes G. Further evidence of the impact of regret and disap-pointment in choice under uncertainty [J]. Economica, 1998, 55 (1): 47 – 62.

[259] Loomes G. Modelling choice and valuation in decision experi-ments [J]. Psychological Review, 2010, 117 (3): 902 – 924.

[260] Loomes G. Predicted violations of the invariance principle in choice under uncertainty [J]. Annals of Operations Research, 1989, 19 (1): 103 – 113.

[261] Loomes G. When actions speak louder than prospects [J]. American Economic Review, 1998, 78 (1): 463 – 470.

[262] Luo Z, Chen X, Kai M. The effect of customer value and power structure on retail supply chain product choice and pricing decisions [J]. Omega, 2018, 77: 115 – 126.

[263] Ma P, Li K W, Wang Z, et al. Pricing decisions in closed-loop supply chains with marketing effort and fairness concerns [J]. Inter-national Journal of Production Research, 2017, 55 (22): 6710 – 6731.

[264] Ma P, Wang H, Shang J. Supply chain channel strategies with quality and marketing effort-dependent demand [J]. International Journal of Production Economics, 2013, 144 (2): 572 – 581.

[265] Ma X, Wang S, Islam S M N, et al. Coordinating a three-

echelon fresh agricultural products supply chain considering freshness-keeping effort with asymmetric information [J]. Applied Mathematical Modelling, 2019, 67: 337 – 356.

[266] MacCrimmon K R. Descriptive and normative implications of the decision-theory postulates [M] //Risk and uncertainty. Palgrave Macmillan, London, 1968: 3 – 32.

[267] Machina M J. "Expected Utility" Analysis without the Independence Axiom [J]. Econometrica: Journal of the Econometric Society, 1982: 277 – 323.

[268] McDermott R, Fowler J H, Smirnov O. On the evolutionary origin of prospect theory preferences [J]. The Journal of Politics, 2008, 70 (2): 335 – 350.

[269] Mellers B A, Biagini K. Similarity and choice [J]. Psychological Review, 1994, 101 (3): 505.

[270] Michenaud S, Solnik B. Applying regret theory to investment choices: Currency hedging decisions [J]. Journal of International Money and Finance, 2008, 27 (5): 677 – 694.

[271] Minner S, Transchel S. Periodic review inventory-control for perishable products under service-level constraints [J]. Or Spectrum, 2010, 32 (4): 979 – 996.

[272] Modak N M, Kelle P. Managing a dual-channel supply chain under price and delivery-time dependent stochastic demand [J]. European Journal of Operational Research, 2019, 272 (1): 147 – 161.

[273] Moon I, Jeong Y J, Saha S. Investment and coordination de-

cisions in a supply chain of fresh agricultural products ［J］. Operational Research, 2020, 20 (4): 2307 – 2331.

［274］ Moskowitz H. Effects of problem representation and feedback on rational behavior in Allais and Morlat-type problems ［J］. Decision Sciences, 1974, 5 (2): 225 – 242.

［275］ Muermann A, Mitchell O S, Volkman J M. Regret, portfolio choice, and guarantees in defined contribution schemes ［J］. Insurance: Mathematics and Economics, 2006, 39 (2): 219 – 229.

［276］ Mukherjee K. Supplier selection criteria and methods: Past, present and future ［J］. International Journal of Operational Research, 2016, 27 (1 – 2): 356 – 373.

［277］ Neilson W, Stowe J. A further examination of cumulative prospect theory parameterizations ［J］. Journal of risk and uncertainty, 2002, 24 (1): 31 – 46.

［278］ Nilsson H, Rieskamp J, Wagenmakers E J. Hierarchical Bayesian parameter estimation for cumulative prospect theory ［J］. Journal of Mathematical Psychology, 2011, 55 (1): 84 – 93.

［279］ Ning Y, Rong L, Liu J. Inventory models for fresh agriculture products with time-varying deterioration rate ［J］. Industrial Engineering and Management Systems, 2013, 12 (1): 23 – 29.

［280］ Olsson F, Tydesjo P. Inventory problems with perishable items: Fixed lifetimes and backlogging ［J］. European Journal of Operational Research, 2010, 202 (1): 131 – 137.

［281］ Pal A K, Bhunia A K, Mukherjee R N. Optimal lot size

model for deteriorating items with demand rate dependent on displayed stock level (DSL) and partial backordering [J]. European Journal of Operational Research, 2006, 175 (2): 977 –991.

[282] Pal O, Gupta A K, Garg R K. Supplier selection criteria and methods in supply chains: A review [J]. International Journal of Economics and Management Engineering, 2013, 7 (10): 2667 –2673.

[283] Perakis G, Roels G. Regret in the newsvendor model with partial information [J]. Operations Research, 2008, 56 (1): 188 –203.

[284] Petruzzi N C, Dada M. Pricing and the Newsvendor Problem: A Review with Extensions [J]. Operations Research, 1999, 47 (2): 183 –194.

[285] Pramanik S, Dalapati S, Alam S, et al. NS-cross entropy-based MAGDM under single-valued neutrosophic set environment [J]. Information, 2018, 9 (2): 37.

[286] Qin Y, Wang J, Wei C. Joint pricing and inventory control for fresh produce and foods with quality and physical quantity deteriorating simultaneously [J]. International Journal of Production Economics, 2014, 152: 42 –48.

[287] Quiggin J. Regret theory with general choice sets [J]. Journal of Risk and Uncertainty, 1994, 8 (2): 153 –165.

[288] Quiggin J. A theory of anticipated utility [J]. Journal of Economic Behaviour and Organization, 1982, 3 (4): 323 –343.

[289] Ranjan A, Jha J K. Pricing and coordination strategies of a dual-channel supply chain considering green quality and sales effort [J].

Journal of Cleaner Production, 2019: 409 – 424.

[290] Regenwetter M, Dana J, Davis – Stober C P. Transitivity of preferences [J]. Psychological review, 2011, 118 (1): 42 – 56.

[291] Rieger M O, Wang M. Cumulative prospect theory and the St. Petersburg paradox [J]. Economic Theory, 2006, 28 (3): 665 – 679.

[292] Rieger M O, Wang M. Prospect theory for continuous distributions [J]. Journal of Risk and Uncertainty, 2008, 36 (1): 83 – 102.

[293] Risk O, Bernoulli D. Exposition of a new theory on the measurement [J]. Econometrica, 1954, 22 (1): 23 – 36.

[294] Ritov I, Baron J. Reluctance to vaccinate: Omission bias and ambiguity [J]. Journal of behavioral decision making, 1990, 3 (4): 263 – 277.

[295] Ritov I, Baron J. Outcome knowledge, regret, and omission bias [J]. Organizational Behavior and Human Decision Processes, 1995, 64 (2): 119 – 127.

[296] Rodriguez R M, Martinez L, Herrera F. Hesitant fuzzy linguistic term sets for decision making [J]. IEEE Transactions on fuzzy systems, 2011, 20 (1): 109 – 119.

[297] Rubinstein A. Similarity and decision-making under risk (Is there a utility theory resolution to the Allais paradox?) [J]. Journal of economic theory, 1988, 46 (1): 145 – 153.

[298] Saha S, Modak N M, Panda S, et al. Promotional coordina-

tion mechanisms with demand dependent on price and sales efforts [J].
Journal of Industrial and Production Engineering, 2019, 36 (1): 13 - 31.

[299] Sarkis J, Talluri S. A model for strategic supplier selection
[J]. Journal of supply chain management, 2002, 38 (4): 18 - 28.

[300] Sarver T. Anticipating regret: Why fewer options may be bet-
ter [J]. Econometrica, 2008, 76 (2): 263 - 305.

[301] Savage L. The theory of statistical decision [J]. Journal of
the American Statistical Association, 1951, 46 (1): 55 - 67.

[302] Schmidt U, Starmer C, Sugden R. Third-generation prospect
theory [J]. Journal of Risk and Uncertainty, 2008, 36 (3): 203 -
223.

[303] Schmidt U, Zank H. A simple model of cumulative prospect
theory [J]. Journal of Mathematical Economics, 2009, 45 (3 - 4):
308 - 319.

[304] Schmidt U, Zank H. Risk aversion in cumulative prospect
theory [J]. Management Science, 2008, 54 (1): 208 - 216.

[305] Schmidt U. Reference dependence in cumulative prospect the-
ory [J]. Journal of Mathematical Psychology, 2003, 47 (2): 122 -
131.

[306] Serel D A. Optimal ordering and pricing in a quick response
system [J]. International Journal of Production Economics, 2009, 121
(2): 700 - 714.

[307] Shemshadi A, Shirazi H, Toreihi M, et al. A fuzzy VIKOR
method for supplier selection based on entropy measure for objective weigh-

ting [J]. Expert systems with applications, 2011, 38 (10): 12160 – 12167.

[308] Slovic P, Lichtenstein S. Preference reversal: a broader per-spective [J]. American Economic Review, 1982, 73 (4): 596 – 605.

[309] Smith R D. Is regret theory an alternative basis for estimating the value of health care interventions? [J]. Health Policy, 1996, 37 (2): 105 – 115.

[310] Song J, Chutani A, Dolgui A, et al. Dynamic innovation and pricing decisions in a supply – Chain [J]. Omega, 2021, 103: 1 – 24.

[311] Starmer C, Sugden R. Probability and juxtaposition effects: An experimental investigation of the common ratio effect [J]. Journal of Risk and Uncertainty, 1989, 2 (2): 159 – 178.

[312] Starmer C, Sugden R. Testing alternative explanations of cy-clical choices [J]. Economica, 1998, 65 (259): 347 – 361.

[313] Starmer C, Sugden R. Testing for juxtaposition and event-splitting effects [J]. Journal of risk and uncertainty, 1993, 6 (3): 235 – 254.

[314] Starmer C. Cycling with rules of thumb: An experimental test for a new form of non-transitive behaviour [J]. Theory and Decision, 1999, 46 (2): 139 – 157.

[315] Starmer C. Developments in non-expected utility theory: The hunt for a descriptive theory of choice under risk [J]. Journal of economic literature, 2000, 38 (2): 332 – 382.

[316] Starmer C. Testing new theories of choice under uncertainty

using the common consequence effect [J]. The Review of Economic Studies, 1992, 59 (4): 813 – 830.

[317] Sugden R. An axiomatic foundation for regret theory [J]. Journal of Economic Theory, 1993, 60 (1): 159 – 180.

[318] Sugden R. An axiomatic foundation of regret [J]. Journal of Economic Theory, 1993, 60 (6): 159 – 180.

[319] Sugden R. Rational choice: A survey of contributions from economics and philosophy [J]. The Economic Journal, 1991, 101 (407): 751 – 785.

[320] Taylor K. A regret theory approach to assessing consumer satisfaction [J]. Marketing letters, 1997, 8 (2): 229 – 238.

[321] Taylor T A. Supply Chain Coordination under Channel Rebates with Sales Effort Effects [J]. Management Science, 2002, 48 (8): 992 – 1007.

[322] Torra V. Hesitant fuzzy sets [J]. International Journal of Intelligent Systems, 2010, 25 (6): 529 – 539.

[323] Treadwell J R, Lenert L A. Health values and prospect theory [J]. Medical Decision Making, 1999, 19 (3): 344 – 352.

[324] Tversky A, Kahneman D. Advances in prospect theory: Cumulative representation of uncertainty [J]. Journal of Risk and Uncertainty, 1992, 5 (4): 297 – 323.

[325] Tversky A, Sattath S, Slovic P. Contingent weighting in judgment and choice [J]. Psychological review, 1988, 95 (3): 371.

[326] Tversky A, Slovic P, Kahneman D. The causes of prefer-

ence reversal [J]. The American Economic Review, 1990, 80 (1):
204 – 217.

[327] Tversky A. Intransitivity of preferences [J]. Psychological review, 1969, 76 (1): 31 – 48.

[328] Van't Riet J, Cox A D, Cox D, et al. Does perceived risk influence the effects of message framing? Revisiting the link between prospect theory and message framing [J]. Health psychology review, 2016, 10 (4): 447 – 459.

[329] Verma A A, Razak F, Detsky A S. Understanding choice: Why physicians should learn prospect theory [J]. Jama, 2014, 311 (6): 571 – 572.

[330] Verma R, Pullman M E. An analysis of the supplier selection process [J]. Omega, 1998, 26 (6): 739 – 750.

[331] Von Neumann J, Morgenstern O. Theory of games and economic behavior [M]. Princeton University Press, 1944.

[332] Vonderembse M A, Tracey M. The impact of supplier selection criteria and supplier involvement on manufacturing performance [J]. Journal of supply chain management, 1999, 35 (2): 33 – 39.

[333] Wakker P, Tversky A. An axiomatization of cumulative prospect theory [J]. Journal of risk and uncertainty, 1993, 7 (2): 147 – 175.

[334] Wang C, Chen X. Option pricing and coordination in the fresh produce supply chain with portfolio contracts [J]. Annals of Operations Research, 2017, 248 (1): 471 – 491.

[335] Wang L, Song H, Wang Y. Pricing and service decisions of complementary products in a dual-channel supply chain, Computers & industrial engineering, 2017, 105: 223 –233.

[336] Wang S M, Liu Y K, Watada J. Fuzzy random renewal process with queueing applications [J]. Computers & Mathematics with Applications, 2009, 57 (7): 1232 –1248.

[337] Wang T, Li H, Zhang L, et al. A three-way decision model based on cumulative prospect theory [J]. Information Sciences, 2020, 519: 74 –92.

[338] Wang W, Liu X, Ma Y, et al. A new approach for occupational risk evaluation of natural gas pipeline construction with extended cumulative prospect theory [J]. International Journal of Fuzzy Systems, 2021, 23 (1): 158 –181.

[339] Ward R W. Asymmetry in retail, wholesale, and shipping point pricing for fresh vegetables [J]. American journal of agricultural economics, 1982, 64 (2): 205 –212.

[340] Wei G. Hesitant fuzzy prioritized operators and their application to multiple attribute decision making [J]. Knowledge – Based Systems, 2012, 31: 176 –182.

[341] Wei J, Zhao J. Pricing decisions with retail competition in a fuzzy closed-loop supply chain [J]. Expert Systems with Applications, 2011, 38 (9): 11209 –11216.

[342] Wilson E J. The relative importance of supplier selection criteria: A review and update [J]. International Journal of Purchasing and

Materials Management, 1994, 30 (2): 34 –41.

[343] Winter L, Lawton M P, Ruckdeschel K. Preferences for pro-
longing life: A prospect theory approach [J]. The International Journal of
Aging and Human Development, 2003, 56 (2): 155 –170.

[344] Winter L, Parker B. Current health and preferences for life-
prolonging treatments: An application of prospect theory to end-of-life de-
cision making [J]. Social science & medicine, 2007, 65 (8): 1695 –
1707.

[345] Wu C H, Chen C W, Hsieh C C. Competitive pricing deci-
sions in a two-echelon supply chain with horizontal and vertical competition
[J]. International Journal of Production Economics, 2012, 135 (1):
265 –274.

[346] Wu G. An empirical test of ordinal independence [J]. Jour-
nal of Risk and Uncertainty, 1994, 9 (1): 39 –60.

[347] Wu W, Guo C. Pre-sale pricing strategy for fresh agricultural
products under O2O [C] //International Conference on Management Sci-
ence and Engineering Management. Springer, Cham, 2019: 310 –324.

[348] Wu Z, Xu J, Jiang X, et al. Two MAGDM models based on
hesitant fuzzy linguistic term sets with possibility distributions: VIKOR
and TOPSIS [J]. Information Sciences, 2019, 473: 101 –120.

[349] Xia M, Xu Z, Chen N. Some hesitant fuzzy aggregation op-
erators with their application in group decision making [J]. Group Deci-
sion and Negotiation, 2013, 22 (2): 259 –279.

[350] Xia M, Xu Z. Hesitant fuzzy information aggregation in deci-

sion making [J]. International journal of approximate reasoning, 2011, 52 (3): 395 – 407.

[351] Xiaoreng Liu, Pei Hang. Dynamic Pricing and Ordering Decision for the Perishable Food of the Supermarket Using RFID Technology [J]. Asia Pacific Journal of Marketing & Logistics, 2008, 20 (1): 7 – 22.

[352] Xu Z, Xia M. Distance and similarity measures for hesitant fuzzy sets [J]. Information Sciences, 2011, 181 (11): 2128 – 2138.

[353] Xu Z, Xia M. On distance and correlation measures of hesitant fuzzy information [J]. International Journal of Intelligent Systems, 2011, 26 (5): 410 – 425.

[354] Yan B, Chen X, Cai C, et al. Supply chain coordination of fresh agricultural products based on consumer behavior [J]. Computers & Operations Research, 2020, 123: 1 – 39.

[355] Yan B, Han L. Decisions and coordination of retailer-led fresh produce supply chain under two-period dynamic pricing and portfolio contracts [J]. RAIRO – Operations Research, 2022, 56 (1): 349 – 365.

[356] Yu D, Zhang W, Xu Y. Group decision making under hesitant fuzzy environment with application to personnel evaluation [J]. Knowledge – Based Systems, 2013, 52: 1 – 10.

[357] Yu M, Nagurney A. Competitive food supply chain networks with application to fresh produce [J]. European Journal of Operational Research, 2013, 224 (2): 273 – 282.

[358] Zeelenberg M, Pieters R. A theory of regret regulation 1.0 [J]. Journal of Consumer Psychology, 2007, 17 (1): 3–18.

[359] Zeelenberg M. Anticipated regret, expected feedback and behavioral decision making [J]. Journal of behavioral decision making, 1999, 12 (2): 93–106.

[360] Zhang B, Liang H, Zhang G. Reaching a consensus with minimum adjustment in MAGDM with hesitant fuzzy linguistic term sets [J]. Information Fusion, 2018, 42: 12–23.

[361] Zhang H, Wei G, Chen X. SF – GRA method based on cumulative prospect theory for multiple attribute group decision making and its application to emergency supplies supplier selection [J]. Engineering Applications of Artificial Intelligence, 2022, 110: 1–12.

[362] Zhang J, Gou Q, Zhang J, et al. Supply chain pricing decisions with price reduction during the selling season [J]. International Journal of Production Research, 2014, 52 (1): 165–187.

[363] Zhang X, Xu Z. The TODIM analysis approach based on novel measured functions under hesitant fuzzy environment [J]. Knowledge – Based Systems, 2014, 61: 48–58.

[364] Zhang Z. Hesitant fuzzy power aggregation operators and their application to multiple attribute group decision making [J]. Information Sciences, 2013, 243 (10): 150–181.

[365] Zhao J, Wei J, Li Y. Pricing decisions for substitutable products in a two-echelon supply chain with firms' different channel powers [J]. International Journal of Production Economics, 2014, 153: 243–252.

[366] Zhao M, Wei G, Chen X, et al. Intuitionistic fuzzy MABAC method based on cumulative prospect theory for multiple attribute group decision making [J]. International Journal of Intelligent Systems, 2021, 36 (11): 6337 – 6359.

[367] Zhao M, Wei G, Wei C, et al. Improved TODIM method for intuitionistic fuzzy MAGDM based on cumulative prospect theory and its application on stock investment selection [J]. International Journal of Machine Learning and Cybernetics, 2021, 12 (3): 891 – 901.

[368] Zhao M, Wei G, Wei C, et al. Pythagorean fuzzy TODIM method based on the cumulative prospect theory for MAGDM and its application on risk assessment of science and technology projects [J]. International Journal of Fuzzy Systems, 2021, 23 (4): 1027 – 1041.

[369] Zhao M, Wei G, Wei C, et al. TODIM method for interval-valued pythagorean fuzzy MAGDM based on cumulative prospect theory and its application to green supplier selection [J]. Arabian Journal for Science and Engineering, 2021, 46 (2): 1899 – 1910.

[370] Zhou J, Zhao R, Wang W. Pricing decision of a manufacturer in a dual-channel supply chain with asymmetric information [J]. European Journal of Operational Research, 2019, 278 (3): 809 – 820.

后　记

    2013 年 9 月就读于西南交通大学交通运输与物流学院以后，开始了我对物流与供应链管理相关问题的研究，主要研究方向为供应链定价与订货决策、系统建模与优化等。既有理论方面的思考，也有实践、数值仿真方面的考虑。因此，本书主要基于多属性的供应链定价决策与供应商选择等问题展开研究。

    本书的主体内容从 2017 年开始撰写，本书的成稿时间较长，从思考、构造到完成初稿用时 4 年，主要研究内容是以本人撰写的学术论文为依托，一些研究成果已经在国内外重要的学术期刊上面发表，考虑研究成果的时效性，同时本书对近几年在供应链定价决策与供应商选择方面新的研究进行文献综述，让读者了解该方面新的研究进展和研究方向。

    供应链定价决策与供应商选择是供应链管理中的两个非常重要的方面，大量国内外的专家和学者对该课题进行了深入研究，本书在已有文献的基础上进行大胆的尝试和创新，对基于多偏好的供应链定价决策与供应商选择问题进行研究。在本书的模型建立、数值分析、管理学意义阐述方面可能存在一些不足和疏漏之处，恳请各位专家、学者和读者多多指正。

　　本书在编写过程中得到了河南财经政法大学电子商务与物流管理学院的大力支持，潘勇教授、何惠教授、张晓东副教授、康东亮副教授、李民副教授、陈浩东副教授、李南副教授、李宁副教授等在学术方面给予了很大的帮助；张韬书记、卢睿副院长等领导给予了大力支持，在此，对各位的付出与支持表示最真诚的感谢和最崇高的敬意。此外，本书的编写过程中，借鉴了大量的国内外文献，由衷地对这些专家和学者表示最诚挚的谢意！

吴　胜
2022 年 3 月 18 日
于河南财经政法大学教学科研楼